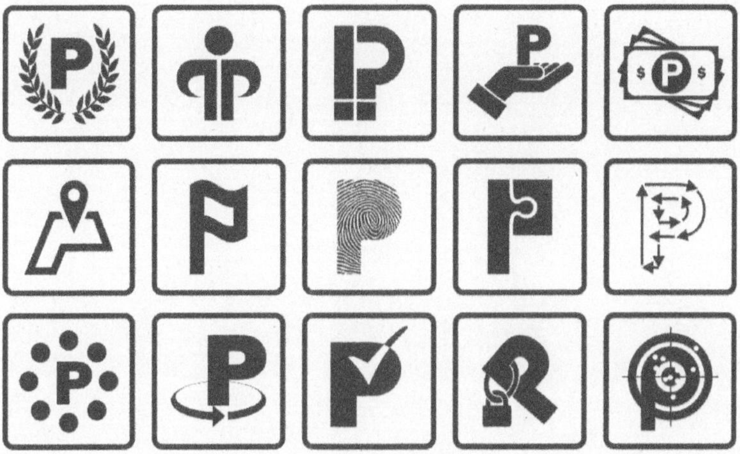

Os 15 Ps da Inovação

Uma metodologia prática para o desenvolvimento de inovações nas empresas

Ricardo B. Ramos

ACTUAL

OS 15 Ps da Inovação

Actual é um selo da Editora Almedina do Grupo Editorial Alta Books (Starlin Alta Editora e Consultoria LTDA).

ISBN: 978-65-83400-30-7

Impresso no Brasil – 1ª Edição, 2025 – Edição revisada conforme o Acordo Ortográfico da Língua Portuguesa de 2009.

Dados Internacionais de Catalogação na Publicação (CIP)

R175o
1.ed.- Ramos, Ricardo B.
Os 15 Ps da Inovação: uma metodologia prática para o desenvolvimento de inovações nas empresas / Ricardo B. Ramos. - Rio de Janeiro: Actual , 2025.
264p.; 15,7 x 23 cm.

ISBN 978-65-834-0030-7

1. Inovação. 2. Criatividade empresarial. 3. Modelos de negócios. 4. Desenvolvimento organizacional. 5. Metodologias práticas. I. Título.

CDD 658.406

Índice para catálogo sistemático:
1. Inovação e metodologias práticas para empresas - 658.406

Produção Editorial: Grupo Editorial Alta Books
Diretor Editorial: Anderson Vieira
Editor da Obra: Rodrigo Mentz
Vendas Governamentais: Cristiane Mutüs
Produtor Editorial: Diego Gonzalez

ALTA BOOKS
GRUPO EDITORIAL

Rua Viúva Cláudio, 291 – Bairro Industrial do Jacaré
CEP: 20.970-031 – Rio de Janeiro (RJ)
Tels.: (21) 3278-8069 / 3278-8419
www.altabooks.com.br – altabooks@altabooks.com.br
Ouvidoria: ouvidoria@altabooks.com.br

Editora
afiliada à:

ASSOCIADO

SUMÁRIO

DEDICATÓRIA

Aos meus pais Mary e Ebenézio, por me ensinarem os verdadeiros valores da vida.

À minha esposa Sâmia, pelo companheirismo e amor.

Aos meus filhos Pedro, Felipe e Lis, por serem a razão de minha busca pelo melhor.

A todos os meus amigos, pela força e apoio.

A todos os professores, por compartilharem seus conhecimentos com o mundo.

PREFÁCIO

Imagine um universo onde inovação não é apenas uma palavra da moda, mas uma prática acessível a todas as empresas, grandes ou pequenas, do centro ao interior. Foi pensando nesse cenário que Ricardo B. Ramos, com sua vasta experiência no mercado e sua formação multidisciplinar, decidiu compartilhar uma metodologia revolucionária e, acima de tudo, prática.

Ricardo não escreve apenas como um estudioso do tema, mas como alguém que viveu os desafios do dia a dia corporativo, transitando entre as teorias dos grandes mestres do marketing e a realidade das empresas brasileiras. O livro que você tem em mãos é fruto de uma inquietação genuína: como levar inovação para dentro das empresas de maneira tangível e descomplicada?

Com sua abordagem diferenciada, *Os 15 Ps da Inovação* desconstrói a ideia de que inovação é exclusividade de grandes corporações ou algo inalcançável sem altos investimentos. Pelo contrário, Ricardo nos mostra que, com os recursos internos e a colaboração de equipes já existentes, é possível criar transformações significativas.

Os 15 Ps apresentados aqui não são meras palavras organizadas em um modelo; são um convite à reflexão, à criatividade e à ação. Cada capítulo oferece ferramentas para que gestores e colaboradores descubram novas possibilidades, enxerguem além do óbvio e implementem mudanças estruturadas e eficazes.

E como se não bastasse, a metodologia prática proposta permite que os leitores passem da teoria à prática à medida que avançam na leitura. Não é um livro para ser apenas lido, mas para ser vivenciado, página a página, transformando ideias em resultados concretos.

Prepare-se para uma jornada que irá expandir sua visão sobre o que é possível dentro do universo da inovação. Este livro é mais do que um guia; é um mapa que aponta caminhos para o futuro das empresas, trazendo soluções adaptáveis e, acima de tudo, realizáveis.

Boa leitura!

Sandra Turchi CEO na Digitalents
Professora na ESPM, FIA, FGV e PUC-RS

APRESENTAÇÃO

A inovação é um tema que, cada vez mais, ganha destaque nas empresas. O problema é que, na maioria das vezes, se fala bastante em inovação e não se vê ações reais nesse sentido. Isso ocorre porque inovar não é só aplicar um conceito administrativo da moda, não é somente uma mudança de procedimento, não é uma atualização de software, nem mesmo a troca de um equipamento. A inovação é, na verdade, o resultado de um esforço pensado e de um trabalho realizado buscando o desenvolvimento de algo inédito.

Existem empresas que estão no mercado há anos e nunca desenvolveram nenhuma inovação. Sim, há muitas. A questão é que o tempo de vida futura de uma empresa não se conta pelo seu passado, mas pelo que ela vai fazer a partir de agora.

O mundo está em um processo de transformação jamais visto antes. As mudanças estão ocorrendo em uma velocidade absurda. Nunca se viu tantos mercados consagrados serem colocados em xeque como nos últimos anos. Impérios corporativos desabam devido a um clique. As novas gerações não se importam nem um pouco com os hábitos e costumes das gerações anteriores. As pessoas com mais idade se acostumaram com coisas e se submeteram a imposições do mercado que os mais novos sequer conseguem entender a razão de tamanha submissão. Enquanto ficamos nos questionando os motivos para termos aceitado até hoje tantas coisas que não fazem sentido e justificando tal fato pela não existência, àquela época, das possibilidades tecnológicas atuais, os novos consumidores simplesmente nem perdem tempo com isso: querem o que desejam, como desejam, onde desejam e quando desejam. E as empresas que se esforcem para satisfazê-los. Há uma total inversão em relação ao passado, quando as empresas desenvolviam tecnologias para produtos que nos atendiam se o seu lançamento ou melhoria estivesse conforme o interesse das corporações. E ficávamos plenamente agradecidos por isso. Hoje, as empresas têm que desenvolver, com máxima brevidade possível, os bens e serviços que vão atender a anseios que as pessoas nem demonstraram ostensivamente ainda. Em certos casos, há a necessidade de desenvolvimento de coisas que as pessoas nem imaginam querer. Mas isso não significa que elas não precisem ou almejem isto. Apenas seus desejos conscientes estão limitados às possibilidades que conseguem enxergar. E, diante de inovações desenvolvidas por visionários, surge um sentimento de "eu sempre quis isso e não sabia que poderia ser feito". Cada vez que isto acontece, ocorre um salto na exigência humana. Os padrões se elevam e, com eles, aumenta o desafio das empresas. Então, independentemente do porte, elas precisam inovar.

Mas surge aqui uma questão fundamental: como fazer isso?

Inovação é um investimento de risco. Para grandes empresas é um pouco mais fácil, contratam especialistas na área, alguma consultoria ou monta-se um departamento de pesquisa e desenvolvimento. Tenta-se de um modo, tenta-se de outro. O alto lucro permite tais possibilidades. O problema maior é para as empresas de menor porte, em que não há recursos disponíveis para tais investimentos. Então, a única opção é garantir as melhorias de praxe e torcer para que nenhum concorrente desenvolva uma inovação que abale substancialmente o mercado. Mas, em um cenário competitivo, depender da ineficiência dos concorrentes é como construir um castelo de areia na praia. Deste modo, as empresas ficam em uma encruzilhada: ou tentam desenvolver inovações, ou ficam na torcida para que seus concorrentes não sejam inovadores. <u>Inovação é um risco, mas deixar o futuro da sua empresa nas mãos dos concorrentes é uma aposta muito mais arriscada.</u>

Com foco nas empresas que precisam inovar, mas não têm muitos recursos para isso, é que foi desenvolvida a metodologia dos 15 Ps da Inovação (15 PINs). Dezenas de outras publicações exploram a inovação com foco apenas na teoria, em *cases* de outras empresas ou, na melhor das hipóteses, sugerem uma aplicação que exige um investimento considerável e/ou estrutura complementar. Aqui você encontrará uma opção de metodologia que pode ser implantada com a equipe existente em sua corporação até que a inovação se mostre viável. Além disso, a metodologia dos 15 PINs também ajuda as empresas a sobreviverem, enquanto as obriga a entender um pouco mais do seu negócio, do seu mercado e do seu funcionamento.

Os 15 Ps da Inovação estão apoiados em diversos conceitos de *marketing* e empreendedorismo. Alguns clássicos e outros bastante modernos, uma combinação de muitos destes pensamentos, extraindo-se elementos importantes e relevantes de cada um deles. Também serão citadas algumas publicações que foram fundamentais para a composição desta metodologia. Essas obras servem como referência bibliográfica e também como uma reverência às mentes brilhantes de seus autores. Entretanto, o foco deste livro é a aplicação prática, portanto não serão realizadas abordagens detalhadas ou pormenorizadas destes conceitos e de algumas ferramentas citadas. Para um maior aprofundamento nos temas abordados e, na verdade, independentemente de qualquer coisa, é recomendada a leitura das obras citadas.

A essência dos 15 PINs baseia-se em uma frase de Steve Jobs em que ele afirma que "a criatividade é apenas conectar coisas". Coisas estas que são oriundas do nosso conhecimento, através do estudo, da experiência ou do compartilhamento de informações por outras pessoas. Obviamente, para que estas conexões ocorram, é necessário que aprendamos, não esqueçamos e, no momento necessário, tenhamos estes conhecimentos facilmente acessíveis. Para nos ajudar a atingir estes itens, foi criado o painel 15 PINs que serve como registro de informações de modo a permitir, no momento oportuno, a criação de conexões e geração de valiosos *insights*. Os modelos dos painéis estão disponibilizados no fim deste livro, mas você pode também baixá-los no *site* 15pins.com. O livro foi escrito para que, à medida que determinados grupos de inovações sejam abordados, as análises e conhecimentos a respeito do tema já possam ser registrados no painel e, em seguida, analisados e discutidos em equipe. Ou seja, não é preciso ler todo o livro para começar a colocar a metodologia em prática.

Como poderá perceber durante a leitura e execução das ações previstas nesse livro, a metodologia dos 15 Ps da Inovação possui total sintonia com o *design thinking*, técnica desenvolvida por Tim Brown, que transita por "três espaços de inovação": inspiração, ideação e implementação.

Por fim, diante desta dinâmica alucinada do mercado, as referências de casos reais se difundem e se transformam muito rapidamente. O que é digno de referência hoje pode estar ultrapassado amanhã. Para evitar este tipo de problema, evitou-se ao máximo a citação de casos reais do mundo corporativo, deixando-se apenas os considerados essenciais para o entendimento dos temas abordados.

CONCEITO DE INOVAÇÃO

O principal aspecto a ser abordado antes de qualquer outra análise sobre inovação é a sua definição. A partir dela pode-se chegar a percepções e entendimentos diferentes deste tema tão necessário à sobrevivência das empresas. Como alertado antes, a metodologia 15 PINs não tem seu foco voltado para questões acadêmicas, mas, antes de apresentar a definição adotada neste livro, alguns pontos teóricos precisam ser abordados.

1) Inovação não é sinônimo de descoberta ou de invenção.

Como descoberta, pode-se considerar a revelação de algo que já existia, de forma concreta ou abstrata, independentemente da interferência do ser humano. Os homens não inventaram a energia elétrica, ela precede a própria existência da humanidade, assim como o fogo, o vento, os átomos, a condensação, o magnetismo e os elementos químicos, por exemplo. Obviamente, as descobertas são excelentes matérias-primas para a inovação, não só pelo conhecimento que proporcionam, mas também por possibilitar diversos desdobramentos como sua manipulação, combinação, conservação, criação artificial, etc.

Como invenção, se caracterizam coisas que foram desenvolvidas pelo ser humano. Trata-se de algo que não existia na natureza (portanto, não era passível de ser descoberto) ou que, já existindo, teve sua finalidade natural alterada de forma relevante e intencional. Na maioria das vezes, a invenção se traduz em algo tangível, mas em alguns casos refere-se a um conceito teórico que pode efetivamente ser aplicado ao mundo real, como, por exemplo, a criação do limite do cheque especial, a teoria do imposto único ou mesmo um novo discurso de vendas. Os inventos são a base da inovação, entretanto, com ela não se confundem, pois é necessário que haja alguns requisitos complementares, como a criação de valor, por exemplo.

2) Inovação não diz respeito somente à própria empresa

Deve-se sempre considerar o mercado do qual ela faz parte ou no qual ela atua. Ou seja, se uma empresa adotar uma inovação já aplicada em seu mercado, não há como considerá-la uma ação inovadora. Se ainda restar dúvida em relação a isto, basta pensar na possibilidade de a empresa implantar uma inovação que concorrentes já tenham implantado há muitos anos. Evidentemente, não cabe o título de inovadora à corporação que está apenas se atualizando e eliminando a defasagem que apresentava em relação a outras.

Isto posto, tentando harmonizar os pontos de vista acadêmico, sociocultural e corporativo, na metodologia dos 15 PINs podemos afirmar que:

Inovação é a implementação de algo novo no mercado buscando gerar valor.

Decompondo este conceito, temos os seguintes elementos e palavras-chave:

- "Implementação": revela que não basta se ter a intenção ou mesmo ter uma ideia. Se não houver a realização, o desenvolvimento, a concretização, não há inovação.
- "Algo novo no mercado": seja utilizando-se de tecnologias, invenções, descobertas ou novas disposições sobre conhecimentos pré-existentes, somente se pode considerar como inovador aquilo inédito em determinado local ou setor de atuação.
- "Buscando": não existe qualquer certeza de que a inovação será aceita pelo público e trará os resultados almejados. As inovações estão cercadas de riscos e incertezas.
- "Gerar valor": é o que efetivamente soluciona o problema de alguém, sanando as dores e proporcionando ganhos para as pessoas e para as empresas.

A busca por inovações é um grande desafio, entretanto vale salientar que ninguém deve abandonar algo comercialmente promissor simplesmente porque ele não se encaixa no conceito de inovação. Se não houver nenhuma proteção que inviabilize a utilização de uma ideia e se ela é interessante para a sua empresa, deve-se ir em frente, independentemente de seu enquadramento como inovação ou não. Por outro lado, não se deve insistir em um negócio, mesmo inovador, quando ele não for viável comercialmente. Em qualquer situação, o interesse mercadológico sobrepõe conceitos acadêmicos.

De qualquer modo, todas as inovações estão vinculadas a um fator essencial: o tempo. O que se classifica como inovação hoje, em breve deixará de ser assim considerada por diversos motivos: pode se tornar algo comum em virtude do seu uso constante, pode ser descontinuada por perda de adesão (revelando-se como um fracasso ou um modismo), pode perder sua finalidade (pelo fim do problema que lhe deu origem), pode ser substituída por outra inovação ou pode ainda ser inserida ou fundida em algo novo. O tempo é o grande algoz das inovações.

TIPOS DE INOVAÇÕES

Existem diversas formas de classificar as inovações. As mais comuns são quanto ao objeto de inovação, quanto ao local de desenvolvimento e quanto ao grau de novidade e impacto dos resultados.

Em relação à classificação quanto ao objeto de inovação, existem diversas tipificações. O Manual de Oslo dividiu as inovações quanto ao objeto em dois tipos: inovações de produtos e inovações de processos de negócios. Bessant, Tidd e Pavitt, por sua vez, estabeleceram como tipos de inovação: produtos, posição, processo e paradigma (modelo mental).

Quanto ao local de desenvolvimento, as inovações podem ser classificadas como fechadas, quando desenvolvidas inteiramente em instalações da empresa/instituição e com seu próprio pessoal contratado, ou abertas, quando há parcerias com outras pessoas, empresas e instituições.

Por fim, quanto ao grau de novidade e impacto dos resultados, existem basicamente quatro tipos de inovações: incrementais, disruptivas, radicais e, acrescentamos, as inovações pontuais.

As inovações incrementais dizem respeito àquelas que são adicionadas a algo que já existe, sem o alterar drasticamente e com possibilidade de manter-se conectado a ele a partir de então. Neste tipo está inserida a absoluta maioria das inovações desenvolvidas e que, uma vez lançadas, passam a se integrar ao segmento. Podemos citar, por exemplo, certas inovações criadas para os veículos: freios ABS, *air bags*, cintos de segurança, travas automáticas, vidros elétricos, aquecimento, refrigeração, injeção eletrônica, computador de bordo e muitas outras. Esses itens foram sendo adicionados aos veículos, criando um diferencial em um primeiro momento, mas se tornando praticamente indispensáveis para o produto posteriormente. Foram inovações que não vieram para substituir o modelo de negócio dos carros, mas provocaram uma evolução deste segmento. Elas vão alterando sutilmente um bem/serviço e o seu grande poder de mudança é revelado quando se compara o objeto da análise após um determinado período de tempo. Observe um automóvel atual, compare-o com um fabricado há 10 anos e perceba a grande transformação que, pouco a pouco, as inovações incrementais produziram nele.

Enquanto as inovações incrementais promovem a progressão do caminho de um produto ou de um segmento de mercado em pequenos passos, as inovações de ruptura (ou disruptivas) criam novas possibilidades de desdobramentos a partir do seu surgimento. O termo, cunhado pelo professor Clayton Christensen, tem seu sentido original mais vinculado à perturbação, de modo que uma inovação disruptiva mexe com o mercado em que está inserida. Na maioria das vezes começa como uma pequena perturbação quase sem relevância, mas que significativamente, com o passar do tempo, revela o seu potencial transformador. Como exemplo, pode-se citar os carros autônomos. Este tipo de veículo não pode ser considerado uma simples evolução do produto automóvel. Não é apenas uma melhoria, um incremento. Sua adoção implica em uma alteração do mercado como um todo, exigindo inclusive uma adaptação da sociedade para sua utilização em larga escala. Certamente contém grande parte das inovações incrementais desenvolvidas para os automóveis de uma maneira geral. Mas é como se, no caminho evolutivo dos automóveis, surgisse um novo "braço". Esta ramificação, em princípio pequena e na maioria das vezes focada em um nicho específico, possui potencial para tornar-se um caminho alternativo ou mesmo a nova rota principal no seu caminho evolutivo.

Mantendo-se ainda no exemplo do segmento de automóveis, é digna de registro também a introdução dos carros elétricos. Numa observação superficial, pode-se dizer que é apenas de um novo tipo de "combustível" para os automóveis como já os conhecemos, assim como os carros movidos a gasolina, etanol ou gás veicular. Entretanto, diferente destas alternativas, a introdução dos automóveis movidos a eletricidade muda alguns padrões estabelecidos, ao possibilitar que as pessoas "abasteçam" seus carros em casa, conectando-os em uma tomada. Isto, por si só, já caracteriza um novo caminho deste segmento, como se, a partir deste ponto, houvesse uma ramificação. Por um lado, o mercado de automóveis continua com suas inovações incrementais dentro de seu modelo de negócio tradicional. Mas surge então uma disrupção, uma nova opção com possibilidades distintas que podem alterar substancialmente o mercado. No caso em tela, pode ocasionar inclusive o fim dos postos de combustível como os conhecemos hoje. Ou seja, esta inovação tem o poder de mexer com a economia mundial, tornando-se um pesadelo para os países que têm suas riquezas baseadas na exploração de petróleo. A inovação disruptiva é uma fagulha que pode provocar um incêndio devastador.

Perceba que, algumas vezes, braços disruptivos podem não evoluir. Em alguns casos, podem se unir ou um deles servir como apoio para o outro. No caso dos automóveis, o aperfeiçoamento dos carros elétricos sem dúvida será essencial para os automóveis autônomos que, possivelmente, poderão até ser recarregados sem fio.

Temos também as inovações radicais, aquelas que são absolutamente originais e criam mercados antes inexistentes. Podemos citar os cartões de crédito, as bebidas energéticas, as fotocopiadoras, as máquinas de lavar roupa, entre muitas outras. As possibilidades provenientes das inovações radicais são praticamente infinitas, não somente em virtude de sua essência básica, mas em função dos desdobramentos que um novo mercado propicia. Além disso, as tecnologias que formam a base de uma inovação radical podem ser aplicadas a outros negócios, modificando segmentos de mercado existentes, gerando inclusive inovações disruptivas ou possibilitando outras inovações radicais.

Às vezes, uma inovação não se enquadra como incremental, disruptiva ou radical. Por exemplo, um novo discurso de venda, uma abordagem de comunicação nunca antes adotada, um posicionamento diferenciado, uma parceria inusitada, algo desenvolvido para um público-alvo ou local específico, uma forma de gestão inédita, etc. Este tipo de inovação tem uma aplicação específica e particular, devendo ser classificado como uma inovação pontual.

A introdução do conceito de inovação pontual objetiva também aumentar o leque de possibilidades de inserções de diferenciais no cotidiano das empresas em seus diversos setores, desmistificando a ideia de que as inovações são apenas os bens ou serviços que mudam vistosamente a história de um segmento ou mercado.

É relevante salientar que não se deve classificar as inovações por ordem de importância, estabelecendo algo do tipo: inovações radicais são mais importantes do que as disruptivas que, por sua vez, têm mais relevância que as incrementais e as pontuais. Uma empresa inteligente não pode subestimar as inovações que estão surgindo, quer sejam pontuais, incrementais, disruptivas ou radicais. Até porque uma inovação pontual pode revelar um enfoque estratégico capaz de gerar ideias para uma inovação disruptiva, ou a tecnologia por trás de uma inovação radical pode ser aplicada para uma inovação incremental e assim por diante. Por mais insignificante que inicialmente pareça uma inovação, é possível que ali esteja o futuro de um segmento. Somente o tempo irá mostrar.

15 Ps DA INOVAÇÃO

15 PINS

A maior parte da literatura sobre inovações aborda separadamente diversos aspectos que se referem às questões teóricas e práticas. As próprias tipificações apresentadas, especialmente no que se refere ao objeto de inovação, não permitem facilmente a visualização de todas as possibilidades de criação de ideias inovadoras. Por exemplo, ao se tipificar algo como uma inovação em *marketing*, condensam-se em um só tópico elementos como produtos, pagamento, posicionamento, proposição de valor, praça, público-alvo, etc., ou seja, a tipificação acadêmica muitas vezes não facilita a prática da inovação pelas empresas. Isso posto, revelou-se necessário destrinchar estas tipificações, buscando apresentar as possibilidades de uma maneira mais clara e completa. Focado no aspecto prático, mas alicerçado pela teoria, foi possível transformar uma forma mais ampla de apresentação de possibilidades de inovação em uma metodologia de desenvolvimento prática, apresentando também outros aspectos de suma importância para o tema. Deste modo, surgiram os 15 Ps da Inovação (ou 15 PINs) que são, por ordem alfabética:

- Pagamento
- Panorama
- Parcerias
- Personalização

- Pessoas
- Pontos de contato
- Posicionamento
- Praça
- Prática
- Problema primário
- Processos
- Produtos
- Proposição
- Proteção
- Provas

Devemos tratar os 15 PINs como grupos de enfoque e não necessariamente como tipos de inovação. Na verdade, cada um destes grupos funciona como um guarda-chuva, abarcando sob sua cobertura diversos elementos que, em alguns momentos, podem até se combinar ou se enquadrar em mais de um grupo.

Esta avaliação da inovação em diversos grupos também evita que a empresa sofra uma miopia no que se refere à concorrência e ao mercado. Ao se analisar os 15 Ps da Inovação, fica fácil perceber que, para ser inovadora, a empresa não precisa concentrar todos os seus recursos na pesquisa e desenvolvimento de modernas tecnologias apenas com foco nos produtos, pois existem muitas outras formas de criar inovações. Por exemplo, às vezes uma empresa não percebe que seus concorrentes estão ganhando terreno ao estabelecer uma nova forma de pagamento ou na abordagem a um grupo específico de pessoas. Ou mesmo a empresa pode não atentar para algum cenário específico, como mudanças no panorama da política pública, parcerias firmadas, posicionamentos definidos, entre outros aspectos.

É importante observar também que a metodologia dos 15 PINs não apresenta resultados positivos apenas no que se refere a inovações. Ao utilizá-la, a empresa irá compreender melhor todo o cenário no qual está inserida e poderá visualizar os movimentos do mercado e as tendências do seu setor de atuação. A análise dos 15 Ps da Inovação obriga a empresa a se conhecer melhor, permitindo uma análise menos automática sobre sua atuação e sua operação, enxergando a situação sob um ponto de vista diferente, possibilitando também uma comparação com os concorrentes e outros *players*, ressaltando pontos fortes e fracos, e ajudando a priorizar os problemas que devem ser atacados, inclusive as necessidades de atualização que dizem respeito ao déficit da empresa em relação ao mercado em geral. Essa visão fora da caixa ajuda a perceber alguns detalhes do seu funcionamento, permitindo que se preste atenção no que faz e entender porquê executa as coisas daquele modo, questionando se não pode fazê-las de um modo diferente, mais eficiente e que gere mais valor.

Em resumo, a aplicação dos 15 PINs facilita a inserção de diferenciais, vislumbra oportunidades de novos negócios e, claro, desenvolve possibilidades de inovação.

15 PINs: Subconjuntos Básicos

Podemos separar os 15 Ps da Inovação em:

- 6 PINs básicos
- 5 PINs potenciais
- 4 PINs de apoio

Os 6 PINs básicos compreendem os grupos que determinam a essência de um modelo de negócio, são eles: problema primário, pessoas, proposição, produtos, pagamento e praça. Ou seja, qual a necessidade que está sendo atendida, para quem, que dores estão sendo sanadas e quais os ganhos estão sendo oferecidos, sob que forma, em que lugar, por quais preços e condições.

Os 5 PINs potenciais apresentam grupos que podem complementar ou incrementar um modelo de negócio, servindo para distingui-lo da concorrência, mesmo que haja ou não diferenciação entre os 6 Ps básicos. São eles: processos, pontos de contato, parcerias, posicionamento e personalização.

Os 4 PINs de apoio trazem grupos que contribuem para a realização efetiva de uma inovação, bem como são fundamentais na apresentação do negócio a investidores. São eles: panorama, provas, proteção e prática.

Numa comparação com as tipificações de inovação citadas anteriormente, tendo também como referência os 4 Ps do *marketing*, desenvolvido por Jerome McCarthy, poderia se supor que os 15 PINs são uma nova forma de classificação das inovações. Mas este não é, nem de longe, o objetivo deste livro e nem há a possibilidade de fazer isto de maneira eficaz, uma vez que os 4 PINs de apoio não se encaixariam numa mesma categoria dos outros PINs. Assim sendo, é importante deixar claro que a intenção dos 15 PINs é se apresentar como uma metodologia prática de desenvolvimento de inovações, facilitando a visualização de possibilidades e despertando a atenção para alguns grupos que servem como complementos ao seu desenvolvimento.

Por fim, vale salientar que os grupos, após serem analisados isoladamente, podem ser relacionados com os demais grupos. Essa combinação, que pode ser feita facilmente entre os PINs básicos e potenciais, possibilita a intensificação e a otimização da capacidade inovadora dos grupos. Por exemplo, podemos pensar em inovar em parcerias para viabilizar um processo ou pagamento, ou podemos estabelecer uma inovação de praça para resolver uma necessidade de pessoas ou de pontos de contato. E assim por diante.

Inovação no modelo de negócios

É muito comum ver diversas publicações e depoimentos de estudiosos do tema referindo-se à inovação no modelo de negócios e é possível que se questione por que este tipo de inovação não foi explicitamente incluído em nossa metodologia.

Quando falamos em modelo de negócios, estamos nos referindo a algo que uma empresa, lucrativamente, disponibiliza como solução satisfatória para determinado público-alvo em um espaço geográfico definido. Neste conceito, temos os PINs básicos que estão essencialmente envolvidos num modelo de negócio:

- Produto (representado por "algo").
- Pagamento (representado por "lucrativamente").
- Problema primário (representado por "solução").
- Proposição (representada por "satisfatória").
- Pessoas (representadas por "determinado público-alvo").
- Praça (representada por "espaço geográfico definido").

Entretanto, em alguns casos, os PINs básicos podem não ser suficientes para diferenciar uma empresa dos seus concorrentes e, para isso, elas precisam recorrer aos PINs potenciais (processos, posicionamento, pontos de contato, personalização e parcerias). Estes não necessariamente fazem parte do modelo de negócio, mas caso a empresa tenha algum deles como elemento essencial para a solução que está ofertando, então ele deve estar obrigatoriamente citado e colocado como destaque na sua composição.

Portanto, quando falamos em modelo de negócios, estamos nos referindo a uma combinação de alguns dos 15 PINs, ou seja, a inovação em modelo de negócios está indiretamente inserida nesta metodologia, só que estamos mirando nos seus componentes e não no seu todo.

Painel 15 PINs

Vimos anteriormente que a criatividade é o resultado de conexões. Deste modo, ao se criar uma inovação, criamos uma nova gama de ligações possíveis. Se, por exemplo, antes havia A, B e C para se conectarem, possibilitando a existência das combinações AB, AC e BC, ao ser criada uma inovação, temos um novo elemento (D) para se combinar, resultando em AD, BD e CD. Ou seja, um novo elemento criado simplesmente aumenta consideravelmente a possibilidade de combinações.

A inovação surge da capacidade bem-sucedida de realizar conexões inéditas. E cada nova ideia desenvolvida alimenta o banco de conhecimentos, permitindo novas conexões com os elementos existentes. Obviamente, mais do que pelo resultado de inovações criadas pela própria empresa, estes elementos são absorvidos de outras fontes (conhecimento e experiências de diversas pessoas, livros, palestras, notícias, inovações geradas por terceiros, etc.). Entretanto, muitos elementos, mesmo tendo sido conhecidos, são esquecidos. Deste modo, considerando as opções de combinação apresentadas no parágrafo anterior, como é possível visualizar a conexão entre os elementos A, B, C e D, se não lembramos, por exemplo, que o B existe?

Resumindo, podemos dizer que, para desenvolver ideias inovadoras, precisamos adquirir conhecimentos e não esquecê-los. E a melhor forma de se fazer isto é disponibilizar as informações em um local de fácil acesso, permitindo uma posterior conexão entre elas e compartilhando-as com outras pessoas para que a troca de conhecimentos e experiências amplie ainda mais o banco de dados.

Por este motivo, foi desenvolvido o painel 15 PINs que, através da análise e do *benchmark*, obriga os colaboradores de uma empresa a conhecer melhor o mercado em que ela está inserida, bem como, através do registro dos dados coletados, evita o esquecimento do conhecimento obtido e possibilita sua fácil visualização por outras pessoas. Diante deste compartilhamento de informações, há um natural aumento na possibilidade de conexão dos elementos e na geração de *insights*, bem como se facilita identificar oportunidades de diferenciação, novos negócios e inovações.

Reforçando o foco prático deste livro, optou-se que, após ler os capítulos referentes aos grupos de inovação, os empreendedores pudessem já aplicar os conhecimentos adquiridos e começarem a preencher o painel. Nada impede, entretanto, que as pessoas leiam todo o livro e somente preencham posteriormente os quadros sugeridos, caso julguem conveniente ou necessário. Obviamente, no momento do seu efetivo preenchimento, seria necessária uma nova leitura dos capítulos. É possível também que muitos leiam visando se inteirar da metodologia cuja implantação está ou estará sob a responsabilidade de outra(s) pessoa(s). Mas, considerando a economia de tempo e o pragmatismo que os tempos atuais exigem, o livro foi feito para que, ao final de sua leitura, a empresa já tenha seu painel preenchido e esteja pronta para ter ideias inovadoras colocadas em prática.

Alguns quadros são totalmente atrelados a um grupo de inovação específico e, portanto, serão completamente finalizados após a leitura do referido capítulo. Outros quadros, entretanto, podem ter seu preenchimento realizado pouco a pouco, de acordo com os estudos e pesquisas que o item demande.

O quadro 2, em especial, refere-se a "observações, destaques e *insights*" e pode ser preenchido a qualquer momento, mesmo durante a leitura de um capítulo ou até mesmo em momentos diversos, pois neste quadro deve ser anotado qualquer coisa que se julgue relevante. Pode ser uma tendência de mercado, uma ideia, um comentário, algum pensamento interessante, ou seja, qualquer coisa que mereça atenção, mesmo que não tenha nenhuma relação com o grupo em análise ou mesmo que se suponha que não venha a ser aproveitada posteriormente. Uma dica: se vier em mente algo que pareça interessante e você tiver dúvida se vale a pena anotar, anote. Ainda que acredite que nos outros grupos de inovação este tema será abordado, anote. Mesmo que você ache que é alguma ideia que precisa de uma análise mais detalhada, anote. Mesmo que seja algo que não lhe pareça exequível, anote.

ESTUDOS DE INOVAÇÃO - APLICAÇÃO DA METODOLOGIA DOS 15 PINs

Desenvolver a cultura de inovação em uma empresa não é fácil porque as pessoas precisam se acostumar a fazer algo que não tinham o hábito de fazer anteriormente. Isto, em nenhuma situação, se consegue da noite para o dia e nem através de ofícios ou memorandos. A primeira e mais importante pessoa que deve demonstrar o interesse por esta cultura é o CEO da empresa. Ele deve efetivamente estar comprometido com a busca e a execução de inovações, através do estímulo à geração de ideias (sugerindo ideias também, porém com o mesmo peso de sugestão de qualquer outro colaborador), participação na seleção delas e acompanhamento dos processos de execução. O envolvimento do CEO é requisito fundamental para o sucesso da cultura de inovação, mesmo em empresas que possuam um gestor de inovações. O próprio poder (amplo e real) que o CEO confere a este gestor é uma pública e necessária demonstração da importância que a empresa dá às inovações.

O primeiro passo para a prática da inovação começa pela definição da pessoa que irá conduzir o processo de estudos de inovação dentro da empresa. Esta responsabilidade pode ser do próprio CEO ou de um Coordenador de Estudos de Inovações (CEI) que vai se dedicar à condução das atividades propostas neste livro, anotando e compilando as informações e ideias apresentadas. Em qualquer situação, a implantação de uma cultura de inovação é um processo *top-down*, de tal modo que, caso não haja o envolvimento do CEO e dos principais diretores da empresa, a ação estará fadada ao insucesso.

O Coordenador escolhido deve possuir um bom conhecimento sobre a empresa e sobre o portfólio de seus bens produzidos e serviços realizados, bem como deve ter a confiança do CEO e da alta diretoria, uma vez que poderá precisar ter acesso a informações estratégicas e dados reais sobre a situação da empresa. Uma das maiores virtudes desse profissional deve ser o bom relacionamento com os demais gestores da empresa e uma considerável diplomacia na condução da ação integrada de equipes dedicadas à inovação e do pessoal compartilhado (que trabalha nas operações atuais da empresa), virtude extremamente útil na resolução de conflitos simples do dia a dia e também na abordagem de pontos complexos como, por exemplo, o desenvolvimento de produtos que possivelmente "matarão" alguns já existentes.

O estudo dos quadros do painel 15 PINs resultará em um mapeamento da corporação e do mercado, analisando também os concorrentes. Isto muitas vezes resultará em visualização das necessidades de atualização da empresa que, caso constatadas, devem ser uma das prioridades de ação, pois de nada adianta buscar desenvolver inovações se, em pontos cruciais e/ou notórios para o público externo, a empresa se encontrar defasada em relação às suas concorrentes.

Para a análise dos grupos de inovação, geração, e seleção das ideias, é preciso formar um Comitê de Inovação composto por um time diversificado (representantes do setor comercial, gestão de produtos, TI, técnico, financeiro, administrativo, *marketing*, RH, entre outras pessoas que possam trazer diferentes pontos de vista). Desse modo, as informações, mesmo as que se referem a números, ficam menos superficiais e mais qualificadas, uma vez que os gestores podem apresentar comentários sobre os itens levantados. Além disso, a participação de uma equipe multidisciplinar ajuda na abrangência das informações e aumenta a possibilidade de geração de *insights*, conexões e ideias, uma vez que há também o compartilhamento dos conhecimentos e experiências de cada um dos membros.

As funções acima citadas são apenas sugestões, pois o Comitê deve ser formado pelas pessoas que o CEO e a alta diretoria julgarem necessários, considerando-se o seu perfil profissional. Além destas pessoas, o Coordenador de Estudos de Inovações obviamente também vai participar de todas as reuniões, mediando as sessões para que tudo seja feito da maneira correta.

Visando evitar problemas no andamento normal das atividades da empresa, recomendamos que sejam feitas reuniões diárias para a discussão de cada grupo de inovação e realização das análises necessárias. Desse modo, as reuniões serão mais curtas e a metodologia será aplicada de forma mais dinâmica, sem longos períodos para que cada membro possa coletar, registrar e apresentar as informações que acharem relevantes.

Importante:

- Antes da primeira sessão, o CEO e/ou a alta diretoria da empresa devem se reunir com a pessoa escolhida para ser o Coordenador de Estudos de Inovações e definir previamente como, onde e quando serão as reuniões de estudos, bem como definir os membros do Comitê. A partir deste momento, é imprescindível que o CEI já faça a leitura completa do livro e se prepare para as reuniões, sabendo o que deverá fazer em cada sessão.

Obviamente, é importante que cada membro do Comitê receba um exemplar do livro e, durante as reuniões, tenha caneta e papel à disposição, para que possa anotar tudo o que achar relevante. Além disso, o Coordenador de Estudos de Inovações necessitará de equipamento no local da reunião para que possa apresentar as ideias consolidadas.

Em cada reunião, o Coordenador de Estudos de Inovações deve apresentar os itens que serão abordados na sessão, explicar quais capítulos devem ser lidos para a reunião seguinte e dar aos membros do Comitê as vias impressas dos quadros dos painéis que deverão ser preenchidos isoladamente por cada membro, esclarecendo que depois os membros do Comitê irão preencher, juntos, um painel consolidado pela equipe.

Os membros devem saber que se, posteriormente, acharem que deveriam ter inserido alguma informação que não lembraram no momento em que o tema estava sendo abordado, eles podem complementar o quadro, desde que o item ainda esteja em fase de estudo, ou seja, ainda não tenha sido definido pelo Comitê.

Deve ficar claro também que, caso os membros achem insuficientes os espaços reservados para as informações relacionadas a determinado item, eles podem fazer também outras cópias do quadro em questão, utilizando-o para complementar suas anotações. Caso prefiram, podem baixar também diretamente no *site* 15pins.com.

Sequência de estudo

O estudo dos grupos não é feito numa sequência exata de PINs básicos, PINs potenciais e PINs de apoio. Eles serão apresentados em uma ordem que, de acordo com as análises solicitadas, conduz mais facilmente até o item final que é a aplicação efetiva, quando tudo o que foi estudado é finalmente consolidado em ações prontas para serem executadas. Alguns grupos de Ps da Inovação também são subdivididos e essas partes são apresentadas em momentos diferentes de acordo com a necessidade de estudo. Desse modo, trabalharemos na seguinte sequência:

- Problema primário: Quais os possíveis problemas que sua empresa se propõe a solucionar? Como entender os setores de atuação e os ramos de atividade afins? Quais são os seus concorrentes? Como evitar a Miopia de Marketing?

• Pessoas (Público-alvo): Quais são os possíveis públicos-alvo, nichos e ecossistemas que podem ser explorados?

• Panorama: O que são tendências e modismos? Como aproveitar as tendências atuais e as possibilidades futuras? Imaginando-se como será o futuro, como sua empresa pode se preparar para manter-se relevante no mercado?

• Posicionamento (Institucional): Qual o posicionamento institucional que sua empresa pode abraçar? Qual o posicionamento institucional que outras empresas estão adotando?

• Proposição: Quais são os atributos fundamentais da categoria do seu setor de atuação? Quais as proposições que você pode escolher? Quais as situações específicas que envolvem o seu público-alvo? Quais as dores e ganhos para as pessoas em cada situação específica? Quais as tendências que envolvem as possíveis situações específicas?

• Personalização: Como um bem/serviço oferecido pode ser personalizado de acordo com o perfil do seu público-alvo?

• Produtos: Que bens ou serviços sua empresa pode oferecer como inovação?

• Praça: Onde a empresa pode atuar? Onde os concorrentes têm atuado? Qual a logística necessária para distribuir os possíveis produtos nestes locais?

• Posicionamento (Mercadológico): Quais são os pontos de paridade, pontos comuns, pontos de diferença e possíveis formas de diferenciação? Qual o posicionamento mercadológico que seu produto pode adotar? Qual o posicionamento mercadológico que os concorrentes estão adotando?

• Pagamento (Preço/Fontes de Receita): Qual o preço que será estabelecido? Quais são as fontes de receita possíveis, de acordo com os vários modelos de negócio? Quais são as formas de pagamento que serão adotadas? Qual a previsão de receita do produto?

• Pessoas (Colaboradores): Qual a equipe necessária para desenvolver, lançar e produzir as ideias selecionadas? Qual a estimativa de investimento nestas pessoas?

• Pagamento (Investimento): Quais os investimentos necessários para desenvolver, distribuir, lançar e manter a operação dos produtos escolhidos?

• Parcerias: Como buscar parcerias que possam ajudar sua empresa, a fim de agilizar ações, otimizar recursos e oferecer diferenciais?

• Provas: Como validar suas ideias e suposições? Como monitorar a evolução das ações definidas e a avaliação dos resultados após seu lançamento no mercado?

• Proteção: Como se proteger contra a ação de outras empresas? Como ter em mente a necessidade de pessoas (equipe e clientes)?

• Pontos de contato: Como imaginar formas de inovar nos pontos de contato com o seu público-alvo? De acordo com a análise da jornada das pessoas, como os pontos de contato podem ser personalizados?

• Processos: Quais as cadeias de valor que envolvem os produtos em análise? Como inovar na cadeia de valor? Como mapear um processo específico e buscar formas de otimizá-lo?

• Prática: conforme veremos detalhadamente posteriormente, as sessões práticas serão realizadas após a leitura de alguns capítulos, servindo para consolidar as opiniões colhidas individualmente pelos membros do Comitê e estabelecimento da posição definitiva da empresa a respeito dos pontos estudados.

Recomendamos que em cada reunião seja abordado um dos tópicos acima, evitando sessões longas e muitas atividades para os membros do Comitê realizarem de um dia para o outro. A ideia é que, entre uma sessão e outra, cada membro do Comitê possa realizar as atividades solicitadas sem que isso afete substancialmente suas atividades normais na empresa. Porém, fica a critério do Coordenador de Estudos de Inovações, em comum acordo com o CEO e alta diretoria, a condução das reuniões no ritmo que achar conveniente.

Algumas reuniões serão bastante rápidas, com uma apresentação clara do grupo a ser estudado e com tarefas muito fáceis de serem realizadas. Outras serão mais demoradas, com uma necessidade maior de explicar bem os detalhes do grupo de estudo e/ou com exigência de mais dedicação na coleta de informações. Não aconselhamos a unir um ponto considerado fácil/rápido com um mais difícil/demorado para se ganhar tempo ou acelerar as análises. É importante que a mente tenha momentos de descanso, principalmente antes e depois das práticas, porque isso ajuda a manter o fluxo da metodologia sem fadiga. Nas reuniões práticas, caso o Comitê ache que alguma delas está demorando muito, pode tranquilamente deixar para continuar a sessão no dia seguinte. Esta metodologia é feita para aplicação pela própria empresa, deste modo, ela pode ser flexível no processo de realização. O importante é não quebrar o ritmo da sequência de estudos e reuniões.

REUNIÃO DE APRESENTAÇÃO

Antes do início efetivo dos trabalhos, é necessário fazer uma reunião para expor os objetivos da empresa com este estudo e salientar a importância do Comitê neste processo. Deve-se ainda realizar a apresentação da definição de inovação e uma breve explanação sobre os 15 PINs, bem como mostrar como a metodologia será aplicada: reuniões, exercícios, prática, etc.

Importante:

- O Coordenador de Estudos de Inovações deve avisar que tudo o que for escrito será lido posteriormente sem que os autores sejam identificados, pois isto evitará que as pessoas se autobloqueiem já imaginando possíveis críticas ou comentários negativos sobre as ideias que derem. Além disso, há que se entender que o resultado deste processo criativo é coletivo, fruto da colaboração das diversas pessoas que compõem a empresa.

Como, ao fim da reunião de apresentação, já serão efetivamente iniciados os trabalhos, é necessário distribuir exemplares dos livros para todos os membros do Comitê, solicitando-lhes que leiam o primeiro capítulo, bem como é preciso que eles recebam o respectivo quadro para preenchimento.

De uma maneira geral, esse procedimento deve ser padrão ao fim de cada reunião: informação sobre qual capítulo deve ser lido e entrega do(s) quadro(s) que deve(m) ser preenchido(s).

Algum tempo antes do início das reuniões sobre prática, os membros do Comitê deverão entregar os quadros referentes aos PINs estudados, juntamente com o quadro 2 (observações, destaques e *insights*) para o Coordenador de Estudos de Inovações para que o mesmo possa consolidar as ideias de todos os membros em uma lista única.

PROBLEMA PRIMÁRIO

Resolver problemas reais das pessoas é a finalidade maior de qualquer empresa. Uma premissa tão importante que é a partir dela que derivam todas as outras variáveis de um negócio. É inútil ter um belo produto, processos eficientes e uma talentosa equipe se, no âmago da questão, não se oferecer uma solução satisfatória para um problema real. Não adianta ter um preço espetacularmente baixo se não existir atratividade no que está sendo vendido. É inócua a comunicação, por mais criativa que seja, se não houver demanda para o que está sendo anunciado.

Tratamos como problemas reais as necessidades das pessoas que ainda não foram atendidas ou que as soluções disponíveis no mercado, de certo modo, deixam algo a desejar. E, acredite, o mundo está cheio de problemas assim. Vez por outra escutamos alguém dizer coisas do tipo: “gostaria que houvesse algo que fizesse isso” ou “executar tal coisa é tão complicado”, ou ainda "esse produto é perfeito, mas seria melhor se...". Sempre que ouvir algo assim, fique atento! Estes tipos de declaração nos colocam diante de oportunidades. Os problemas estão por aí, perambulando pelas ruas à espera de alguém que lhes ofereça uma solução. Eles estão em todo o lugar, em todos os segmentos de mercado e vêm de todos os tipos de pessoas. Às vezes são fáceis de identificar, outras vezes nem tanto.

Para perceber problemas, é importante sempre prestar atenção no que ocorre ao seu redor, questionar situações e exercitar a sua curiosidade. Conhecer e conversar com as pessoas (clientes, não clientes, fornecedores, parceiros e outros) é sem dúvida uma das maiores e melhores fontes de descoberta de problemas. Entretanto, muitas vezes as pessoas não têm ciência do que lhes aflige. Simplesmente se acostumaram com os problemas, adequaram-se às limitações das soluções oferecidas e deram um jeito de conviver com aquela situação total ou parcialmente ineficiente, aceitando-as resignadamente. Por isso, é muito importante não se limitar a perguntar aos outros quais os problemas que eles têm. Uma pesquisa mais articulada, com perguntas mais elaboradas e uma observação meticulosa, pode resultar em conclusões e descobertas sobre problemas que as próprias pessoas nem desconfiam ter. É difícil para qualquer um imaginar algo que ainda não existe como uma solução ideal. O mais comum é que as pessoas pensem em problemas que alteram situações existentes. Ou seja, baseados no que conhecem, apenas buscam por otimizações para o que já existe, coisas do tipo "mais fácil", "mais rápido", "mais simples", "mais barato", "mais completo" e assim por diante.

Independentemente da pesquisa com pessoas, o simples fato de prestar atenção nas coisas, comportamentos e situações ao redor pode oferecer bons resultados nesta busca. A essência na descoberta de problemas é o inconformismo e o questionamento, nunca admitindo passivamente o que não é satisfatório como solução efetiva e, principalmente, jamais aceitando o impossível como uma resposta definitiva. Seguindo o aconselhamento de Josh Linkner, um bom começo é sempre utilizar as três perguntas mágicas: "por que?", "e se?" e "por que não?".

Além dos problemas já existentes, é possível também antever os que possivelmente ainda irão existir. A análise da movimentação de segmentos de mercado e a observação de tendências em geral são excelentes ferramentas de previsão de problemas futuros. Nestes casos, para identificar um problema, é preciso ser ousado e nunca aceitar passivamente coisas do tipo "se não existe, é porque não há como fazer" ou "se fosse viável, as grandes empresas do setor já teriam lançado" ou ainda "se nenhum cliente citou isto como um problema, por que você acha que é?". Claro que todas estas indagações são importantes, mas não devem servir como condição imediata de abandono da ideia. Na pior das hipóteses, buscar respostas para estas questões pode trazer informações relevantes sobre o negócio.

Resumidamente, as empresas podem inovar ao perceber um problema ou uma insatisfação e oferecer a solução antes das suas concorrentes, revelando um olhar aguçado e atento ao detectar que um problema existe, mas ninguém ainda se propôs a resolvê-lo. Podem também ser inovadoras ao oferecer uma solução antes mesmo das pessoas perceberem que algo é um problema, demonstrando uma excelente capacidade de observar sinais. E, por fim, podem inovar ao trabalhar em soluções para problemas que ainda não existem, mas talvez um dia possam existir. Este tipo de atitude revela as empresas que são visionárias e que têm o olhar voltado para o futuro, estando muitos passos à frente da concorrência. São aquelas que se antecipam, conseguem imaginar possíveis cenários e que não esperam que estes aconteçam para agir.

Inovações também podem surgir ao situar o problema dentro de um contexto, verificando formas de inter-relações e conexões diretas e indiretas com outros problemas e situações. Essa visão estendida revelará áreas de afinidade total ou parcial, interseções, pontos de convergência, semelhanças, relações de dependência ou mesmo pontos de conflito e vácuos. Pode-se também tentar descobrir as possíveis causas e consequências de cada problema, verificando outras inconveniências ocasionadas, bem como identificando possíveis situações decorrentes das consequências. Tudo isso poderá resultar em oportunidades de inovação e criação de soluções mais eficazes.

PROBLEMA PRIMÁRIO, SETOR DE ATUAÇÃO E RAMOS DE ATIVIDADES

Para esclarecer questões fundamentais para o desenvolvimento de inovações em uma empresa, é necessário compreender o problema primário a que ela se propõe a resolver, além de determinar o setor de atuação e estar ciente dos seus concorrentes e dos ramos de atividades afins.

A não compreensão e definição desses pontos é algo de tal relevância que pode comprometer todos os demais grupos de inovação. Por este motivo, considera-se como um item primordial que deve ser estudado antes de qualquer outra coisa. Isso deve ser feito por todos os tipos de empresas, estejam elas em fase de ideação ou já estabelecidas e funcionando há bastante tempo. São requisitos necessários para quem está em busca do desenvolvimento de ideias para trabalhar ou que já tenha bens ou serviços em plena operação.

Qual o problema primário que seu negócio soluciona?

Saindo do campo da teoria e adentrando em situações reais, a primeira coisa que uma empresa deve buscar é a definição do problema primário que ela soluciona. Obviamente seus bens ou serviços solucionam diversos pequenos inconvenientes das pessoas, que chamamos de "dores" (falaremos especificamente a respeito disto no capítulo sobre proposições), mas certamente existe um problema maior do qual derivam possibilidades de atendimento desta necessidade macro.

Não é muito simples definir o problema primário que uma empresa atende porque se corre sempre o perigo de chegar a uma conclusão muito ampla, que impossibilita o acompanhamento do setor de atuação, ou muito restrita, provocando uma visão muito limitada dos movimentos do mercado.

Uma boa forma de começar a definir o problema principal que uma empresa resolve é listando seus concorrentes. Para isso, vamos utilizar como exemplo uma pizzaria. Você pode imaginar que os concorrentes de uma pizzaria "a" são as pizzarias "b", "c" e "d". São elas, sim. E muito mais! Focar somente nas demais pizzarias nos levaria a crer que o problema primário seria vender pizzas. Como alertado, essa conclusão nos levaria a só observar o que as demais pizzarias estão fazendo e poderíamos não perceber, por exemplo, o crescente interesse por comidas orientais.

Para evitar essa visão restrita, devemos entender que concorrente é quem disputa, com sua empresa, o dinheiro e o tempo das pessoas na solução de um determinado problema. No caso da pizzaria, uma hamburgueria é concorrente? Sim, pois as pessoas que optarem por comer um hamburguer não irão naquele momento, ou após ele, a uma pizzaria. Se elas passarem em um supermercado e comprarem comida congelada para comerem em casa, certamente também não irão neste dia a uma pizzaria. O mesmo ocorrerá se elas forem a uma padaria comprar pão e queijo para se alimentar logo a seguir. Portanto, hamburgueria, padaria e comida congelada são — entre muitos outros ramos de atividade — concorrentes da pizzaria, pois fazem o que ela faz (disponibilizam comida) e disputam o dinheiro/tempo de uma mesma pessoa.

Entretanto, não podemos generalizar demais e afirmar que o problema primário a ser atendido pela pizzaria e suas concorrentes é a necessidade de se alimentar. Porque essa resposta possui uma gama muito ampla de soluções, incluindo a agricultura, pecuária, a indústria de alimentos em geral, de modo que isso nos levaria à impossibilidade de efetivamente acompanhar o mercado envolvido.

Podemos então perceber que existe um ponto médio entre a necessidade de alimentação e os ramos de atividade concorrentes da pizzaria. É o que chamamos de setor de atuação. Analisando as características dos concorrentes, podemos estabelecer que o problema que eles estão resolvendo é a necessidade de consumo de refeição não produzida em casa, não importando o motivo. Esse é então o problema primário atendido.

Setor de Atuação

A definição do setor de atuação de uma empresa é também algo de extrema importância porque, além de ajudar a definir o problema primário, envolve um conjunto de possibilidades que uma empresa pode aproveitar, considerando o seu tipo de negócio.

Primeiramente, é importante salientar que não se trata de uma mera formalidade burocrática. Determinar o setor em que sua empresa atua ou pode atuar é essencial para conhecer e monitorar o mercado em que o seu negócio está inserido, analisar os seus movimentos e as suas tendências, acompanhar o trabalho dos concorrentes e facilitar a visualização de possibilidades de inovação. Não se refere, de forma nenhuma, a alguma limitação geográfica, pois, atualmente, principalmente em virtude da internet, atuar globalmente é uma opção que deve sempre ser considerada. É preciso esclarecer também que não se trata de uma segmentação de mercado em função do público-alvo, pois o objetivo aqui é exatamente o contrário: buscar ampliar o campo de visão a fim de enxergar oportunidades. Assim sendo, se você fechar o seu foco no segmento das pessoas que sua empresa atende, como poderá enxergar possibilidades, além disso? Do mesmo modo, o setor de atuação não pode ser limitado por um tipo de produto e as proposições que ele oferece, nem por uma determinada forma de pagamento utilizada, etc. Definir corretamente seu setor de atuação evita que você tenha uma visão muito restrita do seu negócio.

Vale salientar ainda que o setor de atuação de uma empresa não é necessariamente qualquer das atividades econômicas dos sistemas de classificação formais existentes. Obviamente, para fins contábeis e fiscais, você vai ter que se enquadrar nestas classificações. Mas, para o desenvolvimento de inovações, elas não ajudam, pois podem ser muito amplas ou muito restritas, bem como separam indústria, comércio e serviços.

É o tipo de coisa que não podemos permitir. Afinal, por que uma empresa de serviços não pode, se lhe for oportuno, atuar como indústria ou comércio?

Para se chegar a um correto enquadramento do setor de atuação de uma empresa, é importante ter em mente o seu problema primário. No caso de uma pizzaria, como vimos, é a necessidade de consumo de refeição não produzida em casa. Em decorrência disso, podemos dizer que a "disponibilização de refeições produzidas fora de casa" é o seu setor de atuação, sendo irrelevante se a refeição é fornecida pronta para o consumo ou se requer alguma ação complementar (no caso de congelados, *kits* para preparação, etc.) ou se a comida será consumida no restaurante ou mesmo em casa. Não faz diferença também se isto se dá através de indústria, comércio ou serviço.

Ramos de atividades afins

Quando falamos anteriormente em concorrentes, definimos como empresas que fazem o que sua empresa faz e disputam o dinheiro/tempo das pessoas que querem ter seu problema primário atendido. Os concorrentes se dividem em diretos, ou seja, aqueles que oferecem o mesmo tipo de bem/serviço da sua empresa, e os concorrentes indiretos, que atendem ao mesmo problema primário, mas oferecem produtos diferentes. No caso de uma pizzaria, os concorrentes diretos seriam a pizzaria "b", a pizzaria "c", etc., e os indiretos, por exemplo, seriam as hamburguerias, pastelarias, entre muitos outros. Os concorrentes indiretos compõem o que chamamos de ramos de atividades afins.

Observando-se os ramos de atividades afins, podemos enxergar ações que são utilizadas por um concorrente indireto em um segmento específico, mas que podem ser aplicadas a outros segmentos, pois nada impede que uma empresa atue como os seus concorrentes. Do mesmo modo, torna-se mais fácil verificar alguma possibilidade não explorada que possa representar oportunidades de negócios e possibilidades de inovação.

Apresentamos abaixo alguns exemplos de ramos de atividade afins do setor de necessidade de consumo de refeição não produzida em casa:

- Restaurantes em geral
- *Fast foods*

- *Delivery* de alimentos
- Serviço de coleta e entrega de alimentos por aplicativo
- Padarias
- Supermercados (alimentos congelados)
- Marmitarias
- *Food trucks* e assemelhados
- Refeições naturais e restritivas
- Cafeterias
- Bares
- *Kits* de refeições para serem preparados em casa
- Lojas de conveniência
- Docerias

E muitos outros.

Vamos imaginar que uma determinada pastelaria possua um ponto físico, mas não oferece a entrega dos alimentos. Imagine também que uma hamburgueria só trabalha com *delivery* (sem ponto físico para as pessoas fazerem refeição). O pedido, por sua vez, pode ser feito através de um canal de contato direto ou por meio de um aplicativo que reúne diversos restaurantes e faz a venda para seus clientes, cobrando uma comissão sobre o que é vendido. Perceba aqui quantas possibilidades de novos modelos de negócios há para uma pizzaria. É por isso que é de extrema importância observar os ramos de atividades afins.

Players de referência

O *player* de referência é o concorrente que domina um ramo de atividade, representando o segmento para a maioria das pessoas. Nem todos os mercados possuem um *player* de referência, ou seja, mesmo existindo empresas em operação, nenhuma delas se consolidou como a marca que representa o segmento, deixando esta lacuna aberta para um concorrente mais agressivo em termos de comunicação. Isto acontece quando as empresas em atuação se acomodam e não fazem os investimentos necessários para ocupar este espaço. Desse modo, quando um novo entrante se lança com ações de *marketing* de alto impacto buscando tornar-se o *player* de referência, as concorrentes que já estão em operação terão que travar uma batalha de comunicação, com a necessidade de pesado investimento em mídia, gastando muito mais do que precisariam fazer se tivessem um trabalho contínuo de consolidação e, ainda pior, sem a certeza de que irão conseguir o resultado almejado.

Na análise do mercado, a inexistência de um *player* de referência pode indicar uma excelente oportunidade, demonstrando um vácuo que sua empresa pode ocupar.

MIOPIA EM MARKETING

A não observação correta do problema primário e do setor de atuação de uma empresa provoca um fenômeno descrito como Miopia em *Marketing*, uma tese desenvolvida por Theodore Levitt. Em 1960, este economista estadunidense alertou que muitas empresas estavam focadas nos bens e serviços que disponibilizavam, ou mesmo em um ramo de atividade específico, e não no seu setor de atuação. Desse modo, elas não estavam percebendo a amplitude da cadeia em que estavam inseridas, tendo uma visão estreita de suas possibilidades de atuação e dos movimentos do mercado. Como exemplo principal, o autor citou as companhias que produziam estradas de ferro para trens. Estas empresas julgavam atuar apenas no ramo ferroviário e, assim, se limitavam a observar simplesmente o que estava acontecendo neste tipo de negócio, em vez de visualizarem as alterações que estavam se configurando no seu real setor de atuação: transporte de cargas e pessoas. Se elas tivessem o foco no setor de atuação e no problema primário (necessidade de transporte), teriam explorado oportunidades de negócios com os automóveis, caminhões e aviões. Outro exemplo citado por Levitt foi o dos estúdios de Hollywood que pensavam que seu negócio se limitava ao ramo do cinema, em vez de se enxergarem como empresas do setor de entretenimento visual. Portanto, com a chegada da televisão, diversas empresas fecharam as portas e outras tiveram que passar por uma drástica reestruturação e reorganização porque viam a televisão como uma ameaça, ao invés de a enxergarem como uma oportunidade de expandir seus negócios.

Mesmo sendo extremamente conhecida, pela antiguidade de sua publicação e pela importância das suas considerações, a Miopia em *Marketing* ainda é muito comum hoje em dia e tem provocado a destruição de corporações consideradas fortes e inabaláveis. Tomemos como exemplo o que aconteceu com a Kodak. A empresa acreditava que a essência de seu negócio era a captura de imagens em filmes e a revelação de fotos, ou seja, seu foco estava voltado para ramos de atividades específicos. Se tivesse sempre em mente que o problema primário a ser atendido para seu público era a necessidade de registro de momentos e também a apresentação desses registros para outras pessoas, teria visto todas as vertentes que envolvem esta situação, com especial destaque aos meios digitais, armazenamento não-físico e exposição através de diversas plataformas.

O conhecimento da Miopia em *Marketing* é essencial no campo das inovações. É preciso conhecer qual o setor de atuação em que a empresa se enquadra para que se possa ter em mente a busca de soluções adequadas ao problema primário, considerando que as pessoas podem ter necessidades e pontos de vista diferentes para um mesmo problema, de acordo com o momento e o local. Esse enquadramento também é importante para que se possa ter uma ampla visão de todas as possibilidades que o setor proporciona, encarando a forma com que seus concorrentes atuam, não apenas como ameaças, mas como oportunidades de fazer negócios.

Tomemos como exemplo uma empresa que desenvolve equipamentos para que cadeirantes possam ter acesso a ônibus. Digamos que esta companhia defina seu setor de atuação como acessibilidade em transportes coletivos. Observe que, ao estabelecer isso, ela não enxergará todo o seu potencial de atuação. Mas, caso ela tenha em mente que é uma empresa do setor de acessibilidade, seu foco aumentará porque passará a observar todas as possibilidades de atuação e movimentos deste mercado. No entanto, quais seriam as consequências práticas disto? Suponha que esta empresa faça um trabalho de desenvolvimento de ideias inovadoras com sua equipe. Com o enquadramento no setor de atuação correto, desse processo certamente sairão ideias de alerta sonoro ou sinalização em braile para cegos, indicadores visuais e aplicativos *web* para deficientes auditivos, formas de interação para mudos e assim por diante. Porém, tudo isso seria descartado se a empresa mantivesse o foco apenas em acessibilidade em transportes coletivos. A definição correta de seu setor de atuação permite oferecer soluções completas, ampliando o seu portfólio, otimizando o trabalho da equipe e o aproveitamento de sua estrutura e conhecimento, entre outras vantagens. Além disso, possibilitaria também a realização de parcerias mais fortes e benéficas. Imagine, por exemplo, que o CEO desta empresa fosse se reunir com o prefeito de uma cidade, depois de diversas tentativas frustradas graças aos muitos compromissos do gestor público. Tendo foco em acessibilidade em transportes coletivos, o encontro, na melhor das hipóteses, poderia resultar em uma parceria sobre acesso de cadeirantes aos ônibus. Entretanto, caso a empresa tivesse em mente o setor de atuação mais completo, na reunião poderiam se firmar parcerias sobre acessibilidade em vias públicas e transportes coletivos, além de possibilitar, por exemplo, a exploração de áreas públicas com contrapartida na facilitação da acessibilidade, inserção do seu equipamento no transporte escolar e muitas outras possibilidades. Ou seja, o leque de possibilidades de negócios seria muito maior.

AMPLIANDO OS HORIZONTES

A definição do problema primário e do setor de atuação significa que a empresa está presa a essas opções e que pode atuar somente dentro desses limites? Uma pizzaria não poderá trabalhar com o setor de vestuário? Uma empresa de televisão aberta não pode produzir vídeos para cinemas? Obviamente não existe e nem deve existir nenhum impedimento para isso, muito pelo contrário.

A atuação em um setor diferente do seu original pode ocorrer fruto de um encadeamento, em razão de uma oportunidade percebida, pela iniciativa de investir em novos negócios, pela conexão de serviços ou pela estratégia de abordar o universo de algum nicho (situação que veremos no capítulo sobre pessoas).

Um exemplo de uma sucessão de encadeamentos seria o caso de uma pizzaria que resolve criar uma promoção que prevê a doação de uma camisa ao cliente que consumir 10 pizzas. Devido ao resultado positivo desta iniciativa, o proprietário do negócio pode perceber que sairá mais em conta produzir as próprias camisas, em vez de terceirizar a produção. Para manter o interesse do cliente que já tiver ganhado uma camisa, ele resolve mudar as estampas, criando "coleções". Estas peças passam a fazer sucesso e as pessoas acham o *design* tão legal que muitas querem saber se podem adquiri-las sem ter que necessariamente comprar as pizzas. Atendendo ao desejo das pessoas, o proprietário da pizzaria disponibiliza a venda avulsa e, quando menos percebe, já está atuando no setor de vestuário de forma independente do setor de alimentação produzida fora de casa.

A observação de uma oportunidade pode se dar, por exemplo, quando a pizzaria resolve introduzir um fardamento para sua equipe, mas deseja que seja algo leve, com um *design* moderno. Ao procurar fornecedores para produzir o que deseja, a empresa descobre que não há esta opção no mercado, pois todas as empresas que nele atuam só trabalham com fardamentos de padronização clássica. Ao comentar tal fato com outros empresários, o proprietário da pizzaria descobre que se trata de uma necessidade também de outras empresas e resolve investir em tal negócio. Mesmo aparentando ter uma conexão (o que, de certo modo, todos os negócios têm ou podem ter), percebe-se que, neste caso, há uma decisão clara de que se deve ou não investir em um novo setor de atuação. Observe que outros empresários já haviam percebido esta lacuna no mercado, mas não resolveram investir nisso.

Um exemplo de iniciativa de ampliar negócios ocorre quando um empresário, bem-sucedido em determinado setor, resolve investir em outras empresas já estabelecidas ou que estejam chegando ao mercado (*startups*), independentemente de serem ou não do seu setor de atuação original. Neste caso, mesmo que o proprietário da pizzaria resolva aplicar seus recursos somente em empresas do seu setor de atuação, a fim de aproveitar o *know-how* e *network* que já possui, uma coisa não levou naturalmente à outra.

Outra forma de ampliar o leque de oportunidades de inovação se dá através da conexão de setores, observando-se melhor os demais ramos de atividades afins. Perceba que os cinemas são concorrentes da televisão, afinal atendem à mesma necessidade (ver vídeos), disputando o mesmo dinheiro no mesmo momento. Mas perceba que o cinema também é uma forma de diversão. A pessoa que vai a um cinema talvez não vá até lá apenas com a finalidade de ver um filme, pode ser que queira tão somente passar um momento agradável fora de casa. Neste aspecto, um cinema concorre com um boliche, com um circo ou com um *show* musical, entre outros. De fato, muitas vezes vamos ao cinema e somente lá escolhemos o que vamos assistir, deixando claro que nosso interesse não estava somente ligado ao filme em si. Neste caso, os problemas atendidos pelos cinemas são dois: necessidade de assistir vídeos e necessidade de momentos de lazer. Note que não colocamos o primeiro problema como necessidade de assistir filmes. Trocamos esta palavra por vídeos e, ao fazer isto, ampliamos as possibilidades de um cinema. Eu, por exemplo, já fui a alguns deles para assistir à transmissão de palestras ao vivo. Com relação à necessidade de momentos de lazer, a compreensão disso é importante porque, caso o cinema foque apenas na exibição de filmes, sua preocupação será tão somente com a programação do que será exibido e com os aspectos técnicos referentes a isso. Porém, caso a empresa entenda que resolve também o problema da necessidade de lazer, nada a impede de explorar isto de diversas formas. A inserção de um pequeno bar ou *lounge* em suas instalações, ou realizar uma exposição podem ser boas alternativas. A exibição de *shows* musicais e jogos esportivos em cinemas também são bons exemplos do acolhimento aos dois principais problemas a serem atendidos pelo cinema. Então, inserindo-se neste setor de atuação composto, um cinema pode ampliar a experiência do seu público e, obviamente, aumentar sua receita.

PAINEL 15 PS — INSERINDO PROBLEMA PRIMÁRIO

Quadro 1

As informações coletadas sobre o grupo Problema Primário devem ser anotadas no quadro 1 do painel 15 PINs da seguinte forma:

1. Liste os ramos de atividades afins ao da sua empresa.

2. Analisando-os, escreva sua opinião sobre qual o problema primário que sua empresa atende, qual o setor de atuação e qual o ramo de atividade em que ela opera.

3. Liste seus principais concorrentes diretos e indiretos.

4. Circule o nome dos *players* de referência dos ramos de atividades afins.

5. Assinale algum diferencial notório de algum dos concorrentes ou do ramo de atividade em geral.

Importante:

- Conhecer seus concorrentes é de fundamental importância para uma empresa. A partir desta análise, muitos *insights* poderão surgir, bem como a descoberta de detalhes nem sempre tão óbvios. Vale a pena inclusive avaliar antigos concorrentes do setor e descobrir porque encerraram suas atividades no mercado.

Observação: todos os exemplos citados nos quadros são meramente ilustrativos e não possuem nenhum vínculo com a realidade, a existência de alguma marca similar à citada não passará de mera e total coincidência.

PAINEL 15 PINs - QUADRO 1
Problema Primário

PRINCIPAL PROBLEMA A SER ATENDIDO (POSSIBILIDADES)
Necessidade de fazer refeição produzida fora de casa

SETOR DE ATUAÇÃO (POSSIBILIDADES)
Disponibilização de refeições produzidas fora de casa

RAMO DE ATIVIDADE
Pizzaria

RAMOS DE ATIVIDADES AFINS	CONCORRENTES E PLAYERS DE REFERÊNCIA	DIFERENCIAIS DE DESTAQUE
- *Restaurantes em geral*	- *Top Top*	
- *Food trucks*	- *BigSize, Ultra, Xwan!*	- *Estrutura enxuta, rapidez*
- *Padarias*	- *Rede Bread & Cia*	- *Café da Manhã*
- *Marmitarias*	- *Marm's, Like Home*	- *Preço*
- *Refeições naturais e restritivas*	- *EasyEat, Fresh Juice, Grabs*	- *Saudáveis*
- *Cafeterias*	- *CoffeePlus, Espuma*	- *Doces e salgados diferenciados*
- *Bar*	- *Hot Life*	- *Happy Hour*
- *Kits de refeições para serem preparados em casa*	- *HomeEat, GoHome, DIY Gourmet*	- *Preço*
- *Lojas de conveniência*	- *PitStop, GoFast*	- *24 horas*
- *Docerias*	- *SugarCake, Sweetea, Chants*	- *Sofisticação*
- *Comida japonesa*	- *TemAki, SoSushi*	

Figura 1: painel 15 PINs - Quadro 1

Quadro 2

Como foi dito anteriormente, na metodologia 15 PINs temos um quadro livre e que pode ser preenchido a qualquer momento, sobre qualquer assunto. Tudo o que pode ser relevante deve ser registrado como "observações, destaques ou *insights*". Por exemplo, a questão do cuidado com o bem estar e dos produtos orgânicos vieram à mente durante o estudo deste capítulo ou ainda surgiu a ideia de um restaurante com serviço de lavagem a seco no estacionamento? Não se preocupe com a viabilidade destas ideias ou pensamentos agora. Apenas registre o que foi pensado. Lembre-se: na dúvida, anote.

PAINEL 15 PINs - QUADRO 2

Todos os PINs

OBSERVAÇÕES, DESTAQUES E INSIGHTS

- *Gourmetização*
- *Cuidados com o bem estar*
- *Produtos orgânicos*
- *Ideia: restaurante com serviço de lavagem a seco no estacionamento*
- *O player de referência X destaca-se no público infantil com a venda de lanches + brinquedos*
- *A busca por alimentos mais saudáveis é uma tendência irreversível*
- *Ideia: colocar food trucks de refeições diversas na área de lazer das empresas*

Figura 2: painel 15 PINs - Quadro 2

PESSOAS (PÚBLICO-ALVO)

As pessoas são a base de qualquer negócio. É para elas, por elas e com elas que tudo acontece.

Conhecer as pessoas é fundamental para o sucesso de qualquer um dos outros grupos de inovação. Aliás, no mundo corporativo, nada prospera se não for enxergado sob a ótica delas. Tudo deve ser ofertado para o atendimento das suas necessidades. O que temos em inovação são os problemas das pessoas, proposição para as pessoas, produtos para as pessoas, pagamento pelas pessoas, processos realizados por pessoas, parcerias com foco nas pessoas, pontos de contato com as pessoas, praça onde estão as pessoas, posicionamento perante as pessoas e, obviamente, a personalização.

O grupo Pessoas envolve o público-alvo e o time de colaboradores (equipe). São dois subgrupos determinantes para o sucesso de qualquer empresa, pois sem público-alvo não há necessidade de equipe (uma vez que não há sequer um problema a ser resolvido) e, sem a existência de um time de colaboradores, não haveria como oferecer às pessoas a solução que elas demandam.

Nesta primeira análise sobre as pessoas, vamos tratar do público-alvo, pois a definição sobre a equipe só pode ser feita quando já tivermos em mente quais os produtos que pretendemos desenvolver.

PÚBLICO-ALVO

A pergunta natural decorrente de um problema listado é: isso é um problema para quem? Com efeito, qualquer necessidade está associada a pessoas. Uma inovação só poderá ser assim considerada se gerar valor para alguém. Sem atender a este requisito, nenhum produto poderá ser caracterizado como inovador.

Mas como conhecer o seu público? Como conhecer seus potenciais clientes?

CRM? Pesquisas? Observação? Seja lá o que você puder fazer, faça! Conhecer as pessoas que utilizam ou irão utilizar a solução que você oferece é a melhor maneira de entrar e se manter no jogo. E este conhecimento com certeza será uma fonte inesgotável de *insights* inovadores.

Entretanto, conhecer seus clientes não é só saber se são homens ou mulheres, suas idades e suas classes sociais. Ter esta fotografia não vai te dizer muita coisa sobre eles. Em se tratando de informações, para a criação de inovações, apenas estes dados não irão servir para quase nada.

Se você fosse expor como conhece a fundo a pessoa que você admira, o que diria sobre ela? Garanto que não falaria apenas que é uma mulher ou homem, de tal idade e que ganha "x" reais por mês. Conhecer alguém é muito mais que isso. Demonstramos conhecer alguém quando sabemos quais são seus comportamentos, hábitos, gostos e preferências. Conhecemos alguém quando sabemos o que esta pessoa faz no seu dia a dia. Quando compreendemos o que está por trás da sua forma de pensar, decidir e agir. Conhecemos as pessoas quando temos conhecimento das coisas que as atraem e daquelas que as desagradam.

Conhecer as pessoas não é uma tarefa fácil. Mas acredite, elas vão te ajudar a fornecer as informações de que você precisa. Ainda assim, isto é só o ponto de partida para que as empresas possam estabelecer uma conexão real com as mesmas, estratégia que abrange a experimentação, utilização, compra, relacionamento, fidelização, engajamento, indicação, análise de satisfação e tantos outros conceitos essenciais relacionados aos consumidores.

A análise das pessoas serve para melhor especificação dos clientes, bem como o conhecimento dos não clientes. Este último segmento merece uma atenção especial, pois demonstra que há necessidade de produtos com características específicas ou proposição diferenciada, revelando muitas vezes nichos não explorados pelas empresas ou grupos de consumidores insatisfeitos com as ofertas existentes. São pessoas que necessitam de bens/serviços com características singulares, diferentes dos já disponíveis. Inovar e atender a esta necessidade proporcionará boas vendas e irá angariar a simpatia dos membros deste segmento por ser a primeira empresa a se preocupar com a necessidade deles. E vale salientar que, apesar de, na maioria das vezes, tratar-se de algo voltado a um determinado grupo de pessoas, há ainda a possibilidade de que o produto seja aceito pelo público em geral.

Muitas vezes, a descoberta de novos nichos de mercado cria inovações de alto impacto, abalando grandes corporações consolidadas. Isso é possível porque as empresas tradicionais normalmente menosprezam mercados de baixo valor e não se arriscam a trabalhar com ideias de potencial impreciso. Esta postura abre brechas para o surgimento de empresas com ofertas diferenciadas que, devido à sua estrutura enxuta e sua meta comercial pouco ambiciosa (pelo menos, no início), satisfazem-se plenamente com o que estes mercados mais modestos podem oferecer e colhem os frutos de um crescimento do público consumidor.

Vale alertar que, no estudo do público-alvo, é fundamental distinguir os compradores dos consumidores finais (nem sempre são a mesma pessoa), bem como descobrir quem são os influenciadores, aqueles que podem ajudar ou atrapalhar no processo de escolha. Também não podemos nos esquecer das pessoas jurídicas, foco das empresas que têm atuação B2B. Neste caso, o importante é compreender o negócio dos clientes tão profundamente quanto possível. Sabemos que muitas vezes quem olha "de fora" tem uma visão melhor ou, no mínimo, sob um ponto de vista diferente, enxergando problemas e soluções que quem está "de dentro" muitas vezes não percebe. Aproveite isto. Essa preocupação de entender o negócio do cliente sob uma nova perspectiva vai dar destaque à sua empresa, que será vista como vendedora de soluções e não empurradora de produtos. Além disso, conhecer o negócio de um cliente específico possibilita *insights* de bens e serviços com grande potencial que podem se tornar soluções para dores de diversas outras empresas.

Caso o cliente da sua empresa seja um intermediário para a venda de produtos de terceiros ao consumidor final, é importante conhecer as partes envolvidas para que se possa satisfazer a necessidade de todos. Os *market places* são um bom exemplo disto, apresentando-se como uma solução para quem quer vender e para quem deseja comprar certos produtos. Neste caso, é fundamental conhecer bem os interesses das partes desta relação porque, se a solução for boa apenas para os vendedores ou apenas para os compradores, não se mostrará viável para ninguém, inclusive para sua empresa.

Ecossistemas dos nichos

Uma mesma pessoa pode estar em diferentes grupos de público-alvo em função do interesse específico em um determinado momento (jantar com a esposa, lanche nos fins de semana com a família, almoço de negócios, prática esportiva, etc.). Além disso, cada situação destas agrega pessoas completamente diferentes, mas que muito se assemelham quando estão inseridas nestas mesmas circunstâncias. Assim sendo, podemos dizer que cada situação específica reúne alguns tipos de pessoas que, naquela ocasião, possuem um padrão aproximado em função do interesse/contexto. Isso é o que conhecemos como nichos de mercado. Em função de suas características e necessidades comuns, além de dividirem aquele momento específico, esses nichos estão envolvidos em uma série de outras situações correlacionadas que também demandam soluções para satisfação dos seus desejos e resolução dos seus problemas. Toda essa gama de bens e serviços que envolve um nicho é o que chamamos de ecossistema.

Trabalhar com ecossistemas representa uma excelente oportunidade de gerar novos negócios. O universo em questão representa a reunião de diversos interesses daquele nicho. Por exemplo, mulheres grávidas que frequentam uma academia também estão em busca da compra do enxoval do bebê, estão procurando informações sobre a gravidez, estão decidindo em que maternidade farão o parto, etc. Mesmo que elas não frequentem a mesma academia, em outras situações estarão juntas. O importante é fazer um mapeamento de situações correlatas de modo que se consiga entender este ecossistema. Como outro exemplo, podemos verificar que uma loja de brinquedos pode trabalhar com diversos itens que as crianças precisam e desejam, tais como livros, doces, roupas, viagens, alguns produtos eletrônicos, reforço escolar, práticas esportivas, aulas de idiomas, etc.

Dica: no trabalho de atendimento aos ecossistemas dos nichos, realizar parcerias pode ser extremamente benéfico para as empresas envolvidas, pois se pode compartilhar os públicos que cada uma atende, permitindo ampliar o mercado para ambas.

Expandindo horizontes

Primeiramente, vamos entender algumas siglas que representam o tipo de modelo de negócio que uma empresa normalmente trabalha:

- B2C (*Business to Consumer*): venda direta, sem intermediários, para o consumidor final (pessoa física), não envolvendo nenhuma intermediação de terceiros.

- B2B (*Business to Business*): negociação de produtos de uma empresa para outra, com a finalidade de consumo/utilização, transformação, composição de outro bem ou realização de serviço.

- B2E (*Business to Employee*): variação do B2C em que a venda é destinada para os funcionários ou colaboradores da empresa, normalmente com preços e condições diferenciadas.

- B2B2C (*Business to Business to Consumer*): venda para outra empresa que revende o produto para o cliente final. Neste caso, a empresa intermediária praticamente presta um serviço para que a outra empresa alcance o consumidor final. Os *market places* são um bom exemplo deste tipo de negócio.

- C2C (*Consumer to Consumer*): trata-se de relação de consumo entre duas pessoas. Muito comum nos negócios através das redes sociais e algumas plataformas *online* de uma maneira geral, desde que o vendedor não seja formalmente caracterizado como empresa. Algumas empresas podem se beneficiar desta relação, intermediando este processo e sendo remuneradas por percentual do valor da negociação ou pela cobrança de aparição em destaque, etc.

- B2G (*Business to Government*): venda para órgãos públicos (municipais, estaduais e federais).

- G2C (*Government to Citizen*): receitas para os órgãos públicos provenientes dos cidadãos, normalmente através de impostos, taxas e tarifas, bem como as formas de prestação de serviços para eles.

- G2B (*Government to Business*): receitas para os órgãos públicos provenientes das empresas, normalmente através de impostos, taxas e tarifas, bem como as formas de contratação destas empresas para compras de mercadorias ou execução de serviços. No caso de inovações, é importante pensar que modo os órgãos públicos podem fornecer serviços diferenciados para as empresas, bem como pensar em formas de parceria para a execução de serviços para a população.

- Franquia: modelo de negócio caracterizado pela existência de um franqueador (empresa que detém uma marca ou algum de tipo de bem ou serviço) que concede, mediante pagamento, o direito de exploração comercial a outras empresas ou mesmo pessoas físicas (franqueados), oferecendo também toda a orientação e seu *know-how* para a instalação, operação, vendas e outros itens que favorecem o sucesso do negócio.

A listagem destes itens serve como elemento facilitador de visualização de novas possibilidades de mercado, porque muitas vezes as empresas trabalham com algum tipo de público e ficam tão focadas nele que esquecem outras possibilidades. Por que uma empresa que trabalha com B2B não pode trabalhar com B2C? Sem essa visão expandida, não existiriam, por exemplo, os atacarejos (lojas que vendem para os consumidores finais, mas que também oferecem vantagens para revendedores).

É importante também entender que, por trás de cada sigla dessas, temos pessoas. O negócio com as empresas, órgãos públicos etc., se dará através do contato com seres humanos. Por isso, no desenvolvimento das estratégias de abordagem, não se pode perder de vista qual a argumentação adequada para cada pessoa que irá facilitar ou poderá dificultar a concretização do negócio.

PAINEL 15 PINs – INSERINDO PESSOAS (PÚBLICO-ALVO)

Quadro 3

As informações referentes ao grupo pessoas (público-alvo) devem ser coletadas e anotadas no quadro 3 do painel 15 PINs da seguinte forma:

1. Observe as opções B2C, B2B, B2E, B2B2C, C2C, B2G, G2C, G2B e Franquia, e imagine possibilidades de negócios. Se for o caso, acrescente na lista de público-alvo.

2. Público-alvo: liste as diversas possibilidades de público-alvo. Mas não esqueça que ainda não é o momento de definir o *target* do negócio. A intenção aqui é apresentar diversas opções possíveis. Como ainda não está definido o que iremos

oferecer e para quem, temos que visualizar as diversas possibilidades, seja para um público amplo ou restrito.

3. Nichos/Ecossistema: verifique se algumas das opções de público-alvo compõem nichos, cujos ecossistemas podem representar excelentes opções de novos negócios.

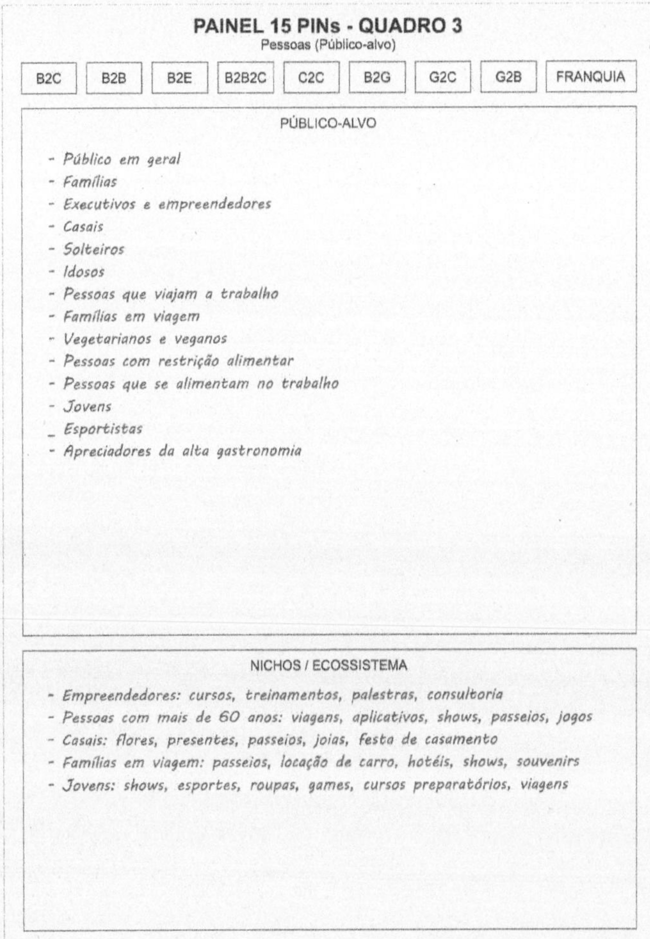

Figura 3: painel 15 PINs - Quadro 3

PANORAMA

Na metodologia 15 PINs, o panorama refere-se ao cenário que envolve o mercado de maneira ampla, obrigando a empresa a observar todos os elementos que, direta ou indiretamente, têm alguma relação com ela. O que se deseja aqui é obter um retrato fidedigno da situação atual, sem qualquer manipulação, bem como enxergar as tendências que se apresentam ou que possam vir a se formar.

Por mais que o setor de atuação de uma empresa pareça estar desconectado de outros setores, isso não ocorre. Não existem vários mundos, apenas um. E totalmente conectado. Cada inovação, cada estratégia e cada ação dos *players* do mercado podem ser reaproveitadas de forma integral ou parcial, de forma isolada ou através de combinações por outras empresas. Cada setor de atuação tem algo a oferecer aos demais.

Portanto, a missão de um empreendedor não se limita apenas a prestar atenção ao seu negócio. É preciso ter o olhar atento a tudo o que acontece no mundo inteiro. E não estou falando apenas sobre o mundo dos negócios, pois os negócios existem em função das pessoas e é necessário saber como elas estão se comportando, pois os movimentos das empresas devem ocorrer alinhados com as mudanças que envolvem o público.

Então, ciente do problema primário que sua empresa soluciona e de qual é o seu público-alvo, é necessário parar um pouco de olhar para dentro do seu negócio e prestar atenção ao que está acontecendo no mundo. Enxergar as coisas que estão acontecendo atualmente e tentar vislumbrar o que poderá acontecer no futuro.

TENDÊNCIAS E MODISMOS

Tendências nada mais são do que a projeção futura de algo, a partir da análise do passado e do momento atual. Parece simples, mas não é. A análise de tendências é algo muito complexo, pois — principalmente para o estudo de inovações — na maioria das vezes não há referências históricas circulares e não há quase nenhuma certeza destas projeções, porque estamos tratando de comportamentos humanos. Certas tendências que se referem às pessoas não são óbvias, muitas vezes elas se escondem em atitudes que parecem não ter uma correlação direta. São tendências menos ostensivas, na verdade, quase invisíveis, que vão se formando praticamente sem serem notadas, mas provocando um efeito irreversível na sociedade, como o vento movendo quase que imperceptivelmente enormes dunas de areia. Para ilustrar isso, tomemos como exemplo a utilização, crescente, de câmeras de vídeo. Aos poucos, o mundo está se tornando um imenso *big brother* com câmeras em todos os lugares: nas casas, nas empresas, nas mãos das pessoas, nas ruas, nos computadores, nas TVs, nos carros e até mesmo escondidas em objetos. Prova disso é que tem sido mais comum a utilização de imagens capturadas por câmeras diversas para desvendar crimes e solucionar litígios. Simplesmente o mundo está sendo vigiado 24 horas por dia e isto começou a acontecer aos poucos, de modo que não temos como determinar em que data este movimento se iniciou.

Modismos

Um dos pontos principais na análise de tendências é distinguir a diferença entre elas e os modismos passageiros. Um modismo vem e vai após um tempo, ele impacta e é adotado por muitas pessoas, mas depois se encerra sem deixar uma contribuição permanentemente relevante.

Mas os modismos não devem ser ignorados pelas empresas por alguns motivos:

1) Eles podem representar uma excelente oportunidade de fazer negócios. Caso a empresa seja do setor em que um modismo está se revelando e tenha a agilidade suficiente para surfar nesta onda enquanto ela se desenvolve, com certeza poderá tirar um bom proveito da situação. Entretanto, se a empresa demorar e só lançar algo relacionado ao modismo após ele ter acabado ou estar na curva descendente de adoção, certamente irá amargar um grande prejuízo.

2) O modismo em um determinado setor pode ser aproveitado para outro. Por exemplo, a moda evidenciada pela combinação de cores em peças de vestuário pode ser expandida para decoração de casas, capas de cadernos, acessórios, etc. Também aqui, o senso de oportunidade e agilidade na execução devem ser fundamentais para que essa utilização seja realizada em tempo hábil.

3) Os modismos podem revelar problemas ou necessidades. Por exemplo, digamos que o modismo seja o uso de mochilas estudantis pelas pessoas quando elas vão à praia ou a um piquenique. Pode ser que este modismo específico (uso de mochilas estudantis) revele a necessidade das pessoas por um tipo de bolsa maior para levar objetos a estes lugares. Talvez as bolsas atualmente produzidas com a finalidade de uso em praias e piqueniques não sejam funcionais para o atendimento pleno das necessidades reais das pessoas nessas situações específicas. Deste modo, o que parece ser apenas um modismo pode ser o alerta de um problema e, por conseguinte, uma grande oportunidade de inovação.

4) Na comunicação, a utilização de modismos adequados ao seu público-alvo pode revelar uma excelente oportunidade de estreitar laços com os consumidores, mostrando que a empresa está antenada com o que as pessoas gostam. Neste aspecto, mais uma vez, a questão da agilidade é fundamental para que a comunicação não chegue tarde e deslocada do momento, o que ocasionaria um efeito contrário ao pretendido e também porque, principalmente entre concorrentes, quem sai na frente ocupa o espaço e fecha a porta para quem vier depois. Neste caso, se uma marca aborda também o modismo em sua comunicação, mas não foi o primeiro a utilizar a temática, pode parecer que está apenas copiando o seu concorrente.

5) Uma sequência de modismos pode revelar um padrão. Digamos que na música pop houve um modismo de uso de violino no momento do solo instrumental. Logo depois, foi utilizado o clarinete. E esse modismo foi seguido pelo uso do piano. Fazendo uma análise histórica, pode-se perceber que periodicamente houve uma substituição de instrumentos no espaço da música destinado ao solo, o que pode

revelar uma tendência. Ou digamos que a moda do momento foi o uso da cor vermelho vivo, mas o modismo seguinte revelou o gosto por tons pastéis, depois a cor da moda foi um azul forte, em seguida foi adotado o verde água. Essa sequência de modismos pode revelar uma constante alternância entre cores fortes e cores suaves. Podemos concluir que algumas vezes há um padrão disfarçado de modismos.

6) Modismos de diferentes setores que estejam ocorrendo paralelamente podem revelar uma tendência, desde que se verifique que há correlação entre eles.

Tendências: um passo adiante

Diferente dos modismos, as tendências têm um caráter permanente ou de longo prazo, de modo que, mesmo quando se encerram, não há retorno ao *status quo ante*. Um grande problema das empresas é que elas costumam seguir tendências, ou seja, estão sempre um passo atrás delas e, consequentemente, atrás de quem as ditas. O aceitável é que, no mínimo, elas acompanhem as tendências, que estejam lado a lado delas enquanto acontecem, conectadas com elas. Mas, ainda assim, esta não é a situação ideal porque o ponto fundamental no que se refere à análise de tendências é que, como foi dito, ela se baseia no ontem e no hoje para que, a partir daí, se imagine o que virá depois. Entretanto, uma avaliação deste tipo não tem como prever algo que pode surgir amanhã e mudar totalmente os caminhos do segmento avaliado. Este é o "x" da questão. Analisar e projetar tendências não é o bastante, é preciso enxergar além. É preciso ser visionário e apostar nas visões, ciente de que elas podem não dar retorno ao investimento realizado se estiverem erradas, ou podem ser muito lucrativas caso se concretizem.

O primeiro passo é estar atento às necessidades que uma tendência pode trazer. Essa é uma grande fonte de possibilidade de negócios. Lembre-se do exemplo que falamos antes da tendência de termos câmeras em todos os locais, veja possíveis desdobramentos como: armazenamento de imagens, serviços de manutenção, reconhecimento físico, sensores de detecção de armas, análise de emoções (medo, tensão, etc.), análise de fluxo de veículos nas vias, definição de responsáveis em caso de acidente automobilístico, análise de situação de estradas e muitos outros. O importante é enxergar as tendências de uma forma ampla, prever seus possíveis desdobramentos e visualizar oportunidades decorrentes.

Um outro exercício interessante é imaginar como será o mundo daqui a algum tempo e, dentro de um certo segmento, a partir da situação atual, tentar imaginar o caminho para que se chegue nesta visão do futuro. Deste modo, uma empresa pode visualizar algo e agir para que a sua projeção se confirme, contribuindo para que se torne uma profecia autorrealizável.

Mas vale relembrar que, em termos de tendências, nada acontece do dia para a noite. Tudo vai acontecendo aos poucos, muitas vezes juntando tecnologias e conhecimentos desenvolvidos separadamente por diversas empresas e pessoas que, de modo figurado ou literal, são ou serão os componentes de algo maior.

Modismos vão e vêm, mas tendências são permanentes. É possível até menosprezar um modismo, mas como bem disse Walter Longo, "ignorar uma tendência é adiar um problema que voltará maior para assombrá-lo no futuro".

PAINEL 15 PINs – INSERINDO PANORAMA

Essa tarefa da metodologia dos 15 PINs é bastante simples e serve principalmente para abrir a mente e dar asas à imaginação. O principal objetivo é desbloquear a criatividade e tentar fazer as pessoas enxergarem as tendências atuais e como elas podem impactar o futuro.

Quadro 4

No quadro 4, os membros do Comitê devem descrever como acham que será o futuro. Podem usar a imaginação! Não devem se prender a impossibilidades técnicas atuais. As pessoas vão usar carros voadores? Teletransporte? Entrega de produtos através de drones? Produção de artefatos em tempo real com impressoras 3D? Como você acha que serão as relações interpessoais? Superpopulação? Escassez ou abundância de alimentos? Como vão morar? Como vão se divertir? Como vão se comunicar? Como a inteligência artificial pode ser uma aliada ou uma ameaça para sua empresa?

Obviamente, há muitos itens que podem ser abordados, entretanto, será interessante que os membros do Comitê revelem suas visões direta ou indiretamente relacionadas ao setor de atuação da empresa.

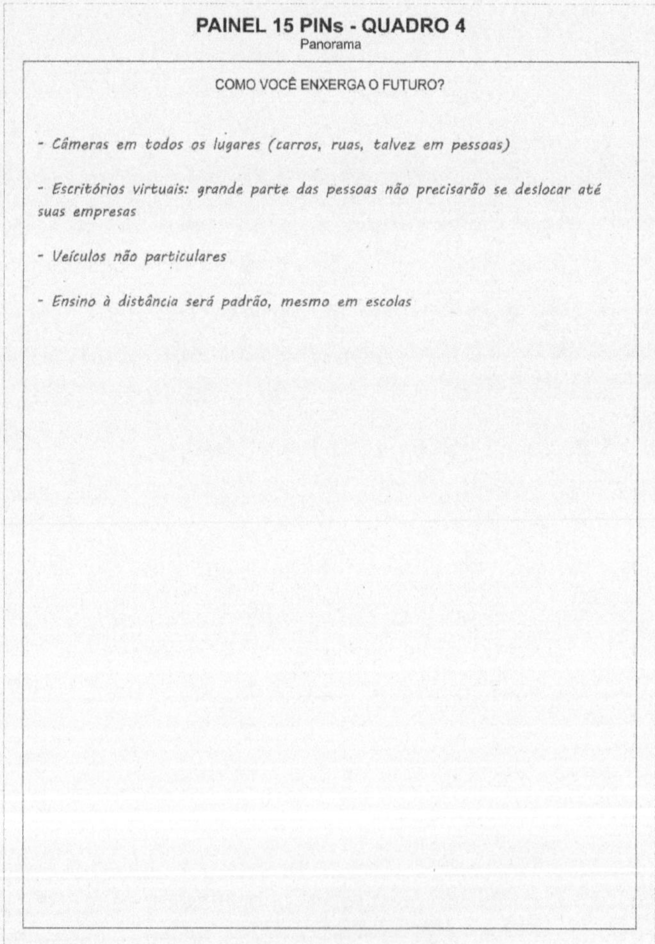

Figura 4: painel 15 PINs - Quadro 4

ORIENTAÇÕES PARA AS PRÓXIMAS REUNIÕES

Como as próximas reuniões serão práticas, todos os membros do Comitê devem lembrar-se de, até uma hora antes do início da próxima sessão, entregar os quadros 1 (problema primário), 2 (observações, destaques e *insights*), 3 (pessoas – público-alvo) e 4 (panorama) devidamente preenchidos para o Coordenador de Estudos de Inovações, possibilitando que as ideias de todos os membros sejam sintetizadas em um quadro único sobre cada grupo de inovação sem identificação dos autores.

PRÁTICA 1

Sem sombra de dúvida, a prática é o PIN mais importante, pois sem ele a inovação em uma empresa simplesmente não acontece. Isto porque um dos elementos que definem a inovação é a ação, a realização. Quando nos referimos à prática, estamos tanto nos referindo a praticar (no sentido de treinar) quanto a pôr em prática (fazer acontecer, realizar). Sem o exercício planejado da prática, as empresas podem até ter ideias inovadoras (oriundas de lampejos pontuais ou *insights* isolados), mas terão dificuldade para tirar isto do papel, gastando mais tempo, energia e investimento na concretização da inovação. A prática se reveste então de extrema importância pela necessidade de as empresas sistematizarem uma busca regular de ideias inovadoras e também pela capacidade de transformá-las em realidade.

Obviamente, ao executar a metodologia dos 15 PINs já estamos praticando o desenvolvimento de ideias inovadoras, mas isto não é tudo o que a prática envolve. A prática da inovação consiste em gerar ideias, selecioná-las e, principalmente, executá-las, tirando-as do campo da abstração e trazendo-as para a realidade.

Nesta metodologia, a prática é a consolidação dos estudos de grupos de inovação realizados anteriormente. Ou seja, ao analisar um determinado grupo de inovação, inicialmente cada membro do Comitê fará individualmente suas análises, coletará as informações que achar relevantes e anotará suas sugestões. Mas estas ideias precisam ser conhecidas e avaliadas pelos outros integrantes do Comitê, que devem chegar a conclusões coletivas sobre o tema em análise. E isso é feito nas sessões destinadas à prática, que serão realizadas na seguinte ordem:

• Prática 1: tem por objetivo consolidar as análises sobre o panorama. Serão definidas as conclusões do Comitê sobre como se imagina o futuro de uma maneira geral, especialmente no que possa ter alguma relação com o setor de atuação. Essas definições servirão para que, nos próximos estudos, a empresa não esteja deslocada das tendências e projeções. Essa prática também servirá para familiarizar o Comitê com as técnicas que serão utilizadas nas sessões. Também será definido como um concurso interno será realizado, caso a empresa opte por fazê-lo.

• Prática 2: o objetivo aqui será definir a posição da empresa sobre pontos básicos que vão guiar a seleção de bens, serviços e ações que deverão ser tomadas posteriormente. São definições com foco mais abrangente que envolvem a escolha do problema primário, setor de atuação e ramos de atividades afins, além das pessoas (público-alvo). Tudo em consonância com a análise do panorama do mercado em que a empresa está inserida.

• Prática 3: nesta prática serão definidos o posicionamento (institucional) e as proposições (atributos fundamentais, situações específicas, dores e ganhos).

• Prática 4: análise das ideias sugeridas pelos colaboradores através do concurso interno e das sugestões dos membros do Comitê de Inovação. Definição dos possíveis produtos (observando-se a possibilidade de personalização).

• Prática 5: Apresentação da análise do produto pelo responsável, avaliando sua adequação aos grupos definidos até então, avaliação da sugestão de praça de atuação vislumbrando a logística necessária para a disponibilização dos bens e serviços, análise do posicionamento (mercadológico) proposto levando-se em consideração os concorrentes e definição das fontes de receita e preço. Após isso, o Comitê irá decidir pela manutenção ou exclusão dos produtos selecionados na prática 4.

• Prática 6: apresentação das pessoas que irão compor a equipe necessária para desenvolver, lançar e acompanhar o produto, bem como do levantamento da necessidade dos investimentos para implementação e lançamento das inovações, além da sugestão das possíveis parcerias. Revisão da definição dos bens/serviços escolhidos, considerando os custos necessários envolvidos e os demais detalhes sobre o produto em análise.

• Prática 7: busca pela solução de um problema específico com a aplicação de técnicas que podem ser utilizadas com essa finalidade.

Importante:

- As sugestões de quantidade de sessões e de tempo para a aplicação das técnicas podem ser alteradas de acordo com o que o Coordenador de Estudos de Inovações e o Comitê de Inovação julguem ser melhor para o desenvolvimento das sessões práticas na empresa.

GERAÇÃO DE IDEIAS

O maior problema no que se refere a desenvolver ideias inovadoras são as limitações que as pessoas julgam ter e os receios sobre a possível crítica de outras pessoas sobre suas sugestões. Esses sentimentos são revelados através de pensamentos do tipo: "não sou criativo", "não consigo ter boas ideias", "acho que tenho boas ideias, mas não vão me dar atenção porque não tenho um cargo importante" ou mesmo "se minha sugestão não for boa, serei ridicularizado". Esse medo não é infundado. Há, em praticamente todas as empresas, gestores e companheiros que, de forma proposital ou inadvertidamente, bloqueiam ideias dos outros. Infelizmente, as pessoas têm o hábito de achar que ideias ousadas e não convencionais são ridículas e sem sentido. Mas para realmente desenvolver algo novo, precisamos sair desta armadilha, precisamos fugir deste labirinto de limitações e negatividades. E a alta diretoria da empresa tem papel importante no sentido de neutralizar qualquer forma de bloqueio de ideias. É preciso inibir o medo das pessoas, aliado à aversão ao risco, o receio de fracassar ou ser ridicularizado pelas ideias que propõe. A melhor forma de fazer esses medos desaparecerem vem a partir do posicionamento do CEO e da alta diretoria ao estimular e elogiar quem é ousado, gosta de desafios e assume riscos.

Acredito que todos somos criativos e a maior prova disto são os nossos sonhos. Quando estamos dormindo, uma série de situações aleatórias (ou lembranças) são jogadas pelo nosso inconsciente que, por sua vez, vai tentando conectar estas informações e fazer com que façam algum sentido. E o resultado é espetacular! Os sonhos são realmente fascinantes. Neles podemos voar, respirar embaixo da água, adentrar em florestas e logo em seguida estar em outro planeta. A criatividade é isso: juntar coisas distintas para tentar dar um sentido a esta conexão. Se as pessoas conseguem imaginar coisas assim em seus sonhos, com certeza conseguirão pensar acordados. É só uma questão de treinamento e estímulo.

Técnicas para desenvolver ideias

Existem diversas técnicas para o desenvolvimento de ideias, algumas realizadas de forma individual e outras em grupo. A utilização vai depender das intenções desejadas e/ou da familiaridade que se possua com as técnicas escolhidas.

A metodologia 15 PINs utilizará, para a geração de ideias, somente o *brainstorming* e o *brainwriting*, técnicas que serão melhor detalhadas adiante, iniciando através de abordagem individual (desenvolvimento de ideias e captação de informações pelos membros do Comitê), fazendo-se em seguida um trabalho em grupo (*brainstorming* buscando compartilhar pontos de vista diferenciados e abordagens alternativas) e depois trabalhando outra vez de forma individual (*brainwriting*). Paralelamente, será realizado um concurso para recebimento de ideias dos colaboradores que não compõem o Comitê. No final de tudo, temos uma espécie de cocriação em que diversas pessoas têm participação neste processo, seja idealizando, acrescentando detalhes, ajustando, selecionando ou executando a ideia.

Por ora, o importante é deixar claro que ninguém pode achar que não tem como desenvolver algo novo. Vale a pena também frisar que uma boa ideia pode partir de qualquer pessoa, do faxineiro ao CEO. Qualquer um, de qualquer setor, pode pensar em algo inovador ou mesmo em uma solução diferente para um problema. Às vezes, quem trabalha de um certo modo faz isto há tanto tempo que não consegue enxergar uma forma melhor de realizar esta operação, e o olhar de alguém de fora pode perceber como otimizar a realização desta tarefa.

Além das técnicas de geração de ideias, no dia a dia da empresa, algumas outras ações são de extrema importância para se obter *insights* que possam resultar em soluções com potencial inovador, por exemplo:

- Consulta ao departamento comercial (vendas) e *marketing*: estes setores podem dar uma contribuição fundamental a respeito da percepção e dimensionamento do mercado, análise de preços, informação sobre concorrentes, pontos de venda etc.

- Serviço de atendimento ao cliente ou assemelhados: conhecer as queixas e necessidades dos clientes é essencial.

- Monitoramento digital: observação de interações e comentários em redes sociais, *blogs* e fóruns, a fim de se captar os sentimentos e opiniões das pessoas a respeito de determinados bens, serviços ou segmentos em geral.

- Departamento de P&D, TI e Técnica/Produção: seu conhecimento sobre novas matérias-primas, insumos e componentes, bem como o contato com fornecedores, informações sobre equipamentos e aspectos limitadores internos e externos são importantes fontes de informação para o processo de inovação.

- CRM: análise dos dados dos clientes.

- Conexões proativas internas, entre os departamentos da empresa, e externas com qualquer *stakeholder* que possa contribuir para a geração de ideias.

Mesmo que a empresa opte por terceirizar o processo de desenvolvimento de ideias, a metodologia 15 PINs não é desnecessária, porque tudo o que for feito no preenchimento dos painéis é de extrema necessidade para que uma empresa conheça a si mesma e ao mercado em que está inserida, possibilitando a detecção dos problemas que precisa resolver. Caso não faça, se limitará apenas a resolver um problema específico, sem se preocupar com todo o contexto em que a empresa está inserida ou mesmo com outros problemas que a atormentam e comprometem o seu futuro. Seria como um médico que cura uma dor forte que o paciente indica que está sentindo, mas não cura os outros problemas do paciente por não ter feito os exames necessários ou porque não foi informado sobre outros incômodos menores (que podem ser sintomas de problemas mais graves).

CONCURSO DE IDEIAS

Imagine que um colaborador teve uma ideia de otimização ou de inovação. Imagine que ele tenha tido a coragem de apresentar a sugestão a seu chefe imediato que, se considerar relevante e importante, reporta a seu superior que, se considerar relevante e importante, leva ao seu superior até que chegue (se chegar) à alta diretoria. Imagine que, ainda assim, a empresa conseguiu entender a ideia apresentada e mostrou interesse em implantá-la. Note que, caso haja qualquer dúvida ou necessidade de detalhes de implantação por qualquer membro dessa cadeia, a sugestão não seguirá adiante ou terá que fazer todo o processo de volta até chegar ao colaborador que tomou a iniciativa de sugerir para os devidos esclarecimentos. Percebam que é um processo que está sujeito a muitas camadas de inseguranças: o colaborador inicial pode ter medo de se expor e de ser ridicularizado, os seus superiores poderão ter o receio de apresentar essa ideia para a alta diretoria porque, como não foi uma idealização deles, podem não saber explicar detalhes e, com certeza, não terão a convicção necessária para o devido convencimento. Ou seja, a comunicação da ideia vai se distorcendo e definhando a cada pessoa que a recebe e a repassa.

Uma ótima maneira de acelerar esse processo e eliminar a burocracia das camadas hierárquicas é realizar um concurso interno. Trata-se de uma excelente ferramenta na ampliação do trabalho de busca de ideias inovadoras para todo o quadro funcional.

No caso exemplificado acima, caso a ideia tivesse sido apresentada através de um concurso, a sugestão será avaliada diretamente pelos membros do Comitê que, caso tivessem alguma dúvida, poderiam acionar diretamente o colaborador para explicar os detalhes. Valorizando o funcionário e esclarecendo as dúvidas com quem efetivamente propôs a solução.

O melhor momento para a realização de um concurso interno é logo no começo dos estudos, pois em breve será iniciada a análise das ideias (bens, serviços ou ações estratégicas) e as sugestões dos colaboradores já devem estar disponíveis para serem avaliadas.

O prêmio é um importante estímulo para os participantes. Mas é preciso definir os critérios de premiação, inclusive porque podem surgir ideias semelhantes. Outro fator interessante de se observar é que as ideias sugeridas no concurso podem ser consideradas não aproveitáveis, podem ser aproveitadas imediatamente ou podem somente ser aproveitadas muito tempo depois. Isto torna difícil uma premiação em função do envio de ideias aproveitáveis. Portanto, será mais interessante fazer sorteio de prêmios entre todos que enviarem ideias ou, ainda melhor, premiar os responsáveis pelas sugestões que seguiram para a fase de pré-seleção (análise de viabilidade) pelo Comitê.

Para fazer um concurso interno, primeiramente é necessário desenvolver um regulamento básico (com a forma de participação, critérios de seleção e premiação) e, após isso, divulgar o concurso aos colaboradores. Essa comunicação deve informá-los sobre o prazo (uma semana é suficiente), o local onde deve ser feita a entrega das sugestões e o enfoque desejado pela empresa (delimitação do escopo, caso estabeleça algum).

Uma boa forma de evitar o medo de críticas às sugestões apresentadas é realizar o registro de ideias de forma anônima, através de algum mecanismo de numeração. A pessoa escreve sua ideia e a coloca em um envelope numerado e recebe então um comprovante de inscrição com este mesmo número. Esse sistema é interessante porque, além de manter o anonimato, caso haja uma coincidência de sugestões, vale a numeração menor, ou seja, quem apresentou a ideia primeiro. Vale salientar, aqui a lição de Kotler e de Bes a este respeito: "o anonimato tende a favorecer ideias mais ousadas, arriscadas e originais".

Caso a empresa prefira, pode utilizar um sistema online para registro de ideias. Os colaboradores acessariam a plataforma, fariam o registro sem se identificar e receberiam um comprovante numérico da sugestão. Quando a empresa realizar o sorteio ou a premiação, divulgará os números referentes às sugestões e os colaboradores vencedores apresentarão o comprovante numérico para receber seu prêmio.

A delimitação do escopo das soluções desejadas pode ser adotada ou não. Se, por um lado, a definição do enfoque evita o desperdício de tempo com ideias que não se encaixam nos critérios de seleção, por outro lado, já cria uma amarra na criatividade das pessoas e pode evitar que alguma ideia ousada possa ser conhecida. Como partimos do pressuposto de que as pessoas não estão acostumadas a sugerir ideias, aconselhamos a não solicitar qualquer tipo de limitação. Na pior das hipóteses, só irá aumentar um pouco o trabalho de seleção.

Além de fornecer ideias valiosas, principalmente no que se refere a produtos e pontos de contato, os colaboradores de uma empresa podem ajudar muito na inovação ou na otimização dos processos. Cada colaborador conhece bem os procedimentos operacionais que realiza ou dos quais participa e, muitas vezes, já pensou em formas de otimizá-los. Portanto, um concurso interno é uma ótima forma de fazer com que estas ideias apareçam.

SISTEMÁTICA DA PRÁTICA 1

O objetivo das reuniões referente às práticas é chegar a uma definição coletiva dos itens que foram estudados individualmente. No caso da prática 1, a ideia também é fazer o Comitê compreender as técnicas que serão utilizadas neste processo. Por esse motivo, não começaremos com os quadros 1 (problema primário) e 3 (pessoas) porque são temas um pouco mais complexos e necessitam de uma análise mais detalhada e uma maior troca de ideias entre os membros do Comitê. A primeira sessão prática terá como estudo o quadro 4 (panorama), porque possibilita a realização de uma sessão mais simples e mais livre, permitindo explicar cada passo e cada técnica, corrigindo erros na realização da sessão sem que o resultado final seja comprometido.

Os estudos anteriores sobre problema primário e pessoas, entretanto, não terão sido em vão, porque, mesmo na prática 1, usando como foco a definição de como a empresa enxerga o futuro, é importante ter como base o conhecimento sobre o setor de atuação, ramos de atividades afins e potenciais públicos-alvo.

A abordagem de um tema mais amplo e que exige um pouco mais de uma visão criativa também é interessante porque abre a cabeça das pessoas para a visualização de possibilidades e seus desdobramentos, bem como facilita familiarizar os membros do Comitê com o *brainstorm*, permitindo se desvencilhar mais facilmente de amarras como limitações financeiras ou operacionais.

A sequência da reunião sobre a prática 1 se dará da seguinte forma:

1) Apresentação do objetivo da reunião pelo Coordenador de Estudos de Inovações (CEI) mostrando como será a sequência de ações e explicando o que é e como deve ser realizado um *brainstorming*, o que é um *brainwriting* e orientando como devem ser os procedimentos durante as sessões.

2) O CEI deve ler em voz alta o conteúdo do quadro 4 consolidado com as opiniões dos membros do Comitê sobre o futuro (panorama), sem identificar os autores.

Observações:

- Se, a qualquer momento, durante a leitura, qualquer membro do Comitê achar que existe algum outro ponto de possível inovação ou qualquer coisa relevante (sugestão, opinião, etc.), deve colocar essa sugestão em um papel e passar para o Coordenador que irá anotar este item para que seja lido em seguida. Esse procedimento tem por finalidade evitar a quebra do andamento dos trabalhos com interrupções que, no momento, podem não dizer respeito ao item que está sendo discutido ou que o CEI sabe que será abordado posteriormente.

- A não identificação dos autores das ideias é necessária para evitar bloqueios pelo medo de críticas ou porque às vezes o CEO da empresa, ou algum membro da alta diretoria pode propor abertamente uma ideia que os demais membros podem ficar constrangidos de dizer que não é uma proposta interessante sob o seu ponto de vista.

Sem saber quem é o autor da sugestão, as pessoas ficam mais à vontade para fazerem uma avaliação mais justa e imparcial. Importante aqui ressaltar que as pessoas devem evitar informar aos outros membros do Comitê as ideias que tiveram.

3) *Brainstorm* (30 minutos): baseado no que foi lido, as pessoas vão trocar ideias, sugestões ou fazer comentários sobre a questão do futuro.

Alex F. Osborn, desenvolvedor da técnica *brainstorm*, definiu quatro regras fundamentais para que as sessões apresentem bons resultados:

• Banir a crítica - durante o *brainstorming*, os membros do Comitê devem evitar qualquer forma de julgamento das ideias pensadas. Não existe certo ou errado, possível ou impossível, viável ou inviável. O importante é o registro das sugestões, mesmo que elas não façam o menor sentido, mesmo que, no seu ponto de vista, elas não pareçam ter a menor condição de acontecer. Não importa. O momento de fazer uma análise crítica virá depois.

• Estimular ideias "loucas" e exageradas - segundo Osborn, é mais fácil diminuir a intensidade das ideias do que aumentá-las.

• Procurar quantidade - quanto maior for o número de ideias geradas, maior a chance de encontrar uma satisfatória.

• Buscar combinações e melhoramentos – é desejado que, além de sugerirem novas ideias, as pessoas possam incrementar as sugestões dos outros membros da sessão.

Importante:

- O Coordenador de Estudos de Inovações, mesmo anotando as ideias que surgirem, deve observar se alguns dos membros do Comitê estão intimidados e pode provocá-los a participar da sessão perguntando, por exemplo, a opinião deles sobre algum ponto em discussão. Reforçando que não existe certo nem errado durante o *brainstorming*.

4) Intervalo: importante para que a mente das pessoas ainda possa processar as informações e gerar conexões involuntárias. Este tempo também é necessário para que o CEI possa incluir as ideias geradas na sessão de *brainstorm* no quadro 4 sintetizado.

5) Após o intervalo, é dado um tempo de 10 minutos para um *brainwriting*, em que as pessoas, individualmente e em silêncio, possam ainda acrescentar possíveis ideias se baseando no que foi discutido na sessão de *brainstorming*. As pessoas devem passar estas novas ideias, caso tenham pensado em algo, diretamente para o Coordenador, que fará a inclusão no devido quadro.

6) O quadro 4 sintetizado deve ser impresso e entregue a cada membro do grupo para que estabeleçam uma pontuação de 0 a 10 para cada item, de acordo com o que julgam ser possibilidades reais do futuro.

Atenção: não se trata de fazer um ranking das ideias, cada pessoa deve pontuar cada sugestão com a nota que julga ser a mais apropriada, de modo que podem ser dadas notas com a mesma pontuação para sugestões diferentes.

7) Após o recolhimento das listas devidamente pontuadas, o Coordenador realizará a contagem dos pontos e fará a leitura das ideias mais aceitas (as dez mais bem pontuadas, por exemplo, ou outra quantidade que o Comitê achar interessante) e as declarará como a forma como a empresa enxerga o futuro, preenchendo o quadro da prática 1 final, com a consolidação das ideias do Comitê sobre o panorama.

8) O Coordenador de Estudos de Inovações deve ler em voz alta o conteúdo dos quadros 2 com as observações, destaques e *insights* de cada membro do Comitê, sem identificar os autores. Não será necessário sintetizar nada com relação a isto. A leitura é apenas para que as pessoas assimilem os pensamentos das demais até então.

9) O Comitê deve definir quem ficará responsável pela realização do concurso interno de ideias, definindo-se também a forma de operação, premiação, prazo, local, enfoque desejado (caso haja algum) e forma de divulgação.

PAINEL 15 PINs – QUADRO FINAL DA PRÁTICA 1

Quadro Prática 1

Após a finalização dos trabalhos da prática 1, o Comitê deve elaborar como será a sua visão do futuro. Obviamente, estamos falando de delírios criativos e que cada pessoa deve ter a sua visão do futuro, o que permitiria que este quadro reunisse indiscriminadamente todas as ideias apresentadas. Mas é importante que o Comitê demonstre seu poder de filtrar ideias e alinhar sugestões que se concatenam. Por exemplo, se algum membro tem uma visão sombria do futuro e se os demais discordarem desse ponto de vista, obviamente esta ideia não pode constar do quadro consolidado.

Também nesse quadro deve-se registrar quem ficará responsável pela realização do concurso interno de ideias e as decisões operacionais definidas.

PAINEL 15 PINs - PRÁTICA 1

Panorama

COMO A EMPRESA ENXERGA O FUTURO?

- Câmeras em todos os lugares (carros, ruas, talvez em pessoas)
- Veículos não particulares, autônomos e não poluentes
- Ensino médio e superior à distância, com sistema de identificação do aluno
- Chip de localização e identificação implantado nas pessoas
- Completa imersão em realidade virtual em games e outras aplicações

CONCURSO INTERNO DE IDEIAS
(PESSOA RESPONSÁVEL, CRONOGRAMA, LOCAL, FORMA DE REALIZAÇÃO E PREMIAÇÃO)

- Responsável "X" com o apoio de "Y"

Colocação da urna com envelopes numerados, no local "L"

- De tal dia a tal dia
- Divulgação: através de e-mail e cartazes
- Premiação: final de semana em um hotel com acompanhante

Figura 5: painel 15 PINs – Prática 1

PRÁTICA 2

A segunda sessão de atividade prática vai definir a visão geral da empresa sobre o problema primário atendido, o seu setor de atuação e os ramos de atividades afins, além da análise das pessoas (público-alvo).

Além de sintetizar o conteúdo dos quadros 1 e 3, é importante que o Coordenador de Estudos de Inovações verifique se nos registros relatados no quadro 2 (observações, destaques e *insights*) há sugestões que possam ser inseridas na lista de ideias referentes ao problema primário ou às pessoas (público-alvo), tendo o cuidado de sintetizar as sugestões de modo a extrair apenas a sua essência principal. Por exemplo: se alguém escreveu "Apesar do aumento da expectativa de vida das pessoas, ainda não há muitas opções para o público acima dos 60 anos", deve-se reduzir a ideia para "Opções para o público acima dos 60 anos" que é a essência da sugestão, tendo o resto do texto apenas a função de contextualizar e justificar a ideia.

Após isso, o CEI deve realizar a reunião prática 2 da seguinte forma:

1) Apresentação do objetivo da reunião.

2) O CEI deve ler em voz alta o conteúdo do quadro 1 sintetizado com as opiniões dos membros do Comitê sobre o problema primário, setor de atuação, ramos de atividades afins, concorrentes, *players* de referência, sem identificar os autores para que todos os membros tenham ideia dos pontos de vista dos demais.

Relembrando: se, a qualquer momento, durante a leitura, qualquer membro do Comitê achar que existe algum outro ponto de possível inovação ou qualquer coisa relevante (sugestão, opinião, etc.), deve colocar essa sugestão em um papel e passar para o Coordenador que irá anotar este item para que seja lido em seguida, se julgar necessário.

3) *Brainstorm* (30 minutos): baseado no que foi lido, as pessoas vão trocar ideias, sugestões ou fazer comentários sobre o problema primário, setor de atuação e ramos de atividades afins, tendências e *players* de referência.

Relembrando: durante o *brainstorming*, as pessoas devem evitar qualquer forma de crítica às ideias pensadas. Não existe certo ou errado, possível ou impossível, viável ou inviável. O importante é o registro das sugestões, mesmo que elas não façam o menor sentido, mesmo que, no seu ponto de vista, elas não pareçam ter a menor condição de acontecer. Não importa. O momento de fazer uma análise crítica virá depois.

4) Intervalo: importante para que a mente das pessoas ainda possa processar as informações e gerar conexões involuntárias. Este tempo também é necessário para que o Coordenador possa incluir as ideias geradas na sessão de *brainstorm* no quadro 1 sintetizado.

5) Após o intervalo, é dado um tempo de 10 minutos para um *brainwriting*, em que as pessoas, individualmente e em silêncio, possam ainda acrescentar possíveis ideias, baseando-se no que foi discutido na sessão de *brainstorm*. As pessoas devem passar estas novas ideias, caso haja algo novo, diretamente para o Coordenador, que fará a inclusão no devido quadro.

6) O quadro 1 sintetizado deve ser impresso e entregue a cada membro do grupo para estabelecerem uma pontuação de 0 a 10 para cada item.

Relembrando: não se trata de fazer um ranking das ideias, cada pessoa deve pontuar cada sugestão com a nota que julga ser a mais apropriada.

7) Após o recolhimento das listas devidamente pontuadas, o Coordenador realizará a contagem dos pontos e fará a consolidação do problema primário e setor de atuação, bem como dos ramos de atividades possíveis, concorrentes/*players* de referência, tendências e diferenciais de destaque, preenchendo o quadro Prática 2 final, que deve ser lido para aprovação do Comitê.

8) O Coordenador de Estudos de Inovações deve ler em voz alta o conteúdo do quadro 3 sintetizado com as opiniões dos membros do Comitê sobre pessoas (público-alvo), sem identificar os autores, para que todos os membros tenham ideia dos pontos de vista dos demais.

9) *Brainstorm* (15 minutos): baseado no que foi lido, as pessoas vão trocar ideias, sugestões ou fazer comentários.

10) Intervalo: importante para que a mente das pessoas ainda possa processar as informações e gerar conexões involuntárias. Este tempo também é necessário para que o CEI possa incluir as ideias geradas na sessão de *brainstorm* numa relação consolidada.

11) Após o intervalo, é dado um tempo de 5 minutos para um *brainwriting*, em que as pessoas, individualmente e em silêncio, possam ainda acrescentar possíveis ideias, baseando-se no que foi discutido na sessão de *brainstorm*. As pessoas devem passar estas novas ideias, caso haja algo novo, diretamente para o Coordenador, que fará a inclusão no devido quadro sintetizado.

12) O quadro 3 sintetizado deve ser impresso e entregue a cada membro do grupo para que estabeleçam uma pontuação de 0 a 10 para cada item.

13) Após o recolhimento das listas devidamente pontuadas, o Coordenador realizará a contagem dos pontos e fará a consolidação do potencial público-alvo da empresa, preenchendo o quadro Prática 2.1 final, apresentando-o ao Comitê para aprovação.

14) Por fim, como deve ser feito ao término de todas as reuniões, o Coordenador deve informar quais serão os próximos capítulos que devem ser estudados e entregar os quadros que devem ser preenchidos.

PAINEL 15 PINs – QUADRO FINAL DA PRÁTICA 2

Quadros Prática 2 e Prática 2.1

Após a finalização dos trabalhos da Prática 2, o Comitê deve ter definido qual o problema primário atendido pela empresa, qual o seu setor de atuação, quais são os ramos de atividades afins e suas tendências, bem como qual será seu público-alvo potencial.

As tendências deverão ser apresentadas em forma de seta para cima "↑" (quando representarem tendência de crescimento), seta para baixo "↓" (quando representarem tendência de queda) ou "-" (quando representarem estabilidade), de acordo com a opinião do Comitê.

Importante:

- Como todas as informações apresentadas nos quadros (modelos de preenchimento) deste livro, as tendências são também meramente ilustrativas, não possuindo necessariamente nenhum vínculo com a realidade.

PAINEL 15 PINs - PRÁTICA 2

Problema Primário

PROBLEMA PRIMÁRIO / SETOR DE ATUAÇÃO
Necessidade de fazer refeição produzida fora de casa

RAMOS DE ATIVIDADES POSSÍVEIS	CONCORRENTES E PLAYERS DE REFERÊNCIA	TENDÊNCIAS	DIFERENCIAIS DE DESTAQUE
- Restaurantes em geral	- Top Top	-	
- Food Trucks	- BigSize, Ultra, Xwan!	↑	- Estrutua enxuta
- Padarias	- Rede Bread & Cia	-	- Café da Manhã
- Marmitarias	- Marm's Like Home	↑	- Preço
- Refeições naturais e restritivas	- EasyEat, fresh Juice, Grabs	↑	- Saudáveis
- Cafeterias	- CoffeePlus Espuma	↓	- Doces e Salgados
- Bar	- Hot Life	-	- Happy Hour
- Kits de refeições para serem preparados em casa	- HomeEat, GoHome, DIY Gourmet	↓	- Preço
- Lojas de conveniência	- PitStop, GoFast	-	- 24 horas
- Docerias	- SugarCake, Sweetea, Chants	↑	- Sofisticação
- Comida japonesa	- TemAki, SoSushi	↑	

Figura 6: painel 15 PINs - Quadro prática 2

PAINEL 15 PINs - PRÁTICA 2.1

Pessoas (Público-alvo)

B2C	B2B	B2E	B2B2C	C2C	B2G	G2C	G2B	FRANQUIA

PÚBLICO-ALVO

- *Executivos e empreendedores*
- *Casais*
- *Pessoas que viajam a trabalho*
- *Pessoas que se alimentam no trabalho*

NICHOS / ECOSSISTEMA

- *Empreendedores: cursos, treinamentos, palestras, consultoria, sinalização*

Figura 7: painel 15 PINs - Quadro prática 2.1

POSICIONAMENTO (INSTITUCIONAL)

Faça um exercício: imagine uma marca (representando uma empresa ou produto), e pense que sentimento você associa a ela. Mesmo que talvez não consiga traduzir isso em uma palavra específica, a marca vai surgir em sua mente relacionada a algum tipo de emoção/situação/sensação. Esta associação representa o posicionamento da marca, que pode estar associada a um aspecto tangível e/ou intangível. O posicionamento revela-se para o consumidor como um elemento de segurança, advindo do sentimento de que ele efetivamente vai receber o que espera daquela marca.

A marca de uma empresa não é apenas um conjunto audiovisual. A marca tem traços de personalidade. São características que as pessoas vão associando a ela a cada contato. É exatamente na percepção das pessoas que se estabelece o posicionamento. O grande desafio das empresas é fazer com que a percepção do público esteja alinhada com o posicionamento desejado.

O posicionamento é a estratégia competitiva que busca fazer com que uma marca — através da experiência de uso, das ações desenvolvidas e da comunicação de certas características — ocupe um local específico na mente das pessoas, distinguindo-a dos seus concorrentes. Mesmo atuando no campo da intangibilidade, o posicionamento tem se revelado também como uma forma bastante eficiente de diferenciar as empresas e os seus produtos.

O grupo posicionamento possui dois subgrupos básicos:

- Institucional – com foco mais amplo, é normalmente adotado pelas empresas, devendo ser respeitado em todas as suas decisões e seguido em todos os seus bens, serviços e ações.

- Mercadológico – mais voltado à necessidade específica de cada um dos seus produtos, levando-se em conta o espaço que deseja ocupar no mercado do seu segmento.

Antes de decidir qual será o posicionamento mercadológico dos bens/serviços (o que faremos em outro capítulo), precisamos definir o posicionamento institucional da empresa.

Posicionamento Institucional

Uma empresa raramente possui apenas um produto. Seu crescimento e seu trabalho de pesquisa e desenvolvimento naturalmente levam a uma diversificação no seu mix de mercadorias ou serviços ofertados. Com isso, estabelece-se uma distinção entre a marca da empresa e a de seus bens produzidos e/ou serviços prestados. Enquanto as marcas dos bens/serviços buscam um posicionamento com foco no mercado em que atuam, que resulte em diferenciação perante seus concorrentes e aumento das vendas, a marca da empresa tem por objetivo estabelecer uma imagem positiva perante os consumidores e a sociedade em geral. Obviamente, este posicionamento institucional também pode (e deve!) ser usado na busca da diferenciação da empresa e sua humanização, demonstrada através da declaração dos seus valores e do apoio ostensivo a causas que a empresa apoia. Isso vai muito além de campanhas publicitárias, de afirmações do seu CEO, de selos de "amiga de alguma coisa" em sua embalagem ou de um certificado de "empresa socialmente legal" exposto em alguma parede. O posicionamento institucional tem a ver com ações e experiências. Nada contra a divulgação de apoio a determinadas causas, mas é preciso que este apoio não se limite ao discurso, pois o posicionamento não pode ser da boca para fora. A associação que ele ocupa na mente das pessoas deve necessariamente refletir os pensamentos e ações da empresa, ou seja, deve estar alinhada com os seus valores, estratégias e atitudes, bem como deve sempre orientar os diversos PINs, a fim de se evitar contradições e dubiedades. Por exemplo, uma empresa que apoia a diversidade não deve fazer parcerias com empresas que se oponham a esta causa, empresas que têm posicionamento de sustentabilidade não devem usar insumos que prejudicam o meio-ambiente em seus produtos ou mesmo em seus processos e, caso não haja alternativa, devem adotar uma política de compensação.

Nenhuma empresa é obrigada a ter um posicionamento institucional oficial. Mas aquelas que abraçam uma causa, ganham a preferência das pessoas que se identificam com este apoio. Entretanto, não se deve adotar esta estratégia buscando unicamente o aumento de vendas. Caso se levasse em conta apenas este interesse, uma vez que a empresa não atingisse o *market share* desejado com o posicionamento adotado, cairia na tentação de promover um reposicionamento de ocasião, abraçando talvez uma nova causa, possivelmente desconectada da causa inicialmente apoiada. Em se tratando de posicionamento, isto seria equivalente a um suicídio. Os consumidores e a sociedade em geral questionariam a personalidade da marca, carimbando-a como não confiável, do mesmo modo que fazemos com pessoas que mudam de opinião bruscamente.

Abraçar causas e estar em total sintonia com elas é agir, em qualquer situação, respeitando os seus princípios. Uma empresa que faz campanhas publicitárias alardeando que respeita a todos, mas que não promove a igualdade e nem abraça a diversidade em sua equipe, vai ser vista pelas pessoas como uma empresa falsa, hipócrita. Deste modo, irá revelar que seu posicionamento institucional não é autêntico, podendo ser taxado de oportunista, o que certamente levará a um grande desgaste na imagem da marca e na credibilidade da empresa, podendo até mesmo comprometer sua sobrevivência.

Além do aspecto da diferenciação, o posicionamento institucional pode efetivamente ajudar na criação de inovações. A preocupação com o meio-ambiente pode fazer com que uma empresa se dedique à busca de matérias-primas naturais e inéditas, ou mesmo desenvolver novos produtos, embalagens ou ações promocionais a partir da necessidade de reciclagem e reutilização, por exemplo. A preocupação com a saúde das pessoas pode também proporcionar bens e serviços inovadores a partir do conhecimento de novos problemas desta área, bem como pode estimular a formação de novas parcerias, entre outras possibilidades.

PAINEL 15 PINs - INSERINDO POSICIONAMENTO (INSTITUCIONAL)

Quadro 5

1. Na parte superior do quadro 5, anote possíveis posicionamentos institucionais que julgue interessante e justifique, caso ache necessário, o motivo desta escolha, bem como imagine possíveis estratégias e ações relacionadas a estas sugestões.

2. Anote empresas e produtos, concorrentes ou não, que possuam posicionamento institucional bem definido e, do seu ponto de vista, interessantes e possivelmente aplicáveis ao seu negócio.

3. Anote o posicionamento institucional destas empresas, bens e serviços.

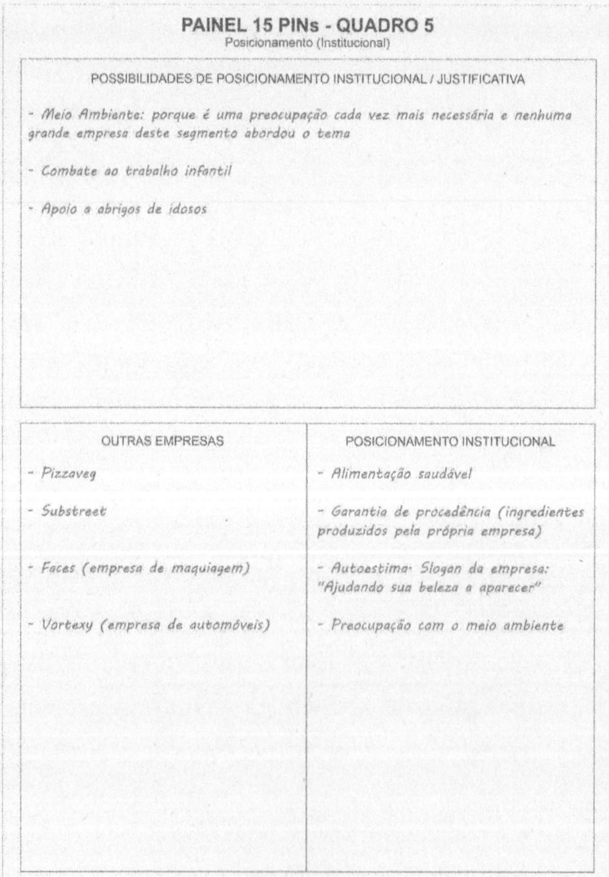

Figura 8: painel 15 PINs - Quadro 5

Importante:

- Não esqueça de continuar anotando temas diversos que você achar relevante, como "observações, destaques ou *insights*" (quadro 2). Posteriormente, estes registros podem ser deslocados para outro item, em outro grupo de inovação analisado. Mas, como o objetivo da metodologia 15 PINs é sempre avançar, se a qualquer momento surgir algum *insight* ou pensamento, isto deve ser registrado no quadro 2.

PROPOSIÇÃO

Dentro dos ramos de atividades afins, há uma relação de custo/benefício (dores e ganhos) diferenciada de acordo com as diversas possibilidades de atuação das empresas. Naturalmente, deseja-se apenas oferecer ganhos aos seus clientes, mas é praticamente impossível que um bem/serviço consiga alcançar 100% de êxito nesta missão, até porque o pagamento por si só não pode ser considerado um ganho para as pessoas. E se não é possível satisfazer totalmente às demandas de todas as pessoas, é preciso estabelecer o que a empresa prioritariamente vai ter como foco e, a partir de então, definir o que será oferecido para atender às necessidades do seu público-alvo. É de fundamental importância, primeiro compreender o que as pessoas precisam e o que a empresa vai priorizar como meta de atendimento, depois é que se deve pensar nas várias soluções possíveis. Algumas destas soluções certamente atenderão a alguns pontos e não atenderão a outros. Justamente para que as limitações destas opções não interfiram no que será estabelecido como necessidades de atendimento prioritário é que só devemos pensar em produtos após a definição das proposições.

Para se ter uma boa definição das proposições, deve-se compreender as necessidades das pessoas e, para isso, é fundamental conhecer seu público-alvo, entender seu comportamento.

Atributos Fundamentais

Os atributos fundamentais são aqueles itens essenciais que têm que estar presentes em praticamente qualquer bem ou serviço do seu ramo de atividade: qualidade, bom atendimento, segurança, atendimento a requisitos técnicos, higiene, preços competitivos, etc. Em alguns setores existem atributos fundamentais específicos. Por exemplo, no setor de alimentação, é indispensável a observação de requisitos básicos como: manipulação segura dos alimentos, observação do prazo de validade, conservação correta, transporte adequado, sabor atrativo, etc. No setor de vestuário, deve-se observar aspectos como classificação de tamanhos padronizados, qualidade do tecido e da costura, etiquetas com instruções sobre como lavar e passar, entre outros.

Os atributos fundamentais são elementos tão básicos que provavelmente, em uma pesquisa, as pessoas nem os citam como necessidades, simplesmente porque não imaginam que estes fatores não sejam sequer cumpridos.

É de suma importância fazer uma lista destes atributos e observá-la sempre, pois é possível que haja uma preocupação demasiada com o diferencial e que se esqueça do essencial. Quantas vezes deixamos de frequentar um restaurante porque não gostamos do sabor da comida ou do atendimento do garçom? Poderia até mesmo ser um local com um ambiente maravilhoso, requintado, mas tudo isso torna-se irrelevante diante de uma falha no cumprimento dos atributos fundamentais.

A lista dos atributos fundamentais não deve existir somente para "cumprir tabela". Ela deve ser usada também para uma constante avaliação pelos clientes e para lembrar as empresas de nunca serem displicentes com relação a estes itens. Por exemplo, é preciso periodicamente que a empresa verifique o estado dos seus equipamentos de conservação e transporte, observe a higiene do ambiente, saiba do seu público o que achou do atendimento, etc. Um restaurante que, por um descuido básico, recebe uma advertência da vigilância sanitária pode nunca mais recuperar seus clientes. Neste aspecto, podemos destacar também problemas técnicos como, por exemplo, uma empresa que possui um *site* com *design* ultramoderno, porém tecnicamente pesado, fazendo com que as pessoas demorem a carregar a página ou, no momento da compra, o *e-commerce* apresente problemas.

Fica fácil perceber que isso é o básico do básico. Mas sem o devido atendimento dos atributos fundamentais, os diferenciais da empresa caem por terra.

Situações Específicas

Com o estabelecimento do problema primário, temos, obviamente, algo muito amplo e genérico, a partir do qual encontramos necessidades específicas em função do contexto, fator que tem relação com algum interesse pontual em um determinado momento.

Por exemplo, considerando a "necessidade de fazer refeição fora de casa", conseguimos, através de conhecimento prévio, pesquisas documentais ou observação, extrair diversas situações específicas em que as pessoas precisam ter esta necessidade atendida:

- Jantar romântico
- Lanche com a família
- Almoço de negócios
- Café da manhã quando está viajando
- *Happy hour* com amigos
- Aproveitar o horário do almoço para fazer compras no shopping e fazer uma refeição rápida
- Alimentar-se em restaurante da própria empresa onde trabalha
- Interesse em comer um tipo de prato específico: pizza, massas, sushi, temakis, cupcakes, sanduíche, opções vegetarianas ou veganas, etc.
- Ter um momento só seu, longe de todo mundo que conhece
- Variar o cardápio por estar cansado de comer a mesma coisa todos os dias
- Ida a um clube ou praia, lá ficando para fazer a refeição

Na verdade, vão surgir inúmeras situações. O ideal é relacionar todas para que se possa ter uma visão geral das mais diversas necessidades específicas pois, dentro de seu setor de atuação, qualquer uma delas pode reverter-se em oportunidade de inovação.

Dores e Ganhos

As dores retratam o aspecto negativo das situações, fatores que incomodam as pessoas. Tangíveis ou intangíveis, normalmente são as maiores e mais notórias necessidades do público-alvo. Envolve tudo o que é desagradável, inconveniente, difícil, complicado, chato, desinteressante; ou seja, tudo em que a relação custo x benefício seja questionada, mesmo que seja algo gratuito.

Segundo Alex Osterwalder e Yves Pigneur, as dores das pessoas podem se caracterizar como obstáculos (que impedem ou limitam a realização de tarefas); como riscos (consequências indesejadas em potencial); ou como resultados, problemas e características indesejadas classificadas como dores funcionais (algo que não funciona a contento), sociais (referente a possíveis constrangimentos perante outras pessoas), emocionais (que provoca mal-estar psicológico no cliente) ou secundários (incômodos que não são um problema do produto em si, mas estão indiretamente relacionados com ele).

De uma maneira geral as dores estão relacionadas com valor financeiro não justificado, perda de tempo, esforço evitável, mal-estar, preocupação, frustração, dúvida, aborrecimento, necessidades não atendidas, recursos ou funcionalidades inexistentes ou insuficientes, desempenho insatisfatório, qualidade abaixo do desejável, consequências negativas, riscos desnecessários, obstáculos para aquisição ou execução e dificuldade na compreensão, na execução ou no consumo, entre outros.

Importante:

- Diferentemente do que trabalhamos no capítulo Problema Primário (gama ampla envolvendo o setor de atuação e ramos de atividade), as dores estão relacionadas com problemas das pessoas nas situações específicas. Trata-se de um aprofundamento, uma observação menos genérica.

Entretanto, além das dores, existe outra necessidade das pessoas com a qual devemos nos preocupar: os ganhos. Não podemos nos limitar apenas a aliviar o que incomoda as pessoas, é importante também proporcionar uma experiência agradável, benéfica e, preferencialmente, surpreendente. Estes ganhos envolvem os resultados positivos, vantagens, boas surpresas, economia de tempo e dinheiro, comodidade, praticidade, etc. Da mesma forma que as dores, os ganhos envolvem aspectos tangíveis e intangíveis.

Os ganhos podem ser esperados (o que as pessoas imaginam que a solução deva oferecer), desejados (o que poderia ter) ou inesperados (benefícios que o cliente nem imagina que possam ser oferecidos: coisas que vão surpreendê-lo por estarem além de suas expectativas). Obviamente, em pesquisas, os ganhos inesperados são fatores que dificilmente serão apontados pelas pessoas.

Os ganhos se revelam, na maioria das vezes, como um fator de diferenciação positiva.

As dores e ganhos podem ser necessidades de praticamente todas as pessoas, podem estar associadas às situações específicas e podem ainda variar de pessoa para pessoa.

Ao se listar as dores e ganhos das pessoas, deve-se evitar assinalar termos vagos, subjetivos ou imprecisos. "Mais ou menos", pouco, muito, grande, pequeno, melhor, pior e coisas do tipo podem ter um significado para mim e outro para você. O ideal é tentar fazer com que adjetivos ou expressões genéricas sejam traduzidos em fatores concretos, de preferência quantificáveis. Por exemplo: "perda de tempo" refere-se há quanto tempo? "Algumas vezes" são quantos dias por mês ou quantas vezes por dia? "Caro" ou "barato" diz respeito a que quantia de dinheiro? "Grande" ou "pequeno" representa que medida em metros, centímetros, etc.? "Melhor" ou "pior" dizem respeito a que aspectos? Do mesmo modo, palavras como inconveniente, incômodo, chato e arriscado, por exemplo, não retratam uma necessidade específica. Por isso, deve-se questionar por que é inconveniente, o que incomoda, o que deixa a pessoa chateada e por que considera algo arriscado, deixando claro, no caso, o que efetivamente está em risco.

Às vezes, a necessidade das pessoas não fica tão clara e é preciso descobrir o que está por trás daquilo que foi mencionado. Por exemplo, ficar bem informado seria um ganho para quem gosta de ver notícias. Mas trata-se de uma resposta intermediária, incompleta, por que leva a outra pergunta: para que as pessoas precisam ficar bem informadas? E aí as respostas podem variar de pessoa para pessoa. Alguns podem querer ficar bem informados para poderem ter uma opinião crítica dos fatos, talvez só para sua satisfação pessoal ou para demonstrar conhecimento numa discussão.

Outros, porque sabem que precisam saber o que está acontecendo para tomarem decisões profissionais. Talvez alguns precisem disto porque vão estudar para algum concurso que exigirá conhecimentos gerais e assim por diante. Por trás de dores ou ganhos genéricos, existem sempre motivos específicos.

Muitas vezes, a solução de uma dor reflete-se em um ganho e o não atendimento de um ganho está relacionado a uma dor. Por exemplo, a dor é custar mais de "x" reais e o ganho seria custar menos que estes mesmos "x" reais. Portanto, quando se for relacionar as dores e ganhos, deve-se evitar a colocação de uma mesma necessidade de forma oposta nas duas listas porque só aumenta a quantidade de itens, mas não acrescenta nenhuma informação relevante. Em situações assim, o ideal é que a necessidade seja listada como "dor".

Utilizando os ramos de atividades afins do problema primário "Necessidade de fazer refeição fora de casa", podemos listar possíveis dores e ganhos. Por exemplo:

- Ramos de atividades afins: Pizza

  Dores:

  - Demora na entrega.
  - Não tem opções para quem está de dieta.

  Ganhos:

  - Poder criar seu próprio sabor, combinando ingredientes.

- Ramos de atividades afins: Sushi

  Dores:

  - Ter opções de pratos tradicionais para quem está acompanhando e não gosta de sushi (adultos ou crianças).

  Ganhos:

  - Sushis tipo infantil, com "desenhos", etc.

- Situação Específica: Lanche com a família

  Dores

  - Necessidade de espaço de lazer para as crianças.
  - Gostos diferenciados (um filho gosta de doces, outro gosta de sorvete).

  Ganhos

  - Brindes para as crianças.
  - Alimentação saudável para as crianças.
  - Espaço de lazer com atividades educativas.

- Situação Específica: Almoço de negócios

  Dores

  - Espaço reservado (quando o negócio for confidencial).
  - Gostos diferenciados (alguns gostam de carnes, outros são vegetarianos, etc.).
  - Ambiente elegante e calmo.
  - Amplo estacionamento (diversas pessoas em diversos carros)

  Ganhos

  - Papéis, canetas e calculadora à disposição.
  - Impressora que possa se conectar a algum dispositivo móvel.
  - Sistema multimídia que possa ser utilizado para exibir alguma apresentação.

É natural que algumas dores e ganhos sejam comuns a mais de um tipo de situação específica, entretanto, se não são tão genéricas ao ponto de estarem relacionadas com os atributos fundamentais, deve-se mantê-las em cada uma das situações, mesmo que haja uma redundância. A razão disto é que, quando efetivamente se definir qual o produto escolhido e, consequentemente, verificar as situações específicas que ele atende, não se pode correr o risco de não observar os fatores relacionados para este item.

A análise das dores e ganhos ajuda na compreensão do setor de atuação como um todo e facilita a visualização de possibilidade de inserção de certos itens relativos a alguma situação específica em outra circunstância.

Proposições possíveis

O propósito de alguma coisa é a meta que se busca alcançar. Não é um objetivo numérico, mas é aquilo que é tratado como foco principal de atendimento dentre todos os benefícios tangíveis e intangíveis que se pode oferecer a uma pessoa. Não precisa ser necessariamente apenas um item, mas a escolha de diversos propósitos pode, em alguns casos, confundir a percepção do seu público-alvo e dispersar a atenção da empresa para o que de fato é seu foco principal. No entanto, é possível definir um propósito principal e alguns propósitos secundários, estando estes condicionados ao primeiro e podendo também ser alterados de acordo com as oportunidades.

Antes de definir qual será o propósito escolhido pela empresa, é importante listar alguns destes possíveis candidatos. Isso deve ser feito mesmo que a empresa já esteja em operação e já tenha um propósito definido, porque enxergar outras opções servirá para ratificá-lo ou retificá-lo.

No setor de atuação de "Necessidade de fazer refeição fora de casa", poderíamos listar as seguintes proposições:

- Diversificação de especialidades
- Ambiente temático
- Comodidade (localização, distribuição, facilidade de preparo, opções personalizadas)
- Rapidez na entrega do *delivery*
- Sofisticação / Requinte
- Cardápio restritivo (intolerâncias alimentícias)
- Restrição ao consumo de alimentos de origem animal
- Alimentação dietética / *fitness*
- Ambiente reservado / discrição
- Espaço para grandes grupos de adultos
- Espaço familiar / infantil
- Serviços complementares (espaço para eventos privados, área de descanso, lavagem de carro, brindes para crianças, sorteio de prêmios, programa de fidelização, guarda de objetos, espaço de lazer: karaokê, *garage band*, *jukebox*, parque aquático etc.)

Após a definição da proposição é que se deve definir o produto, pois certamente existirão muitas formas de atender a um mesmo propósito.

PAINEL 15 PINs – INSERINDO A PROPOSIÇÃO

Importante:

- Como a coleta de informações a respeito dos atributos fundamentais, possíveis proposições e situações específicas (com suas consequentes dores e ganhos) pode exigir um tempo maior para que cada membro do Comitê atenda satisfatoriamente às análises solicitadas, recomenda-se um período mínimo de dois dias para a reunião de apresentação dos quadros 6 e 7.

Quadro 6

1. Indique os atributos fundamentais referentes ao seu ramo de atividade.
2. Indique possíveis proposições.

PAINEL 15 PINs - QUADRO 6

Proposição

ATRIBUTOS FUNDAMENTAIS

- *Sabor dos alimentos*
- *Higiene*
- *Qualidade dos itens utilizados*
- *Conservação e estocagem*
- *Bom atendimento*
- *Cumprimento das normas de segurança e da vigilância sanitária*

POSSÍVEIS PROPOSIÇÕES

- *Diversificação de especialidades*
- *Ambiente temático*
- *Comodidade (localização, distribuição, facilidade de preparo)*
- *Rapidez na entrega da refeição*
- *Sofisticação / Requinte*
- *Cardápio restritivo (intolerâncias alimentícias)*
- *Restrição ao consumo de alimentos de origem animal*
- *Alimentação dietética / fitness*
- *Ambiente reservado / discrição*
- *Espaço para grandes grupos de adultos*
- *Espaço familiar / infantil*
- *Serviços complementares (espaço para eventos privados, área de descanso, lavagem de carro, brindes para crianças, sorteio de prêmios, programa de fidelização, guarda de objetos, espaços de lazer, parque aquático)*

Figura 9: painel 15 PINs - Quadro 6

Quadro 7

1. Assinale as opções de situações específicas que revelam os diversos contextos em que o problema primário se revela, conforme as necessidades particulares e momentâneas das pessoas.

2. Relacione as dores e ganhos de cada situação específica.

3. Indique as tendências referentes às situações específicas.

Observação: se for o caso, insira mais páginas do quadro 7 para o registro de mais sugestões.

PAINEL 15 PINs - QUADRO 7
Proposição

SITUAÇÕES ESPECÍFICAS	TEN DÊN CIAS	DORES	GANHOS
- *Jantar com o cônjuge*	↑	- *Com quem deixar os filhos?* - *Gostos diferenciados (ele gosta de massa e ela está de dieta)*	- *Ambiente tranquilo e agradável*
- *Lanche com a família*	↑	- *Necessidade de espaço de lazer para crianças* - *Pais poderem se alimentar com tranquilidade enquanto os filhos brincam* - *Gostos diferenciados (dos pais e dos filhos)* - *Monitoramento das crianças (risco de elas saírem do local)*	- *Brindes para as crianças* - *Alimentação saudável para os filhos* - *Realização de atividades que promovam alguma forma de aprendizado ou benefícios para o desenvolvimento das crianças*
- *Almoço ou jantar de negócios*	↓	- *Espaço reservado* - *Gostos diferenciados (alguns gostam de carne, outros são vegetarianos)* - *Ambiente elegante e calmo* - *Amplo estacionamento (diversas pessoas em diversos carros)*	- *Papéis e canetas à disposição* - *Impressora que possa se conectar a algum dispositivo móvel* - *Sistema multimídia que possa ser utilizado para exibir alguma apresentação*
- *Café da manhã (viagens)*	↓	- *Cardápio igual todos os dias* - *Falta de alguns itens quando se chega próximo ao horário de término* - *Falta de opções para quem possui restrições alimentares*	- *Horário estendido* - *Opções personalizáveis* - *Solicitação antecipada, por telefone, de certos itens específicos (para não ficar esperando no restaurante enquanto o item está sendo preparado)*

Figura 10: painel 15 PINs - Quadro 7

PAINEL 15 PINs - QUADRO 7
Proposição

Continuação!

SITUAÇÕES ESPECÍFICAS	TENDÊNCIAS	DORES	GANHOS
- Happy hour com amigos	-	- Cardápio diversificado (alguns gostam de cerveja, outros gostam de whisky ou vinho) - Mesas pequenas - Amplo estacionamento - Gostos diferenciados (alguns gostam de música ao vivo, outros preferem ver vídeos, boliche)	- Sorteio de brindes - Lavagem do veículo
- Aproveitar o horário do almoço para resolver alguma coisa	↑	- Comida demorada - Falta de opção de comidas saudáveis - Falta de opções para quem possui restrições alimentares	- Opção de comer enquanto se desloca (drive-thru etc) - Opção de solicitar antecipadamente para estar pronto quando chegar
- Alimentar-se no local de trabalho	↑	- Restaurante interno: ambiente muito "frio" e sem decoração - Ausência de espaço adequado para fazer a refeição e descartar resíduos - Comida na marmita fica fria	- Venda de marmita personalizada - Área de descanso - Área de lazer - Local para esquentar a comida - Local para lavar a marmita - Suco e/ou sobremesa como cortesia da empresa

Figura 11: painel 15 PINs - Quadro 7 (Continuação)

ORIENTAÇÕES PARA A PRÓXIMA REUNIÃO

Como a próxima reunião será uma prática, todos os membros do Comitê devem lembrar-se de, até três horas antes do início da reunião, entregar o quadro 5 (posicionamento institucional) e quadros 6 e 7 (proposição), juntamente com o quadro 2 (observações, destaques e *insights*), para o Coordenador de Estudos de Inovações, possibilitando que as ideias de todos os membros sejam sintetizadas em um quadro único.

PRÁTICA 3

Nesta sessão prática iremos analisar as sugestões de posicionamento institucional e as possíveis proposições (situações específicas e suas tendências, dores e ganhos), sem perder de vista o que foi definido como panorama, problema primário e pessoas (público-alvo).

Além de sintetizar o conteúdo dos quadros 5, 6 e 7, lembramos que é importante que o Coordenador de Estudos de Inovações verifique se nos registros relatados no quadro 2 (observações, destaques e *insights*) há sugestões que possam ser inseridas na lista de ideias referentes aos PINs em análise.

Após isso, o CEI deve realizar a reunião sobre a prática 3 em duas sessões, em virtude dos muitos temas e detalhes para análise, e a fim de evitar decisões apressadas ou mal avaliadas em função do cansaço. Deste modo, na primeira sessão recomendamos a análise dos quadros 5 e 6 e, na segunda sessão, deve ser feita a análise das informações constantes no quadro 7.

Primeira sessão

A sessão 1 deve ser conduzida pelo Coordenador da seguinte forma:

1) Apresentação do objetivo da reunião.

2) O Coordenador de Estudos de Inovações deve ler em voz alta o conteúdo do quadro 5 com as opiniões das pessoas sobre o possível posicionamento institucional da empresa e o posicionamento de outras empresas, sem identificar os autores para que todos os membros tenham ideia dos pontos de vista dos demais.

3) *Brainstorm* (20 minutos): baseado no que foi lido, as pessoas vão trocar ideias, sugestões ou fazer comentários sobre possíveis posicionamentos institucionais.

4) Intervalo: importante para que a mente das pessoas ainda possa processar as informações e gerar conexões involuntárias. Este tempo também é necessário para o Coordenador poder incluir as ideias geradas na sessão de *brainstorm* no quadro 5 sintetizado.

5) Após o intervalo, é dado um tempo de 5 minutos para um *brainwriting*, em que as pessoas, individualmente e em silêncio, possam ainda acrescentar possíveis ideias, baseando-se no que foi discutido na sessão de *brainstorm*. As pessoas devem passar estas novas ideias, caso haja algo novo, diretamente para o Coordenador que fará a inclusão no devido quadro sintetizado.

6) O quadro 5 sintetizado deve ser impresso e entregue a cada membro do grupo para estabelecerem uma pontuação de 0 a 10 para cada item, conforme o que julgam que deva ser adotado como posicionamento institucional da empresa.

7) Após o recolhimento das listas devidamente pontuadas, o Coordenador realizará a contagem dos pontos e fará a consolidação do posicionamento institucional.

8) O Coordenador de Estudos de Inovações deve ler em voz alta o conteúdo do quadro 6 com as opiniões das pessoas sobre atributos fundamentais e possíveis proposições sem identificar os autores para que todos os membros tenham ideia dos pontos de vista dos demais.

9) *Brainstorm* (20 minutos): baseado no que foi lido, as pessoas vão trocar ideias, sugestões ou fazer comentários.

10) Intervalo: importante para que a mente das pessoas ainda possa processar as informações e gerar conexões involuntárias. Este tempo também é necessário para que o CEI possa incluir as ideias geradas na sessão de *brainstorm* numa relação consolidada.

11) Após o intervalo, é dado um tempo de 10 minutos para um *brainwriting*, em que as pessoas, individualmente e em silêncio, possam ainda acrescentar possíveis ideias, baseando-se no que foi discutido na sessão de *brainstorm*. As pessoas devem

passar estas novas ideias, caso haja algo novo, diretamente para o Coordenador que fará a inclusão no devido quadro sintetizado.

12) O quadro 6 sintetizado deve ser impresso e entregue a cada membro do grupo para que estabeleçam uma pontuação de 0 a 10 para cada item.

13) Após o recolhimento das listas devidamente pontuadas, o Coordenador realizará a contagem dos pontos e fará a consolidação das proposições da empresa, preenchendo o quadro Prática 3 final, apresentando-o ao Comitê para aprovação.

Segunda sessão

A sessão 2 deve ser conduzida pelo Coordenador de Estudos de Inovações da seguinte forma:

1) Apresentação do objetivo da reunião.

2) O Coordenador de Estudos de Inovações deve ler em voz alta o conteúdo do quadro 7 com as opiniões das pessoas sobre as possíveis situações específicas, tendências, dores e ganhos, sem identificar os autores, para que todos os membros tenham ideia dos pontos de vista dos demais.

3) *Brainstorm* (20 minutos): baseado no que foi lido, as pessoas vão trocar ideias, sugestões ou fazer comentários sobre possíveis situações específicas, tendências, dores e ganhos.

4) Intervalo: importante para que a mente das pessoas ainda possa processar as informações e gerar conexões involuntárias. Este tempo também é necessário para que o Coordenador possa incluir as ideias geradas na sessão de *brainstorm* no quadro 7 sintetizado.

5) Após o intervalo, é dado um tempo de 5 minutos para um *brainwriting*, em que as pessoas, individualmente e em silêncio, possam ainda acrescentar possíveis ideias, baseando-se no que foi discutido na sessão de *brainstorm*. As pessoas devem passar estas novas ideias, caso haja algo novo, diretamente para o Coordenador que fará a inclusão no devido quadro sintetizado.

6) O quadro 7 sintetizado deve ser impresso e entregue a cada membro do grupo para que estabeleçam uma pontuação de 0 a 10 para cada item informado, como possibilidades de situações específicas que possam ser abordadas pela empresa.

7) Após o recolhimento das listas devidamente pontuadas, o Coordenador realizará a contagem dos pontos e fará a consolidação das situações específicas, suas tendências, dores e ganhos, preenchendo o quadro Prática 3.1 final e o apresentando ao Comitê para aprovação.

8) Por fim, como deve ser feito ao término de todas as reuniões, o Coordenador deve informar quais serão os próximos capítulos que devem ser estudados e quais quadros devem ser preenchidos.

PAINEL 15 PINs – QUADRO FINAL DA PRÁTICA 3

Quadros Prática 3 e Prática 3.1

Após a finalização dos trabalhos da prática 3, o Comitê deve ter definido qual é o posicionamento institucional da empresa e quais são as possíveis proposições (atributos fundamentais, situações específicas, dores e ganhos) que serão abordadas, compondo os quadros Prática 3 e 3.1 que servem como uma consolidação dos quadros 5, 6 e 7 elaborados.

PAINEL 15 PINs - PRÁTICA 3
Posicionamento (Institucional) / Proposição

POSICIONAMENTO INSTITUCIONAL / POSSIBILIDADES

- *Preocupação com o meio ambiente: apoiar ONGs que trabalham com essa temática*

ATRIBUTOS FUNDAMENTAIS

- *Sabor dos alimentos*
- *Higiene*
- *Qualidade dos itens utilizados*
- *Conservação e estocagem*
- *Bom atendimento*
- *Cumprimento das normas de segurança e da vigilância sanitária*

PROPOSIÇÕES DEFINIDAS

- *Diversificação de especialidades*
- *Ambiente temático*
- *Comodidade (localização, distribuição, facilidade de preparo)*
- *Rapidez na entrega da refeição*
- *Sofisticação / Requinte*
- *Cardápio restritivo (intolerâncias alimentícias)*
- *Restrição ao consumo de alimentos de origem animal*
- *Alimentação dietética / fitness*
- *Ambiente reservado / discrição*
- *Espaço para grandes grupos de adultos*
- *Espaço familiar / infantil*
- *Serviços complementares (espaço para eventos privados, área de descanso, lavagem de carro, brindes para crianças, sorteio de prêmios, programa de fidelização, guarda de objetos, espaços de lazer, parque aquático)*

Figura 12: painel 15 PINs - Quadro prática 3

PAINEL 15 PINs - PRÁTICA 3.1

Proposição

SITUAÇÕES ESPECÍFICAS	TEN DÊN CIAS	DORES	GANHOS
- *Almoço ou jantar de negócios*	↓	- *Espaço reservado* - *Gostos diferenciados (alguns gostam de carne, outros são vegetarianos)* - *Ambiente elegante e calmo* - *Amplo estacionamento (diversas pessoas em diversos carros)*	- *Papéis e canetas à disposição* - *Impressora que possa se conectar a algum dispositivo móvel* - *Sistema multimídia que possa ser utilizado para exibir alguma apresentação*
- *Café da manhã (viagens)*	↓	- *Cardápio igual todos os dias* - *Falta de alguns itens quando se chega próximo ao horário de término* - *Falta de opções para quem possui restrições alimentares*	- *Horário estendido* - *Opções personalizáveis* - *Solicitação antecipada, por telefone, de certos itens específicos (para não ficar esperando no restaurante enquanto o item está sendo preparado)*
- *Aproveitar o horário do almoço para resolver alguma coisa*	↑	- *Comida demorada* - *Falta de opção de comidas saudáveis* - *Falta de opções para quem possui restrições alimentares*	- *Opção de comer enquanto se desloca (drive-thru etc)* - *Opção de solicitar antecipadamente para estar pronto quando chegar*
- *Alimentar-se no local de trabalho*	↑	- *Restaurante interno: ambiente muito "frio" e sem decoração* - *Ausência de espaço adequado para fazer a refeição e descartar resíduos* - *Comida na marmita fica fria*	- *Venda de marmita personalizada* - *Área de descanso* - *Área de lazer* - *Local para esquentar a comida* - *Local para lavar a marmita* - *Suco e/ou sobremesa como cortesia da empresa*

Figura 13: painel 15 PINs - Quadro prática 3.1

PERSONALIZAÇÃO

A personalização é uma das maiores tendências do mercado. Produtos podem ser descontinuados, processos podem ser alterados, nichos podem ser ultrassegmentados, mas a busca pela personalização será inevitável, tratando-se de um caminho sem volta. Atualmente, já se possuem mais dados sobre as pessoas do que efetivamente se pode explorar e, quanto maior for a possibilidade de processar estas informações e extrair as peculiaridades a respeito de cada um dos indivíduos, mais singular será o que se pode oferecer a eles. E a conexão destas informações com novas tecnologias proporcionará uma verdadeira revolução em praticamente todos os setores de mercado. Exatamente por isto, a personalização tem peso suficiente para se apresentar como um grupo de inovação específico. Praticamente tudo o que é oferecido como bem ou serviço pode ser personalizado. E será. Comida, roupa, meio de transporte, utensílios de casa ou de trabalho, móveis e muito mais.

Diferentemente das pessoas mais antigas que aceitavam as limitações e os padrões que lhes eram ofertados, as novas gerações não aceitam certas imposições. Elas querem o que desejam, no momento que lhes for conveniente, no lugar em que estejam e, principalmente, da forma que lhes agradam. Nada de tamanhos P, M, G ou GG; nada de móveis de tamanhos padronizados; nada de objetos com apenas algumas opções de regulagem, nada de moldes pré-definidos. A pergunta que o vendedor fará será apenas: “como você deseja?”. Ou simplesmente: “deseja que seja produzido conforme suas preferências?”.

No que se refere às proposições, podemos afirmar que atualmente a personalização é tratada como ganho, um benefício colateral e acessório. Durante quanto tempo nos limitamos, por exemplo, a aceitar a grade de programação das emissoras de televisão? Hoje em dia a inflexibilidade da grade de programação da TV aberta é uma dor para os telespectadores. Mas antes não era assim. Tínhamos que adequar nossas atividades para que pudéssemos ver nossos programas favoritos em determinada hora de certos dias. Jamais imaginaríamos que isso poderia mudar. Mas mudou.

Do mesmo modo, em algum tempo, a falta de personalização de cada ramo de atividade será uma dor para seus usuários ou consumidores. Ou seja, as pessoas vão passar a se incomodar quando não puderem ter seus desejos atendidos da forma que lhes for conveniente e passarão a priorizar quem lhes proporcionar isto.

Por fim, a personalização chegará ao nível mais essencial e se tornará um atributo fundamental, de tal modo que a indisponibilização de bens e serviços sob medida será um defeito grave, inaceitável.

Pessoas: as maiores fontes de informação

As maiores fornecedoras dos subsídios que as empresas precisam para oferecer uma experiência cada vez mais personalizada são, obviamente, as pessoas. Precisamos ouvi-las, entender suas necessidades. Se necessário, pergunte o que você precisa saber para atendê-las de forma personalizada. Em muitos casos, será preciso exemplificar o que pode fazer por elas, para que consigam visualizar as possibilidades. Mas compreenda que, muito além do que é expressamente dito pelas pessoas, cada forma de expressão humana é uma fonte de informações: gestos, olhares, atenção ou até indiferença.

Tenha sempre em mente que o objetivo não é simplesmente atender às necessidades das pessoas, o interesse maior é surpreendê-las, oferecendo-lhes opções que elas nem mesmo se dão conta de que necessitam ou necessitarão.

Uma possibilidade de alcançar isso é através da comparação dos dados de uma pessoa com os de outras que fazem parte dos nichos, de tal modo que, baseado na experiência do coletivo, poderemos prever o passo seguinte que um indivíduo naturalmente fará ou precisará fazer. Algoritmos de sugestões de ofertas baseadas nas compras que outras pessoas fizeram são o primeiro passo neste tipo de ação. Mas a inteligência artificial elevará esse tipo de análise a um nível extraordinário.

Entretanto, vale salientar que a personalização não significa apenas conhecer as características gerais de cada pessoa, a análise aprofundada é revelada quando compreendemos suas idiossincrasias, suas peculiaridades. Com o avanço tecnológico, poderemos oferecer uma experiência singular para cada pessoa. A jornada de cada indivíduo será analisada e se tornará sua maior fonte de informações, uma espécie de comunicação passiva fornecida por uma pessoa nos nichos dos quais faz parte e nas situações específicas. Entretanto, a pessoa deve estar consciente e permitir a coleta destes dados, e fará isso de bom grado se compreender que as informações serão utilizadas para seu próprio benefício.

Segmentação x Personificação x Customização x Personalização

Segmentar é dividir algo em partes. Portanto, quando falamos em segmentação de público, estamos falando que, de uma população total, vamos realizar uma separação utilizando algum critério. Por exemplo, podemos dividir nossos clientes pelo sexo, faixas etárias, classes sociais, etc. Atualmente, esta prática está caindo em desuso por ser extremamente falha. Por exemplo, existem pessoas de 50 anos que gostam de surfar ou andar de skate. Há jovens que ganham um salário enquadrado como classe C, mas com a ajuda financeira dos pais passam a ter hábitos de classe B. Outras distorções como essas podem interferir sensivelmente nos resultados esperados.

Em virtude das falhas da segmentação, muitas empresas trabalham com a personificação, caracterizada pela criação da persona, um "ser" idealizado que representa um indivíduo médio que compõe os membros de um nicho determinado ou em uma situação específica, considerando alguns hábitos ou características comportamentais e psicológicas. Por exemplo, podemos dizer que grande parte dos clientes que vai a um jantar de negócios são empresários de meia-idade que gostam de um ambiente elegante, apreciam pratos requintados e bebidas sofisticadas. Claro que existem diversas pessoas assim e que, em diversas outras características, não têm nada em comum. Mas, como a empresa não tem a condição de pensar em cada uma delas — que seria a personalização efetiva —, então resume-as neste ser hipotético que personifica, através das características selecionadas, parte considerável do público que se quer atingir naquele momento. O detalhe é que, deste modo, cada pessoa será representada por uma persona diferente em cada nicho ou situação específica.

Na busca de amenizar a necessidade particular de cada cliente, algumas empresas têm optado pela customização, de modo que são disponibilizadas opções que as pessoas podem escolher. Por exemplo, você pode escolher um carro na cor que você achar melhor dentre as que estão sendo apresentadas e pode ainda optar por inserir alguns acessórios que são mostrados em uma lista. Perceba que, no entanto, você não pode definir a cor que quer, demandando, por exemplo, um carro verde neon se esta opção não estiver disponibilizada pela empresa. Não se trata, portanto, de uma personalização. A diferença entre customização e personalização se revela pelo verbo: escolher ou definir. Na customização, o cliente pode escolher entre opções pré-estabelecidas e, por maiores que sejam as opções, são sempre limitadas. Na personalização não há um limite estabelecido, as pessoas definem o que querem e a empresa vai atendê-las satisfatoriamente.

Mesmo não se tratando de uma forma de personalização propriamente dita, a customização já pode ser utilizada como diferencial competitivo. Além disso, as empresas que optam por esta forma de atendimento demonstram que estão afinadas com o que seus clientes desejam e, portanto, naturalmente mais antenadas com esta proposição, de modo que seus produtos têm maiores chances de se tornarem efetivamente personalizáveis porque a empresa já tem em mente que as pessoas querem uma solução deste tipo.

Sabemos que a personalização não é fácil de ser atingida e, considerando a dificuldade e as limitações atuais, enquanto não se puder trabalhar diretamente com cada uma das pessoas, a customização e o uso de personas são possibilidades bastante úteis para as empresas. Entendemos também que, mesmo que se tenha um sistema personalizado implantado, a coleta de informações se dará pouco a pouco e que, em determinadas situações, será necessário completar lacunas com informações provenientes de análise de segmentos ou personas, se possível, associadas com comportamentos em nichos.

O que, quando e como?

Como já foi dito, em breve teremos acesso a praticamente todas as informações sobre todas as pessoas. Porém, no que se refere a dados, tão importante quanto os possuir é saber utilizá-los. Então, antes que o futuro chegue e você não saiba como utilizar este arsenal quase infinito de informações, vamos fazer um pequeno exercício preparatório.

Imagine que agora, neste exato momento, você possuísse um grande banco de informações sobre uma pessoa, te possibilitando saber pelo que ela se interessa e o que não a atrai. Saberia o seu estilo de roupa, quais problemas de saúde possui, que remédios toma, que filmes assiste, que estilo musical lhe agrada, qual sua profissão, se é casado ou não, se possui filhos ou não, quando está estressada ou calma, quando vai dormir. A partir do que ela tem e busca, você poderia inclusive projetar seus sonhos e desejos. Considere também as atividades que as pessoas fazem: escovar dentes, tomar banho, se olhar no espelho para escolher roupas, se maquiar ou pentear os cabelos, etc. Perceba que estas informações provêm dos mais diversos aparelhos conectados, sistemas de identificação e também da observação. Agora, pense no que você faria com estes dados. Como usaria isto a favor de uma empresa? Certamente estas informações podem ser utilizadas para os diversos grupos de inovação, mas, por enquanto, vamos pensar do ponto de vista da personalização de bens ou serviços. Portanto, detenha-se somente no que pode ser oferecido sob medida para a pessoa. Obviamente, na maioria das vezes você vai precisar de alguma espécie de aparato tecnológico que talvez ainda não exista. Não importa. Foque no que será oferecido. Isto é só um exercício, não limite sua criatividade pensando em restrições. Você pode, por exemplo, imaginar um espelho que já mostra as possíveis combinações de roupa que ela possui (aproveite para sugerir a compra de outras peças!), informando inclusive as datas em que estas peças foram usadas. É possível pensar em uma escova de dentes que detecte possíveis cáries ou bactérias incomuns. E que tal se, de alguma forma, cada vez que for se alimentar, a pessoa puder ser alertada sobre a quantidade de nutrientes que estará consumindo? Obviamente, são muitas possibilidades, portanto é importante que se mantenha o foco no seu setor de atuação e ver de que forma pode oferecer algo personalizado para seu público-alvo.

Além de apenas pensar em soluções para cada situação, podemos detectar tendências, associar processos de escolha com os interesses e práticas das pessoas, compreender o que lhes agrada ou desagrada, perceber a conexão de atividades que proporcionam possibilidades de parceria, estabelecer um posicionamento mais adequado, criar ou otimizar produtos ou processos para melhor se enquadrarem no dia a dia e proporcionarem uma melhor experiência ou economia de tempo, entre muitas outras possibilidades.

Em todos estes aspectos, as ferramentas de inteligência artificial serão suas maiores aliadas neste desafio, possibilitando análises precisas dos dados coletados, propondo estratégias ou, ainda melhor, executando automaticamente todas as ações indicadas para impactar de forma positiva e relevante cada pessoa.

Personalização para pessoas jurídicas

Do mesmo modo que as empresas que são focadas no atendimento de pessoas físicas, aquelas que prestam serviços para outras empresas devem se esforçar para oferecer opções sob medida para seus clientes. Isto já é um tipo de ação mais comum e deverá ser explorado cada vez mais.

Assim sendo, a empresa que oferecer serviços B2B ou mesmo B2C deverá se empenhar em conhecer a operação da sua contratante, não se limitando a esperar as suas solicitações, mas, pelo contrário, propondo soluções necessárias, surpreendendo e demonstrando assim todo o potencial desta relação em que todos saem ganhando: a empresa ofertante, a demandante e o seu público.

PAINEL 15 PINs - INSERINDO A PERSONALIZAÇÃO

Quadro 8

A partir da análise do dia a dia das pessoas, devemos verificar as possibilidades de produtos e serviços personalizáveis que estejam de acordo com o setor de atuação da empresa.

As informações devem ser lançadas no quadro 8 da seguinte forma:

1. O que se pode personalizar?

Neste campo, se coloca qual a proposta básica relacionada às possíveis proposições da empresa. Por exemplo: preferências alimentares, roupas sob medida, informações médicas do indivíduo, etc.

2. Quando?

Determine o momento em que a pessoa utilizará o bem/serviço.

3. Como?

De que forma a personalização será oferecida? Lembre-se de que esta pergunta está intimamente ligada às perguntas anteriores (O que se pode personalizar e Quando).

PAINEL 15 PINs - QUADRO 8
Personalização

O QUE SE PODE PERSONALIZAR?	QUANDO?	COMO?
- Escolha do prato que se deseja	- No restaurante	- Parceria com supermercado 24 horas: a pessoa escolhe os ingredientes e, caso não se tenha em estoque, o restaurante pega imediatamente no supermercado
		- Opção da pessoa usar a cozinha do restaurante para, acompanhada por um profissional, preparar o prato como queira
	- Na hora de fazer o pedido pelo site ou aplicativo	- Determinando-se uma certa antecedência, fazer o pedido conforme o cliente deseje
	- Em casa	- Kit com diversas opções de ingredientes que permitem várias combinações de pratos diferentes
		- As pessoas poderão contratar um Chef que irá, com um auxiliar, à casa da pessoa preparar o prato (ou pratos) que a pessoa solicitou, levando inclusive os ingredientes e utensílios necessários
		- Comida preparada via sistema de impressão 3D

Figura 14: painel 15 PINs - Quadro 8

Observação: mesmo que por ora não se consiga pensar em nada a respeito de personalização, deve-se estar atento para, a qualquer momento, inserir alguma ideia nestes espaços ou *insight* a respeito de alguma possibilidade sobre o tema.

PRODUTOS

Jerome McCarthy, quando desenvolveu os famosos 4Ps do *marketing*, definiu produto como aquilo que, oferecido ao consumidor, tem a capacidade de lhe proporcionar satisfação ou benefício, quer seja um bem ou um serviço. No mesmo sentido, o SNA - *System of National Accounts* das Nações Unidas, trata produtos como bens e serviços. Com efeito, se, em algum momento, houve o questionamento sobre o fato de o produto enquadrar os serviços, hoje em dia é cada vez mais difícil separar estes dois elementos. Por exemplo, a assistência e a garantia que um fabricante oferece não interferem na escolha da compra de um carro? Por outro lado, as qualidades físicas do veículo oferecido não são importantes para um serviço de aluguel de automóveis? Os SaaS (*software as a service*) são um bem ou um serviço? A intenção aqui não é de forma alguma adentrar nestas discussões, muito pelo contrário, o importante é atender às necessidades dos clientes, seja através de um bem ou um serviço. É fundamental enxergar melhor todos os aspectos envolvidos, quer sejam tangíveis ou intangíveis. Quantos fatores, por exemplo, são determinantes na escolha pela decisão de compra em uma loja: qualidade dos produtos, atendimento, comodidade, preço, opções de pagamento, serviços agregados, etc. Estes, e mais outros tantos, são itens que devem ser analisados pelas empresas, porque o cliente coloca todos em uma balança para verificar a relação custo-benefício que lhes permitirá tomar a decisão final.

Na metodologia dos 15 Ps da Inovação, essa abordagem se amplia um pouco mais e, além de tratar produtos como bens ou serviços, incluímos também as ações estratégicas. Um argumento de venda, a definição por um posicionamento e a escolha de uma parceria, por exemplo, são iniciativas de inovação que não se enquadram exatamente como bens ou serviços, entretanto, do mesmo modo que estes, agregam valor às empresas e devem ter seu reconhecimento como elementos fundamentais no sucesso dos negócios.

Diferenciação e Diversificação

Os produtos podem ser classificados como *commodities* ou diferenciados. Phillip Kotler afirmou que "uma *commodity* não passa de um produto à espera de diferenciação". Lembrando que a diferenciação não serve apenas para destacá-lo da concorrência, porém, ainda mais importante, serve para auferir-lhe uma personalidade.

A diferenciação pode ser baseada em aspectos reais, a partir das características do produto, ou psicológicos, gerando uma imagem na mente das pessoas. É possível também oferecer um amplo mix de bens e serviços para diversos tipos de público, atuando em novos ramos de atividade ou segmentando o mercado. Estas opções possibilitam maior fonte de recursos e ajudam a manter a estabilidade da empresa, ao compensar momentos em que determinado ramo ou produto está em alta enquanto outro está em baixa. Esta diversificação também pode servir para atender a várias necessidades de uma mesma pessoa, fortalecer o portfólio, diminuir a ociosidade da infraestrutura de produção, otimizar a distribuição e rentabilizar a comunicação, além de servir como elemento de acompanhamento de tendências (a partir da análise de resultado das vendas) e como elemento de ataque ou neutralização dos concorrentes em algum segmento específico.

Possibilidades de criação de produtos

Na inovação em produtos, a empresa deve considerar as seguintes possibilidades:

a) Incremento de partes dos produtos

Quando tratamos de ideias que serão estudadas, também estamos falando de possibilidade de inovações em partes de um produto, ou seja, oportunidades de inovações incrementais. Se sua empresa possui um bem/serviço ofertado ao público ou mesmo se já tem em mente algo que pretende disponibilizar às pessoas, é possível destrinchar as partes que compõem esse produto e verificar formas de desenvolver melhorias e diferenciais em cada uma delas.

Cada sugestão de inovação em partes de um bem ou serviço deve ser lançada com uma ideia a ser avaliada na próxima sessão de prática.

b) Novo ramo de atividade, novo produto e nova marca

Isto se dá quando uma empresa pretende se inserir em um ramo de atividade em que não atua e que, ainda, não traz consigo (ou não queira trazer) alguma marca que já seja do conhecimento das pessoas. Digamos, por exemplo, que uma empresa que atua no ramo de pizzaria resolva abrir uma temakeria e não pretende usar um nome que remeta ao público que se trata do mesmo grupo da pizzaria. Talvez não faça uso da marca porque no ramo anterior não possui um bom conceito ou porque está arriscando e não quer comprometer uma marca de sucesso com algo que pode não dar certo. Talvez porque a marca anterior possui um posicionamento muito atrelado ao ramo de atividade em que atua, podendo criar uma confusão na cabeça das pessoas com a atuação em novo ramo. Pode ser também que não queira confundir as marcas, até mesmo em virtude de possuir sócios que não fazem parte do empreendimento anterior. A opção para o não aproveitamento de uma marca, principalmente quando esta é bem aceita pela população, deve ser sempre bem justificada, porque uma marca sólida é o maior patrimônio de uma empresa.

c) Novo ramo de atividade, novo produto e marca existente

Temos aqui a mesma situação do item anterior, porém a empresa fez a opção de utilizar a marca que possui. Trata-se de aproveitar a força de uma marca existente para transferir para o novo negócio a percepção de qualidade que já conquistou. Essa estratégia facilita muito a comunicação com o cliente. A marca anterior pode ser apresentada por um mesmo nome de outro produto ou pode ser inserida como a identificação da corporação da qual faz parte.

Importante:

- Nas opções acima, quando falamos de novo ramo de atividade, pode-se pensar também em produtos para um novo setor de atuação, observando-se uma oportunidade de mercado de grande potencial. Nesse caso, é preciso fazer um estudo bastante minucioso sobre esse novo setor, de preferência com o envolvimento de alguém que o conheça muito bem ou através da contratação de uma consultoria com essa finalidade.

d) Ramo de atividade em que já atua, novo produto e nova marca

Esse tipo de estratégia é utilizado quando se quer lançar um novo produto no ramo de atividade em que já atua, mas opta-se por lançá-lo com uma nova marca sem nenhuma associação com a marca já conhecida, normalmente quando se acredita que a vinculação entre as marcas pode criar alguma confusão em função de diferenciação do posicionamento mercadológico escolhido para elas.

e) Ramo de atividade em que já atua, novo produto e marca existente

Neste caso, a empresa percebe que a utilização de uma marca existente em um novo produto ajuda nas chances de sucesso deste, não trazendo prejuízos à sua posição no mercado. Essa estratégia proporciona aos novos bens/serviços herdarem a percepção de qualidade de outros produtos da marca, facilitando a aceitação pelas pessoas.

f) Ramo de atividade em que já atua, produto existente e marca nova

Busca-se com esta estratégia atacar a concorrência e/ou ampliar o *market share* da empresa neste ramo de atividade, alcançando os diversos tipos de pessoas que a consomem. Por exemplo: se a empresa já tem uma pizzaria voltada para a classe AB, mas também deseja atender a classe DE. Então, para não macular a imagem que a marca possui, cria-se uma nova voltada para este novo público-alvo. Esta estratégia é válida quando o novo produto visa tirar público das marcas de empresas concorrentes sem canibalizar as marcas da própria empresa.

g) Ramo de atividade em que já atua, produto existente, marca existente e nova apresentação

Temos aqui uma extensão da apresentação dos bens/serviços existentes introduzindo novos formatos, sabores, ingredientes, tamanhos, etc. Trata-se de uma extensão vertical, que gera menos riscos para as empresas e possui alta taxa de sucesso. Entretanto, é necessário ter cuidado no gerenciamento destes produtos para evitar a criação de itens cuja venda não compense os seus custos e despesas, levando a empresa a descontinuá-los e, de qualquer modo, deixando alguns consumidores descontentes com isto.

Nas situações acima, quando se diz que uma empresa opta por trabalhar com uma marca existente, também deve-se enxergar a possibilidade de realizar uma combinação de marcas, reunindo duas ou mais marcas fortes. Nesta estratégia é necessário avaliar o equilíbrio no peso das marcas (a menos que se busque a transferência de valor de uma para outra), a coerência na aplicação de cada marca no ramo ou produto e a real possibilidade de complementação das marcas, a fim de que as pessoas percebam que se trata de uma unidade.

No caso de lançamento de novos produtos ou extensão dos mesmos, se a empresa acreditar que há o fator risco muito alto, pode tentar lançá-los de forma temporária ou como uma edição limitada. Deste modo, não há o comprometimento da marca ou da empresa caso a inovação não tenha boa aceitação.

Importante destacar que há ainda a possibilidade de aumento do portfólio de oferta considerando o aproveitamento do universo dos nichos do público-alvo.

Ciclo de vida dos produtos

Todo produto possui um ciclo de vida, composto pelas seguintes fases: introdução, crescimento, maturidade e declínio. A inovação incremental permite a ampliação deste ciclo, dando novas razões para que os consumidores continuem consumindo. Além disso, como a tendência é que os concorrentes imitem o produto líder ou inovador, a implantação de outras inovações permite que se esteja sempre um passo adiante dos que são oferecidos por outras empresas.

Há ainda a possibilidade de o produto ser lançado em uma nova praça ou para um novo segmento de mercado, iniciando assim um novo ciclo específico para estes mercados.

Eventualmente, um produto pode ser retirado do mercado antes que o seu ciclo de vida se complete. Isso pode ocorrer por uma decisão estratégica, evitando o desgaste da marca da empresa ou pelo fato desta já ter lançado no mercado uma inovação substitutiva.

Idealizando novos produtos

Obviamente, oferecer um bem/serviço é o que toda empresa tem por objetivo, porém, em se tratando de inovação, não é neste ponto que tudo se encerra, havendo ainda muitas possibilidades de se inovar antes ou após o lançamento de um produto. Na metodologia 15 PINs não será neste momento em que necessariamente iremos definir o que será desenvolvido, esta decisão se dará na aplicação da Prática 4. Iremos agora iniciar o processo de combinação dos dados coletados em busca de possíveis produtos. Nosso objetivo é elencar um rol de sugestões que poderá ser ampliado a qualquer momento e que já pode até incluir algumas que já tenham sido elaboradas e que constem no quadro 2 (observações, destaques e *insights*).

Neste momento, já definimos o problema primário e o posicionamento institucional, bem como estabelecemos o público-alvo que está em nosso radar, proposições e as possibilidades de personalização, além disso, já temos a visão de futuro da empresa e devemos ter algumas coisas interessantes no quadro de observações, destaques e *insights*. Ou seja, já temos em mãos um vasto material em que podemos pensar em diversas possibilidades de produtos. Para isto, o ideal é ter estes dados que já foram coletados e listados até o momento dispostos de forma que a equipe envolvida possa ter uma visão geral de todos estes itens para que se possa começar a fazer conexões.

Um produto inovador promove conexões inéditas e inusitadas de diversos fatores, vislumbrando possibilidades não exploradas.

Atenção: nenhuma ideia deve ser descartada, a fim de não provocar alguma forma de bloqueio. Posteriormente é que as ideias, sem identificação dos seus autores, serão analisadas e selecionadas ou descartadas.

PAINEL 15 PINS - INSERINDO PRODUTOS

Quadro 9

1. No quadro 9, anote ideias de novos produtos, observando tanto as opções apresentadas no topo do quadro, bem como ideias provenientes da conexão do panorama, problema primário, posicionamento, pessoas, proposição e personalização.

2. Podem ser inseridos produtos que os concorrentes estejam ofertando, assinalando porque você acha que estão apostando neles (novo público, foco em um nicho específico, tendência de mercado, ataque a algum outro concorrente ou outro motivo).

3. Não esqueça de pensar nas partes e fases do bem/serviço que sua empresa oferta e pense em formas de desenvolver melhorias e inovações para elas.

4. Caso precise, imprima mais páginas do quadro 9, anotando em algum lugar de destaque a palavra "Continuação" para que se saiba que é um complemento.

Atenção: deve ser dado pelo menos o prazo de 48 horas para a elaboração de ideias desse quadro.

PAINEL 15 PINs - QUADRO 9

Produtos

Incrementação de algo já existente. Implantação de melhoria de partes do produto	Novo ramo de atividade / Novo produto / Nova marca	Novo ramo de atividade / Novo produto / Marca existente	Ramo em que já atua / Novo produto / Nova marca	Ramo em que já atua / Novo produto / Marca existente	Ramo em que já atua / Produto existente / Nova marca	Ramo em que já atua, produto e marca existentes / Nova apresentação

IDEIAS PARA PRODUTOS (BENS OU SERVIÇOS)

- Restaurante multifuncional com vários ambientes distintos, possibilitando opção de happy hour (durante a semana) e lazer com a família (nos fins de semana) Pode ter espaço de doces, sorvetes, área kids bem diversificada, karaokê e clube da cerveja

- Espaço que reúne vários food trucks com um mix de diversos tipos de comida, em área comercial, oferecendo um espaço em que as pessoas possam relaxar, ver televisão ou conversar enquanto esperam a hora de voltar ao trabalho Lembrando que os food trucks podem, à noite ou no final de semana, se deslocar para alguma outra área que tenha mais movimento

- Restaurante com ambiente mais reservado, podendo ser usado para almoço de negócios (durante o dia), para jantar romântico e espaço para chefs amadores cozinharem para pequenos grupos (à noite) Podendo ter um espaço de cafeteria, clube do whisky ou clube do vinho

- Marmitaria com diversas especialidades (cardápio elaborado por chefs), inclusive com opções veganas e opções de alimentação restritivas. Pode oferecer também opções de comida congelada para serem vendidas em supermercados ou padarias

- Fast food com comida barata e com toque gourmet

- Supermercado disponibilizando setor com farto cardápio restritivo em relação aos alimentos de origem animal

- Food truck com cardápio restritivo em relação aos alimentos de origem animal

- Restaurante que todo dia ofereceria cardápios diferentes, sendo 01 opção com pratos básicos e outras 02 opções com especialidades diferentes

- Doceria com espaço para realização de festas infantis particulares

- Self service sem cozinha para as empresas As empresas disponibilizariam o espaço para os funcionários almoçarem, mas não precisariam se preocupar em ter cozinha, pois seria levada a comida pronta e, ao final, seria recolhido o lixo resultante da refeição, deixando o espaço limpo

- Kit semipronto de frutos do mar para as pessoas prepararem e comerem em casa

Figura 15: painel 15 PINs - Quadro 9

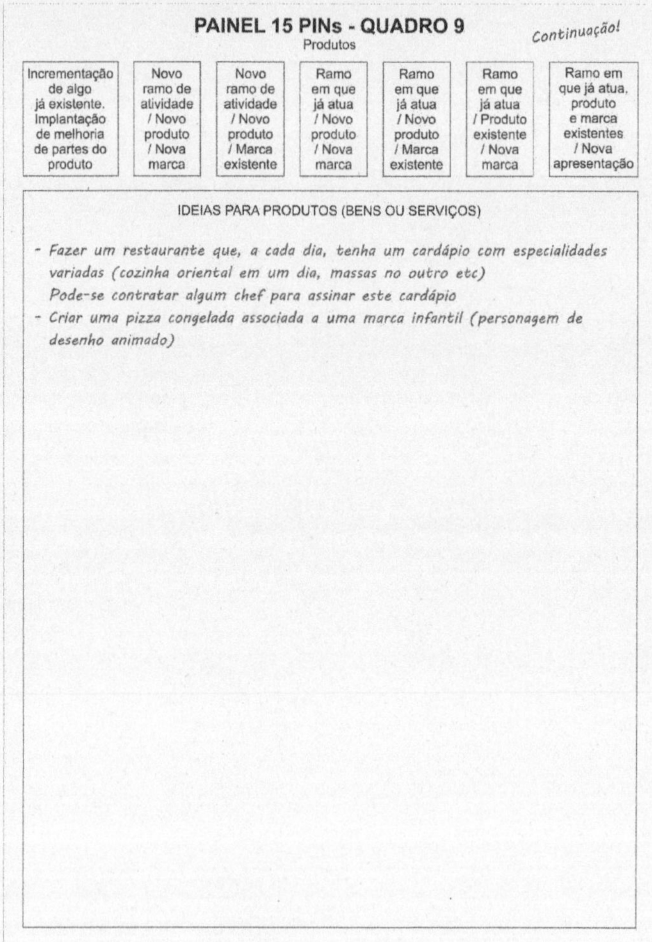

Figura 16: painel 15 PINs – Quadro 9 (Continuação)

Quadro 2

Neste momento, é crucial observar tudo o que foi listado até agora no Quadro 2 com as ideias e sugestões diversas.

PAINEL 15 PINs - QUADRO 2

Todos os PINs

OBSERVAÇÕES, DESTAQUES E INSIGHTS

- Gourmetização
- Cuidados com o bem estar
- Produtos orgânicos
- Ideia: restaurante com serviço de lavagem a seco no estacionamento
- O player de referência X destaca-se no público infantil com a venda de lanches + brinquedos
- A busca por alimentos mais saudáveis é uma tendência irreversível
- Ideia: colocar food trucks de refeições diversas na área de lazer das empresas
- Aplicativos colaborativos
- Faça você mesmo é uma tendência
- Produtos artesanais estão em alta
- Crise econômica favorece aumento de tal tipo de situação específica
- Ao se trabalhar com grupos de pessoas, a diversificação de especialidades é um atrativo
- Apesar do aumento da expectativa de vida das pessoas, ainda não há muitas opções para o público acima dos 60 anos
- Verificar possibilidade de se associar a alguma startup que trabalhe com sistema de entrega (delivery) inovador

Figura 17: painel 15 PINs - Quadro 2

ORIENTAÇÕES PARA A PRÓXIMA REUNIÃO

A próxima reunião será uma prática especial, com muitos elementos para serem analisados. Portanto, diferente do que foi feito até agora, todos os membros do Comitê devem entregar com 24 horas de antecedência, os quadros 8 e 9 com as ideias de personalização e produtos elaboradas, juntamente do quadro 2 (observações, destaques e *insights*), para o Coordenador de Estudos de Inovações que nesse momento também já deve ter em mãos as ideias provenientes do concurso interno (caso a empresa o tenha realizado). Todas as sugestões devem ser consolidadas em uma "lista de ideias a serem analisadas".

O CEI deve ter o cuidado de sintetizar as sugestões de modo a extrair apenas a sua essência principal, agrupando as ideias que tenham alguma ligação ou se complementem, e desmembrando sugestões compostas em itens separados (por exemplo: "noite de karaokê ou bingo" em "noite de karaokê" e "noite de bingo").

Essa lista sem redundâncias facilitará o trabalho de análise e decisão do Comitê de Inovação.

PRÁTICA 4

Nesta sessão prática, iremos analisar as ideias sugeridas pelos colaboradores através do concurso interno, bem como as ideias de personalização e produtos elaboradas pelos membros do Comitê.

De antemão, precisamos alertar que, devido ao grande número de elementos e informações para análise, pode-se dividir essa sessão em três ou mais dias, evitando que se tomem decisões apressadas e sem a devida apreciação em função do decorrer das horas.

Primeira Sessão

1) No início da sessão, o Coordenador de Estudos de Inovações deve distribuir uma cópia dos quadros 8 com as sugestões das pessoas sobre personalização, numerados para facilitar o acompanhamento dos demais membros, porém sem identificar os autores. Não é preciso fazer uma lista condensada das ideias, o objetivo aqui é compartilhar ideias e pontos de vista. Deve se pedir que cada membro preste atenção nas ideias apresentadas e, durante a leitura, se for verificada alguma forma de personalização que julgue importante implantar (no momento ou no futuro), deve circular essa ideia para posterior elaboração do quadro Prática 4 consolidado apenas com as

ideias que foram destacadas pela maioria dos membros porque, dependendo do que for decidido, alguns produtos podem ser adaptados para se encaixar nessa intenção.

2) O CEI deve distribuir uma cópia das sugestões em aberto da "lista de ideias a serem analisadas" (conforme foi orientado no final do capítulo anterior) para que cada membro do Comitê estabeleça uma pontuação de 0 a 10 para cada item.

3) Pausa para que o Coordenador faça o somatório dos pontos de cada ideia.

4) O CEI deve apresentar um resumo da quantidade de ideias por pontuação, revelando, por exemplo, que tantas ideias tiveram "x" pontos, outras tantas obtiveram "y" pontos e assim por diante. O objetivo aqui é possibilitar que o Comitê, dependendo do volume de ideias geradas e suas pontuações, estabeleça a quantidade de sugestões que devem ser selecionadas para análise mais detalhada.

Após a definição das ideias que devem ser melhor estudadas, essa sessão deve ser finalizada, devendo o grupo voltar a se encontrar no dia seguinte para a segunda sessão da prática 4.

Importante:

- Antes do início da próxima sessão, o Coordenador de Estudos de Inovações deve analisar as ideias selecionadas e apresentá-las da seguinte forma:

• Sugestões em aberto: são aquelas ideias que precisam de uma definição da forma como serão oferecidas.

• Ideias prontas: são as sugestões que não precisam de um complemento para serem melhor analisadas.

Às vezes, a diferença entre uma sugestão em aberto e uma ideia pronta é bastante sutil. "Trabalhar com alimentos mais saudáveis", parece uma ideia pronta. Mas, por exemplo, diz respeito a uma mudança radical do cardápio, excluindo os produtos não-saudáveis? Ou a inclusão de pratos saudáveis? Ou é apenas a ideia de trabalhar com ingredientes mais saudáveis (orgânicos, por exemplo)? Se o item apresentado deixa dúvidas quanto à sua aplicação, então é uma sugestão em aberto.

Perceba que, mesmo as ideias prontas, precisam obviamente de alguma definição quanto à sua operação e isso será feito na fase de execução. Mas, caso aprovadas, necessitam apenas de ajuste em detalhes.

Segunda Sessão

1) Apresentando os itens das sugestões em aberto, o próximo passo é dar um tempo para que as pessoas, individualmente e em silêncio, possam anotar ideias de solução para cada um dos itens, tornando-os em soluções prontas.

2) O Coordenador deve ler a lista de sugestões em aberto, falando em seguida as sugestões de cada membro (sem citar os autores) para transformá-las em ideias prontas, deixando as pessoas livres para fazerem alguma observação, sugerindo algum detalhe complementar ou abordando um ponto de vista diferente da mesma ideia. A intenção aqui é que as sugestões em aberto mudem de *status* considerando óticas diversas, em virtude dos conhecimentos e experiências de cada membro da equipe. Deste modo, podem surgir novas propostas como resultado de novas conexões, bem como podem surgir incrementos para as ideias já geradas. No final da leitura de todas as sugestões, se alguém quiser propor mais alguma ideia que surgiu durante a leitura, também poderá fazê-lo. Mais uma vez, é importante reforçar que não é o momento de críticas à essência das ideias.

3) O CEI irá incluir as sugestões geradas na "lista de ideias a serem analisadas" que, a partir de agora, só apresentará bens ou serviços prontos para a escolha.

Terceira Sessão

1) A nova lista deve ser entregue a cada membro do grupo para que estabeleçam uma pontuação de 0 a 10 para cada item, de acordo com o que julgam ser ideias interessantes para serem executadas.

2) Pausa para que o Coordenador faça o somatório dos pontos de cada ideia. O Comitê deve aproveitar esse intervalo para definir quantas ideias devem ser submetidas para a próxima análise, considerando a capacidade de execução da empresa e levando em conta que algumas das sugestões poderão ser descartadas.

3) O Coordenador de Estudos de Inovações deve fazer a contagem dos Pontos e revelar as sugestões mais bem pontuadas. Essas ideias serão submetidas a um *check list* coletivo que irá apresentar os seguintes itens:

Item / Questão	Resposta
Está alinhado com as tendências de mercado e visão de futuro da empresa?	(Sim ou Não)
Está alinhado com o problema primário?	(Sim ou Não)
Está alinhado com o setor de atuação?	(Sim ou Não)
Apresenta diferencial competitivo em relação aos concorrentes?	(Sim ou Não)
Possui um concorrente que tenha se estabelecido como *player* de referência no ramo de atividade?	(Sim ou Não)
Está alinhado com o posicionamento institucional definido?	(Sim ou Não)
Está alinhado com algum dos públicos-alvo elencados?	(Sim ou Não)
Possui potencial para desdobramento para outros públicos ou para algum nicho/ecossistema?	(Sim ou Não)
Está alinhado com as situações específicas, dores e ganhos selecionados?	(Sim ou Não)
Possui possibilidade de personalização?	(Sim ou Não)

Nos itens acima, deve-se considerar o seguinte:

- Alinhamento com as tendências: o mercado que será abordado pela ideia sugerida está em crescimento, está estável ou apresenta sinais de encolhimento?

- Verificar se a ideia está de acordo com a visão de futuro estabelecida pela empresa, na prática 1.

- Alinhamento com o problema primário: deve-se verificar a adequação quanto ao problema que irá solucionar: na maioria das vezes, o processo de geração de ideias visa buscar uma solução para um problema específico. Nesse caso, é imprescindível verificar se a sugestão atende efetivamente a este requisito. Algumas vezes, porém, surgem boas ideias totalmente deslocadas deste objetivo e ainda assim, de acordo com o seu potencial, pode ser que a empresa queira investir nelas.

- Alinhamento com o setor de atuação: normalmente, a ideia apresentada deve ser aplicável no tipo de negócio que a empresa atua e visa atuar.

- Apresenta diferencial competitivo em relação aos concorrentes: mesmo sendo um produto que outra empresa já ofereça, o ideal é que possua algum diferencial que o torne atraente para o público.

- Como já foi dito antes, a não existência de um *player* de referência no ramo de atividade é sempre uma situação interessante, mesmo quando não se tem diferenciais competitivos relevantes.

- Alinhamento quanto ao posicionamento institucional: devemos verificar se não há conflito com os valores da empresa. Se ficou definido, por exemplo, que a preocupação com o meio ambiente é um dos pilares do posicionamento da empresa, então não se deve aprovar o desenvolvimento de uma ideia que irá causar poluição ou a degradação dos recursos naturais.

- Alinhamento com o público-alvo definido: a ideia sugerida destina-se à população em geral ou a um público específico? Qual o tamanho deste mercado? Esta última pergunta é especialmente importante quando o alvo da ideia é um público tão específico que se tenha dúvida se vai proporcionar resultados compensadores.

- Potencial para desdobramento para outros públicos ou para algum nicho/ecossistema: atender a este requisito é um bônus porque o desdobramento possibilita maiores oportunidades de receita com menos investimento e menor custo.

- Alinhamento com as situações específicas, dores e ganhos selecionados: a observação deste ponto evita que se perca tempo executando uma ideia que não poderá ser implantada porque não se encaixa com as necessidades das pessoas ou com a proposição definida pela empresa.

- Possibilidade de personalização: ideias que já apresentam alguma possibilidade de personalização são sempre interessantes porque trata de uma tendência irreversível.

4) Apresentados os detalhes e possibilidades que envolvem as ideias selecionadas, o Comitê de Inovações fará a definição das ideias que julgar viável.

Algumas sugestões que podem ser consideradas interessantes, mas julgadas temporariamente inviáveis, devem compor um banco de ideias. Este arquivo de itens potencialmente inovadores deve ser consultado sempre que houver necessidade de um novo trabalho de geração de ideias e, neste processo criativo, seu conteúdo pode ser extraído diretamente para o processo de seleção ou pode ser usado para funcionar como estímulo na composição de conexões mentais. Algumas destas opções podem também ser pinçadas para substituir alguma ideia que tenha sido reprovada durante a fase de provas.

É importante ressaltar que, quando se envolve o quadro interno da organização para gerar ideias, os colaboradores que se empenham e acreditam ter desenvolvido boas sugestões criarão uma expectativa a respeito da escolha, principalmente se houver algum tipo de premiação envolvida. Portanto, para evitar algum tipo de frustração que pode causar uma desmotivação nos próximos processos, deve-se deixar claro qual será o critério de seleção. Aconselhamos que, se não for adotado o modelo de sorteio entre os que enviaram ideias, sejam premiadas as ideias que seguirem para a pré-seleção, mesmo que não cheguem efetivamente a ser eleitas para os passos seguintes. Até porque, caso cheguem a compor o banco de ideias, não haverá problemas se, tempos depois, venham a ser efetivamente realizadas. Também é importante deixar claro que estas ideias não foram arquivadas em definitivo, apenas serão implantadas em um momento oportuno, tão logo a empresa esteja em condições de fazê-lo.

Importante:

- É muito provável que algum bem/serviço que a empresa já oferece necessite ser estudado do ponto de vista de inovação. Caso se julgue necessário e isto não esteja na lista das ideias selecionadas, estes itens devem ser inseridos na lista dos produtos que podem ser trabalhados na prática 7.

5) O Coordenador de Estudos de Inovações fará a leitura final das ideias mais aceitas e perguntará se o Comitê concorda que sejam definidas como a escolha da empresa, preenchendo o quadro Prática 4.1.

Mas quantas ideias devem ser escolhidas?

Escolher uma ideia não significa apenas definir um número. Nos próximos passos da metodologia, as ideias serão melhor detalhadas, analisando-se qual equipe será necessária para sua operacionalização, estimando-se os custos para desenvolvimento e lançamento, examinando-se minuciosamente os seus concorrentes e definindo-se seu posicionamento mercadológico. Para ser bem feito, não há como fazer isso de modo rápido e fácil. Vai exigir um grau de análise que muitas pessoas não estão acostumadas a fazer, nem mesmo com os bens e serviços com os quais trabalham há anos. Toma tempo, envolve muita gente e exige dedicação. Portanto, o aconselhável aqui é que se defina um item para cada membro do Comitê. Se este for composto por 06 pessoas, escolham 06 produtos. Se o Comitê for composto por 08 pessoas, selecionem 08 produtos e assim por diante.

Isso não significa que as outras sugestões interessantes serão descartadas, apenas ficarão para outro momento, podendo ser sacadas da suplência caso uma das ideias escolhidas seja definitivamente implantada ou descartada posteriormente.

Após a definição dos bens/serviços/ações que serão melhor estudados, é necessário realizar a distribuição dos mesmos entre os membros do Comitê para que eles possam se dedicar ao detalhamento dos mesmos. Os membros podem se oferecer para cuidarem de alguma ideia, mas no caso de duas ou mais pessoas se voluntariarem para um mesmo produto sem que haja um acordo entre elas, deve-se realizar um sorteio, para que não pareça haver qualquer forma de favorecimento.

PAINEL 15 PINs – QUADRO FINAL DA PRÁTICA 4

Quadros Prática 4 e Prática 4.1

Após a finalização dos trabalhos da prática 4, o Comitê deve ter definido quais as possíveis ideias de personalização (que foram circuladas pela maioria dos seus membros), quais produtos serão melhor analisados e quem será o responsável por esse estudo mais detalhado, compondo os quadros Prática 4 e 4.1.

PAINEL 15 PINs - PRÁTICA 4
Personalização

O QUE SE PODE PERSONALIZAR?	QUANDO?	COMO?
- Escolha do prato que se deseja	- No restaurante	- Parceria com supermercado 24 horas: a pessoa escolhe os ingredientes e, caso não se tenha em estoque, o restaurante pega imediatamente no supermercado
		- Opção da pessoa usar a cozinha do restaurante para, acompanhada por um profissional, preparar o prato como queira
	- Na hora de fazer o pedido pelo site ou aplicativo	- Determinando-se uma certa antecedência, fazer o pedido conforme o cliente deseje
	- Em casa	- As pessoas poderão contratar um Chef que irá, com um auxiliar, à casa da pessoa preparar o prato (ou pratos) que a pessoa solicitou, levando inclusive os ingredientes e utensílios necessários

Figura 18: painel 15 PINs - Quadro prática 4

PAINEL 15 PINs - PRÁTICA 4.1
Produtos

IDEIAS ESCOLHIDAS	RESPONSÁVEL
- Restaurante multifuncional com vários ambientes distintos, possibilitando opção de happy hour (durante a semana) e lazer com a família (nos fins de semana) Pode ter espaço de doces, sorvetes, área kids bem diversificada, karaokê e clube da cerveja	- Pessoa A
- Espaço que reúne vários food trucks com um mix de diversos tipos de comida, em área comercial, oferecendo um espaço em que as pessoas possam relaxar, ver televisão ou conversar enquanto esperam a hora de voltar ao trabalho. Lembrando que os food trucks podem, à noite ou no final de semana, se deslocar para alguma outra área que tenha mais movimento nestes dias e horários	- Pessoa B
- Restaurante com ambiente mais reservado, podendo ser usado para almoço de negócios (durante o dia), para jantar romântico e espaço para chefs amadores cozinharem para pequenos grupos (à noite), podendo ter um espaço de cafeteria, clube do whisky ou clube do vinho	- Pessoa C
- Marmitaria com diversas especialidades (cardápio elaborado por chefs), inclusive com opções veganas e opções de alimentação restritivas, podendo oferecer também opções de comida congelada para serem vendidas em supermercados ou padarias	- Pessoa D
- Fast food com comida barata e com toque gourmet	- Pessoa E
- Supermercado com setor específico para oferecer opções para quem possui restrição alimentar	- Pessoa F
- Food truck com muitas opções para quem possui restrição alimentar	- Pessoa G

Figura 19: painel 15 PINs - Quadro prática 4.1

Caso necessário, pode-se criar outros quadros complementares.

PAINEL 15 PINs - PRÁTICA 4.1
Produtos

Continuação!

IDEIAS ESCOLHIDAS	RESPONSÁVEL
- Restaurante que todo dia ofereceria cardápios diferentes, sendo 01 opção com pratos básicos e outras 02 opções com especialidades diferentes	- Banco de Ideias
- Doceria com espaço para realização de festas infantis particulares	- Banco de Ideias
- Self service sem cozinha para as empresas. As empresas disponibilizariam o espaço para os funcionários almoçarem, mas não precisariam se preocupar em ter cozinha, pois seria levada a comida pronta e, ao final, seria recolhido o lixo resultante da refeição, deixando o espaço limpo	- Banco de Ideias
- Kit semipronto de frutos do mar para as pessoas prepararem e comerem em casa	- Banco de Ideias

Figura 20: painel 15 PINs - Quadro prática 4.1 (Continuação)

PAINEL 15 PINs – QUADROS DE PRODUTOS PARA AS PRÓXIMAS AÇÕES

A pessoa que ficar responsável por um produto, deve inicialmente receber uma cópia de todos os quadros consolidados nas práticas 1, 2, 3 e 4 para que possa fazer o seu estudo sem perder de vista o que foi definido anteriormente pela empresa em termos de problema primário, pessoas (público-alvo), panorama, posicionamento institucional, proposição e personalização.

PRAÇA

Como vimos anteriormente, a atividade empresarial existe em função das pessoas e, para isso, é preciso que os produtos cheguem até elas, onde quer que estejam, com a qualidade desejada, na quantidade certa, no menor tempo possível, da forma mais econômica e viável.

Efetivamente, ninguém é proprietário de nenhum bem ou usuário de algum serviço, mesmo que já o tenha pago, até que ele esteja à sua disposição para ser utilizado quando desejar. As pessoas têm todo o tempo do mundo para tomarem uma decisão de compra, mas uma vez efetivada a aquisição, querem dispor do bem ou serviço o mais rápido possível, ficando rapidamente impacientes com qualquer tipo de demora. Por este motivo, tudo o que tem a ver com o grupo Praça é de fundamental importância para as empresas porque está relacionado com a resolução efetiva do problema das pessoas, ou seja, está diretamente conectado com a satisfação de suas necessidades.

De maneira resumida, podemos afirmar que o grupo Praça envolve tudo o que está relacionado à disponibilização de um produto às pessoas e, basicamente, podemos dividir este tópico em dois subgrupos: local e logística.

LOCAL

Quando nos referimos ao local, temos em vista o espaço territorial no qual o produto será ofertado. Pode ser uma rua, avenida, bairro, comunidade, cidade, vilarejo, estado, distrito, país, continente ou até mesmo o mundo inteiro.

Definir o local é extremamente importante porque está diretamente relacionado com os custos e despesas, pois obviamente, quanto maior a abrangência de ação, maiores serão os investimentos necessários para o sucesso do negócio. Considerando que, ao se definir o local, serão feitos esforços de pontos de contato para estimular a compra pelas pessoas da área definida, é fundamental que a distribuição seja feita de forma eficiente a fim de que, após serem impactadas pela comunicação, as pessoas efetivamente encontrem o produto nos pontos de venda. Um desalinhamento nisto causará frustração no público-alvo e desperdício do valor investido na comunicação, bem como pode proporcionar vendas para os concorrentes porquê, tendo o desejo pelo bem/serviço atiçado e não tendo acesso ao produto comunicado, o cliente pode experimentar suprir seu desejo com outro que esteja disponível.

A definição de local deve sempre levar em consideração o panorama do mercado (especialmente no que se refere ao potencial de consumo e à concorrência), a capacidade produtiva (possibilidade de produzir a quantidade necessária para as pessoas da área escolhida ou, no caso de serviços, a capacidade de atendê-las satisfatoriamente), a capacidade logística (disponibilização efetiva ao público-alvo), a capacidade de investimento em pontos de contato (não adianta disponibilizar um produto e o público-alvo não tomar conhecimento disto) e os fatores culturais (idioma e peculiaridades locais).

Inovar no que se refere ao local é ser o primeiro a oferecer determinado produto na área escolhida, ou seja, ser pioneiro. O bem/serviço ofertado não precisa ser necessariamente inovador, mas o fato de uma empresa o oferecer antes de suas concorrentes, em uma determinada área territorial, demonstra a visão empreendedora de uma empresa e a qualifica como inovadora no fator Praça.

Planejamento da Expansão

Na definição do local, é muito simples escrever que deseja atuar em todo o continente ou mesmo no mundo inteiro. Isso não é impossível, mas é preciso estar estruturado para isso. Na história mundial, o grande erro de alguns dos grandes conquistadores foi que, ao desejar ter um império, resolveu expandir muito rápido sem consolidar as bases que havia conquistado, deste modo, seguiu em frente com sua ambição e deixou para trás áreas desguarnecidas.

Nunca podemos esquecer da 3ª Lei de Newton: "A toda ação há sempre uma reação oposta e de igual intensidade". Nos mercados, isso também ocorre. Os concorrentes reagem à sua ação e, muitas vezes, com muito maior intensidade. Se já existem concorrentes estabelecidos, eles não vão ficar parados aplaudindo o seu crescimento. Se ainda não existem concorrentes e você está navegando em um oceano azul, certamente em breve surgirão alguns predadores para agitar estas águas.

O ideal é seguir estes 3 passos: conquistar, consolidar e expandir.

1) Conquistar: é o ato de chegar a atuar na praça que você definiu com o impacto desejado, levando em consideração a logística e a necessidade de comunicação com o público local.

2) Consolidar: é conseguir estabelecer sua presença de forma sólida, alcançado o *market share* desejado no local e protegendo o espaço conquistado.

3) Expandir: não é necessário que se espere consolidar em um local para conquistar outro. Mas é fundamental saber que, uma vez que optou por atuar em uma praça, não se pode esquecer de manter as ações de consolidação, ou seja, é preciso estar atento à sua capacidade de acompanhamento do mercado dos locais conquistados.

A expansão desordenada e mal planejada pode fazer ruir todo o seu "império" colocando tudo o que você conquistou em risco. Através das redes sociais, uma falha grave em um determinado local se espalha imediatamente para o público de outras regiões, obrigando a empresa a ter que criar uma estratégia de gerenciamento de crise que poderia ser evitada se o seu crescimento fosse mais organizado e bem estudado.

LOGÍSTICA

Para o desenvolvimento de inovações neste subgrupo, é preciso pensar estrategicamente e conhecer os detalhes que envolvem o produto ofertado, desde a sua concepção até resíduos e rejeitos provenientes do seu uso, observando fatores como: produção (inclusive componentes utilizados), embalagem, armazenagem, distribuição, transporte, tempo (nos diversos processos envolvidos), prazo de validade, ciclo de consumo, possibilidade de logística reversa, entre muitos outros.

Conhecer a composição (matéria-prima e insumos) do produto é um importante ponto de análise porque daí decorrem fatores de interesse do grupo praça, tais como: perecibilidade, durabilidade, resistência, peso, vulnerabilidade a fatores externos, flexibilização de formatos, reutilização e reciclagem. Às vezes, a simples alteração de um componente, principal ou acessório, resulta em grandes benefícios para o consumidor e para a empresa.

A análise da embalagem é importante para a otimização do transporte e atendimento das necessidades das pessoas. Uma pequena mudança de formato, por exemplo, pode ocasionar uma grande economia para a empresa. Do mesmo modo, a escolha do material da embalagem pode alterar consideravelmente a armazenagem e o transporte, bem como interferir no prazo de validade do produto.

A questão do espaço tem a ver com os locais, tanto de produção quanto de venda e consumo, passando por aspectos como armazenamento, transporte e rotas de distribuição. Importante analisar também os locais onde os produtos são fabricados, onde são estocados, onde são adquiridos pelos clientes e onde são efetivamente consumidos, bem como conhecer todo o percurso/rota que existe neste processo, analisando-se as paradas e as conexões.

Cada vez mais, o tempo é um elemento importante para o sucesso das empresas e um fator de decisão das pessoas. Para ambos, ganhar tempo é um diferencial decisivo. Portanto, deve-se analisar todas as tecnologias disponíveis e observar aspectos como horários e períodos de compra e consumo. Vale salientar que o termo "comprado" envolve todas as formas de aquisição (onerada ou gratuita) e que a palavra "consumido" equivale a todas as formas de utilização do bem ou serviço. Também é importante destacar a questão da organização do inventário e das novas tecnologias de controle.

Em todos estes aspectos, a adequação das quantidades às demandas do público-alvo é um fator de extrema importância. Esta análise influencia na otimização da produção, armazenagem e distribuição.

Quando nos referimos ao ciclo de consumo, principalmente para efeitos de inovação no grupo praça, estamos observando as etapas pelas quais passa um produto, desde a sua preparação até o que resta após sua utilização. Deste modo, temos: pré-produção, produção, disponibilização, compra, uso/consumo e descarte (rejeitos e resíduos). Entender o que acontece com os bens e serviços em cada uma das fases do seu ciclo de consumo/utilização pode trazer grandes *insights* de inovação e de *marketing* de uma maneira geral.

A pré-produção está relacionada com a estratégia, pesquisa e desenvolvimento. No caso do subgrupo logística, tem forte ligação com a decisão sobre materiais e insumos. Na realidade, o que estudamos até agora na metodologia dos 15 PINs tem a ver com esta etapa, uma vez que ainda não iniciamos efetivamente a oferta dos produtos ao público.

Na análise da produção, além dos fatores composição, local e formatos, já vistos anteriormente, é importante verificar também aspectos como: produção contínua ou por etapas, terceirização, fornecedores dos componentes, produção por encomenda, personalização e muitos outros fatores que podem interferir no que se refere ao grupo Praça.

A questão da disponibilização envolve a análise da distribuição geográfica e das informações referentes ao mix de produtos, avaliação dos mercados reais e potenciais, possibilidade de franquias e cooperações, observação da concorrência e cenários, análise de fatores diversos (ambientais, tecnológicos, etc.), armazenagem e controle de estoque, transporte, frota, canais de distribuição, agentes, intermediários, assistência e contatos com o pessoal envolvido, controle dos prazos de validade, exposição, materiais de apresentação, equipamentos de pontos de venda e merchandising, entre outros.

Considerando que as pessoas normalmente compram um produto para, em um momento posterior, consumirem/utilizarem o mesmo, a análise dos fatores de decisão de escolha e de compra são fundamentais para a logística. Questões como o processo de escolha, comparação com os concorrentes, quantidade, frequência de compra e forma como se faz o pedido, entre outros, exigem uma observação atenta.

A fase seguinte tem a ver com o momento e a forma com que as pessoas fazem uso ou consomem o produto. Trata-se de um processo de conhecimento e análise resultante de pesquisas ou, principalmente, da observação direta. Há uma combinação com outros produtos? Quais os locais, circunstâncias e momentos de consumo? Com quem e como as pessoas compartilham esse momento? Qual a experiência no consumo e utilização? A que outros fatores estes momentos estão associados? Qual a importância de um serviço de assistência? Tudo isso e muito mais deve ser analisado e pode gerar excelentes *insights* de inovação.

Por fim, é de suma importância saber como as pessoas realizam o descarte do produto após seu uso. Entender o que as pessoas não aproveitam e como se desfazem dos rejeitos e resíduos pode também resultar em inovações. Sem esquecer de que se trata de um elemento fundamental para a questão da sustentabilidade ambiental. Neste aspecto, a logística reversa é um ponto que merece destaque. Seja praticada em virtude de lei ou por estratégia da empresa, esta prática pode se converter em um excelente diferencial competitivo para as empresas. Tratando do planejamento, operação e controle do retorno após a sua venda, a logística reversa está intimamente ligada à qualidade do produto e do processo de vendas, em virtude da devolução por defeito ou erro no processamento de pedidos, por exemplo. Está principalmente relacionada à destinação após o consumo, tratando da coleta, reutilização, reciclagem ou desmanche, propondo soluções para que os resíduos não virem lixo ou sejam descartados de maneira não apropriada. Neste processo, a empresa pode se beneficiar com a geração de recursos oriundos da reciclagem do material descartado ou mesmo na capitalização da imagem social da empresa ao expandir suas ações de coleta (em prol do meio-ambiente) ou ainda, se for possível, ao doar o material recolhido para instituições sociais que de alguma forma possam reutilizar ou se favorecer com a doação. Ou pode-se também oferecer um sistema de recompensa ou vantagem para o consumidor que ajudar a empresa neste processo.

Ainda sobre o tema da logística reversa, é importante salientar que anualmente centenas de bilhões de dólares são desperdiçados em negócios não explorados com os resíduos gerados. Conhecida como economia circular, uma nova forma de gestão de produtos propõe que fatores como manutenção, redistribuição, remanufatura, reutilização, reciclagem e serviços podem gerar novos modelos de negócios, como, por exemplo, o uso de eletrodomésticos que não utilizamos com muita frequência.

Será que o uso e o pagamento sob demanda não seria mais interessante do que a posse?

PAINEL 15 PINs - INSERINDO A PRAÇA

Quadro 10

1. No quadro 10, assinale possíveis praças ou locais de atuação. Pode ser um país, um estado, uma cidade, um bairro, uma região, uma rua ou até mesmo algum tipo de local que concentra algum público específico, como praias, parques, cinemas, escolas, etc.

2. Forma de disponibilização/entrega: anote elementos importantes e fatores críticos nas etapas de: pré-produção, produção, disponibilização, compra, uso/consumo e descarte (rejeitos e resíduos).

3. Em quais praças os concorrentes têm atuado? Os concorrentes têm utilizado alguma forma inovadora ou diferenciada de disponibilização do produto ao cliente?

PAINEL 15 PINs - QUADRO 10

Praça

NOME PROVISÓRIO DO PRODUTO (BEM OU SERVIÇO): *Pizzaria Popular*

PRAÇAS / LOCAIS DE ATUAÇÃO DOS CONCORRENTES

- *Região norte do país*
- *Movimento de expansão para a região nordeste*
- *Movimento de expansão para países vizinhos ao norte*

SUGESTÃO DE POSSÍVEIS PRAÇAS / LOCAIS

- *Região sul da Cidade em que já atuamos*
- *Bairro "x" porque percebemos que existem muitos pedidos de delivery para lá*
- *Atuar na cidade "y" ou no Estado "z"*
- *Enviar os kits semiprontos para qualquer local do país (site)*

OS CONCORRENTES TÊM UTILIZADO ALGUMA FORMA INOVADORA OU DIFERENCIADA DE DISPONIBILIZAÇÃO/ENTREGA DO PRODUTO AO CLIENTE?

- *Ponto de produção/entrega, sem área de atendimento ao público (mesas etc), em pontos estratégicos da cidade*
- *Venda de pizzas prontas em semáforos*
- *Venda de pizzas congeladas em supermercados*

SUGESTÃO DE FORMAS DE DISPONIBILIZAÇÃO / ENTREGA

- *Espaço físico em tal local*
- *Ponto de produção/entrega, sem área de atendimento ao público (mesas etc), em pontos estratégicos da cidade ou em outros municípios, apenas para delivery*
- *Venda de pizzas prontas em parques*
- *Tentar parceria com lojas de conveniência para a disponibilização dos kits semi-prontos*

Figura 21: painel 15 PINs - Quadro 10

POSICIONAMENTO (MERCADOLÓGICO)

Cada um dos produtos selecionados tem concorrentes e necessita diferenciar-se deles, através de seus atributos e/ou por meio de um posicionamento específico, ao qual chamamos de posicionamento mercadológico, que pode ser feito através de apelos racionais ou emocionais na busca de comunicar o que o produto faz, para quem se destina, porque o cliente deve comprá-lo e em que ele se destaca dos seus concorrentes.

O posicionamento mercadológico não se confunde de forma alguma com o institucional, pois este último abrange a empresa como um todo e abarca os diversos bens e serviços que ela oferta. Cada produto, por sua vez, tem um posicionamento mercadológico específico com foco em diferenciar-se de seus concorrentes no mercado em que atua. Ambos os posicionamentos também não são excludentes. Ou seja, é possível que o posicionamento de um bem/serviço possa ter um foco de vendas, reforçado pelo apelo institucional da empresa. Este tipo de posicionamento duplo, caso seja bem equacionado na sua comunicação, certamente renderá bons frutos ao produto e, consequentemente, à empresa.

Quando se busca a diferenciação mercadológica a partir dos aspectos concretos, são enfocados itens como composição, tamanho, durabilidade, *design*, características técnicas, potência, velocidade, disponibilidade, lugar de origem, serviços agregados e preço, entre outros. Nestes casos, temos um apelo racional, evidenciado pela comparação direta de um produto com outro baseado em determinadas características.

Entretanto, pode-se trabalhar com a diferenciação baseada em aspectos psicológicos, que estão ligados a elementos subjetivos como sensação de liberdade, prazer, realização pessoal, sucesso, merecimento e prestígio, por exemplo. Este tipo de abordagem tem um apelo emocional, vinculado a atributos intangíveis difíceis de comparar e de se copiar, porque promovem associações na mente das pessoas que, uma vez estabelecidas e consolidadas, não são facilmente removíveis.

A análise das proposições (dores e ganhos) é uma excelente ferramenta para a determinação do posicionamento mercadológico, que também deve estar em sintonia com todos os elementos dos pontos de contato. Por exemplo: não adianta querer posicionar uma empresa como moderna, se sua logo apresenta uma fonte clássica. O slogan também é um elemento fundamental, uma vez que busca sintetizar em uma frase a essência do posicionamento definido. A dificuldade de uma marca em encontrar seu posicionamento pode apresentar um flanco aberto na estratégia das empresas, permitindo que concorrentes (antigos ou novos) possam se posicionar como primeiros ou especialistas em determinados segmentos.

Para se estabelecer um posicionamento mercadológico de forma correta, é preciso ter foco, evitando expressar para as pessoas uma qualidade que é necessariamente inerente ao segmento de atuação da empresa. Até é possível (e em alguns casos é recomendável) que se deva suscitar a lembrança da categoria da qual fazem parte, porém, o mais importante é fazer emergir alguma qualidade que foi definida como a mais notória, peculiar e benéfica para as pessoas.

Um erro comum é dizer com outras palavras o que as empresas concorrentes já estão dizendo. Al Ries e Jack Trout ressaltam que "duas empresas não podem representar a mesma palavra na mente" das pessoas. Se uma empresa está se posicionando com foco em um conceito que já está associado a outra empresa, corre o sério risco de estar reforçando a posição de sua concorrente.

Também vale a pena ressaltar que o conceito escolhido deve ter conexão com a realidade. De nada adianta trabalhar com um slogan do tipo "o número 1 na escolha das pessoas", se a marca não for efetivamente o número 1 na escolha das pessoas. Neste caso, as pessoas vão fazer uma análise mental, verificar que o referido produto não ocupa a posição citada em sua percepção, nem na percepção coletiva, e vão repudiar a marca, desconfiando de qualquer informação ou atributo que ela divulgue.

Quanto ao público-alvo, é importante salientar que o posicionamento não vai só atingir e chamar a atenção apenas das pessoas que se encaixam no foco dele. O posicionamento alcança todas as pessoas, atraindo também aquelas que simpatizam ou almejam estar no grupo focado. Por exemplo, se uma empresa mira a classe de esportistas, vai alcançar os atletas profissionais, os amadores e vai também impactar os não atletas que sabem que o esporte é importante, bem como aqueles que desejam ser vistos como esportistas. Além disso, como resultado do alcance a todas as pessoas, a marca vai ser escolhida por qualquer tipo de comprador no momento de presentear alguém que se encaixa no perfil de esportista.

O posicionamento mercadológico obviamente não é imutável, mas é um conceito duradouro que precisa estar alinhado com os objetivos mercadológicos. Entretanto, enquanto o produto estiver no período de prova ou, em situações específicas, depois de algum tempo, o posicionamento poderá ser ajustado.

Eventuais mudanças no posicionamento mercadológico devem ser feitas de maneira inteligente, de modo a não estabelecer possíveis confusões na mente do consumidor. Por exemplo, se uma marca possui um posicionamento baseado na tradição, deve ter o cuidado ao comunicar algo ligado a uma modernização específica (processos, pagamento, etc.) ou no lançamento de um novo bem/serviço. Neste caso, é aconselhável transferir a característica da tradição (confiabilidade) para o novo produto e não o contrário. Este exemplo também serve de alerta para o fato de que não é porque uma marca adotou determinado posicionamento que deva ser displicente com outras características e atributos.

INOVANDO NO POSICIONAMENTO (MERCADOLÓGICO)

Para inovar neste grupo de inovação, deve-se primeiramente relacionar os pontos de paridade do segmento, além dos pontos comuns e pontos de diferença dos seus concorrentes.

Os pontos de paridade são as associações que as pessoas fazem e que definem, a grosso modo, que tipos de características são necessárias para que um produto possa ser considerado como fazendo parte de um determinado segmento. Por exemplo, um sabão em pó normalmente é apresentado em caixa de papelão em formato de paralelepípedo reto ou, com uma percepção de qualidade inferior ou econômica, em uma embalagem tipo saco de plástico. Neste sentido, talvez as pessoas apresentem alguma resistência para associar como membro deste segmento, um produto com embalagem de vidro em formato cilíndrico, por exemplo.

Mas nada impede que um possível "desenquadramento" dos padrões não possa ser explorado como uma diferenciação, porém é uma estratégia que exige um grande investimento em comunicação porque não adianta falar de diferenciais competitivos se as pessoas não souberem em que categoria o produto está enquadrado e, consequentemente, não identificarem quais são os seus concorrentes. Caso se opte pela quebra de pontos de paridade, algumas estratégias que podem ajudar o consumidor a enquadrar o produto em uma categoria são: inserir o nome do segmento em sua marca ou slogan, descrever sua finalidade (deixando claro o seu segmento), comunicar os benefícios (induzindo as pessoas a, automaticamente, enquadrá-lo em determinada categoria) e compará-lo com concorrentes que sejam referência no segmento.

Os pontos comuns são aqueles fatores que normalmente são utilizados pelos *players* do segmento, mas que não chegam a configurar um ponto de paridade. Por exemplo, no caso do sabão em pó, podemos verificar que existe uma certa padronização nas formas de uso (tanque ou máquina de lavar), etc.

Uma vez estabelecidos estes pontos de paridade e pontos comuns, revela-se então aqui a primeira oportunidade de inovação que pode levar as empresas a alcançarem o que W. Chan Kim e Renée Mauborgne definiram como "Oceano Azul". A partir da análise dos pontos, pode-se propor uma nova concepção para o segmento de atividade, questionando-se o valor de cada um destes fatores, excluindo, reduzindo ou intensificando alguns e ainda adicionando outros, de modo a criar uma categoria nova, exclusiva. O mais notório exemplo desta estratégia é o Circo de Soleil, que aboliu o uso de animais como atrações e abriu mão de contratar astros circenses. Por outro lado, adotou um tema para cada espetáculo, com várias produções musicais e artísticas integradas (agregando elementos de teatro e balé), em um ambiente refinado e confortável que não eram típicos dos circos comuns. Dos pontos comuns com os demais circos, podemos dizer que restou o uso do picadeiro (de uma forma diferenciada), alguns tipos de atrações próprias do segmento (malabaristas, palhaços, etc.), apresentações com alguns momentos de tensão e perigo e, de fundamental importância, o nome "Circo". Deste modo, o Circo de Soleil conseguiu se posicionar como representante exclusivo de um novo padrão de espetáculo circense, possibilitando trabalhar com um preço mais elevado.

Considerando que não há dúvidas a respeito do segmento e que já sabemos quais são os seus pontos de paridade e pontos comuns, o próximo passo é analisar os pontos de diferença, que são as características e atributos favoráveis que as empresas trabalham para diferenciar-se das demais concorrentes, de modo que lhe pareçam ser de propriedade exclusiva. Os pontos de diferença compõem a essência do posicionamento, estabelecendo o que deve nortear a formação da percepção que as pessoas devem ter sobre aquela empresa ou produto.

Deve-se avaliar os pontos de diferença das empresas concorrentes analisando-se o posicionamento mercadológico delas, verificando quais são as suas proposições e quais pessoas querem atrair. O mais importante neste momento é mapear o segmento, buscando possíveis lacunas que os *players* estejam deixando.

A análise do público que não gosta de consumir a marca líder por algum motivo pode, caso isto seja relevante, revelar uma oportunidade, pois pode permitir que a nova concorrente aborde um posicionamento diferenciado e amplo, enquanto a marca líder mantém-se aprisionada ao seu posicionamento original.

Outra alternativa, um pouco arriscada, é desqualificar as concorrentes e se estabelecer como a marca de qualidade real. Para isso, é preciso estar embasada em dados e observar a ética na comunicação. Porém, ainda assim, essa estratégia só terá efeito positivo se as pessoas tiverem ciência e acreditarem nesta informação. Lembrando sempre que o concorrente em foco irá certamente reagir e provocar uma guerra de comunicação, onde certamente quem tiver maior credibilidade e maior poder de investimento será a marca vencedora.

Há ainda a chance de, havendo pontos comuns que sejam negativos, se posicionar como solução a esta "falha". Por exemplo, se todas as marcas de um certo produto são difíceis de preparar, é interessante se posicionar como a opção mais fácil de usar (caso isto seja efetivamente verdadeiro).

Também pode-se reunir duas qualidades de relevância. Por exemplo, a marca A se destaca pelo fator X e a marca B se destaca pelo fator Y. Sua marca pode se posicionar como possuidora dos fatores X e Y (caso realmente possua estas características), ou de algum outro fator.

Importante:

- Steve Blank e Bob Dorf, alertam que a escolha pelo uso de "superlativos vagos, como o mais fácil, melhor e o maior, carece de significado. Reivindicações demonstráveis que podem ser provadas, como mais rápido e mais barato, são contundentes".

Uma excelente opção é inovar ao estabelecer uma nova categoria em que seja o primeiro. A cada dia que passa, as pessoas tornam-se mais exigentes e isso leva naturalmente à expansão e segmentação das categorias.

Por fim, é importante salientar que a adoção de uma estratégia de posicionamento (seja institucional ou mercadológico) não é obrigatória. Entretanto, a percepção das pessoas sobre determinada marca existe independentemente do desejo de seus proprietários. Deste modo, se as empresas ativamente não buscarem fazer com o público tenha a percepção desejada por elas, estará deixando para as pessoas esta atribuição (que certamente terá resultados caóticos), não irá agregar valor (deixará a empresa/produto competindo praticamente em função do preço) e ficando completamente vulnerável à ação dos concorrentes e aos movimentos do mercado.

PAINEL 15 PINs – INSERINDO O POSICIONAMENTO (MERCADOLÓGICO)

Quadro 11

1. Anote os pontos de paridade, os pontos em comum e os pontos de diferença da ideia em estudo.

2. Anote empresas e produtos concorrentes que possuam posicionamento mercadológico bem definido e, do seu ponto de vista, interessantes e dignos de nota.

3. Anote possíveis posicionamentos mercadológicos que você julgue interessante para o bem/serviço que está analisando, observando possíveis elementos de diferenciação, ou seja, lacunas não ocupadas pelos concorrentes.

PAINEL 15 PINs - QUADRO 11

Posicionamento (Mercadológico)

NOME PROVISÓRIO DO PRODUTO (BEM OU SERVIÇO): *Pizzaria Popular*

PONTOS DE PARIDADE	PONTOS COMUNS	PONTOS DE DIFERENÇA
- *Pizzas redondas* - *Massa + recheio*	- *Formatos brotinhho, pequeno, médio, grande ou família*	- *Algumas pizzarias só têm estrutura de entrega (não se come no local).* - *Algumas embalagens possuem formato diferenciado* - *Em algumas pizzarias você compra a pizza e ganha o refrigerante* - *Rodízio de pizza*

CONCORRENTES	POSICIONAMENTO MERCADOLÓGICO
- *Pizzalow* - *Quadpizza*	- *Menos calorias e mais sabor* - *Pizza em formato quadrado*

POSSIBILIDADES DE POSICIONAMENTO MERCADOLÓGICO / DIFERENCIAÇÃO
- *Venda de pizza brotinho + suco para as crianças, junto com um brinquedo* - *Pizza em diversos formatos (coração, estrela, etc)* - *Pizza em forma de coração no dia dos namorados* - *Possibilidade das pessoas definirem os ingredientes da sua pizza*

Figura 22: painel 15 PINs - Quadro 11

PAGAMENTO (PREÇO/FONTES DE RECEITA)

O grupo pagamento envolve todas as questões relacionadas a valores, custos, despesas, monetização, formas de receita e precificação, inclusive a oferta de produtos gratuitamente para as pessoas.

Atenção: caso trabalhe em uma instituição governamental ou em uma organização sem fins lucrativos, pode achar a princípio que este grupo não é aplicável para você. Mas seja qual for o tipo de organização, ela possui despesas e, portanto, alguém precisa pagar a conta. Uma empresa sem fins lucrativos significa que despesas = receitas, portanto, quanto mais arrecadar, mais poderá oferecer no atendimento ao objetivo que se propõe. Uma instituição governamental que conseguir uma fonte de renda criativa ou realizar as ações através de parcerias, obviamente poderá oferecer muito mais à população.

PRECIFICAÇÃO

A definição do preço é parte de uma estratégia que envolve os custos e despesas, o valor agregado, o perfil do público-alvo, o grau de proteção contra imitações e o lucro desejado. Ao criar uma inovação, o empreendedor fica tentado a aplicar o preço mais alto possível, maximizando o seu lucro. Entretanto, se o seu público-alvo não perceber o valor agregado suficiente para justificar este preço ou se os clientes potenciais não tiverem o poder de compra imaginado, o resultado será desastroso. Por outro lado, se o preço estratégico para atrair os compradores não for suficiente para cobrir os custos/despesas ou não apresentar uma margem de lucro satisfatória, melhor mudar de negócio.

Caso a inovação não possa ser protegida através dos recursos legais (veja capítulo sobre o grupo Proteção), aplicar um preço muito alto vai possibilitar uma alta margem de lucro, mas também vai atrair muitos concorrentes para o seu ramo de atividade, de olho numa fatia deste negócio tão lucrativo. Portanto, nestes casos, o ideal é estabelecer um preço adequado para o público-alvo, porém que faça possíveis concorrentes pensarem duas vezes antes de entrar neste mercado.

De toda forma, deve-se evitar o erro de definir seu preço unicamente em função dos que são praticados pela concorrência. O ideal é definir o preço que será atrativo para o público-alvo e, a partir daí, verificar como sua estrutura de custos deve ser ajustada para tornar possível trabalhar com o valor definido. Muitas pessoas enaltecem Henry Ford pela utilização otimizada da linha de montagem, o que proporcionou a venda de carros a um preço acessível. Mas, na verdade, as coisas aconteceram de modo contrário: ele estabeleceu o valor que teria que oferecer para tornar os seus veículos atraentes para seu público-alvo e, a partir daí, teve que moldar o seu processo de produção para chegar a um custo viável. Vejamos o que ele disse a respeito da precificação: "Nossa política consiste em reduzir o preço, ampliar as atividades e melhorar o artigo. (...) Nunca consideramos fixos quaisquer custos. Por isso, primeiro reduzimos o preço até o ponto em que acreditamos que haverá mais vendas. (...) O preço baixo faz com que todo o mundo lute para conseguir lucros". Note que essa política de precificação força a busca por inovações para baratear a produção e a logística. Mas vale ressaltar que um dos pontos iniciais é a melhoria do artigo, ou seja, a busca por um preço atrativo não pode comprometer a qualidade do produto. Isso aumenta ainda mais o desafio da inovação.

FONTES DE RECEITA

Diversas empresas se destacam por apresentar em seu modelo de negócio uma forma alternativa de monetização, diferente do tradicional pagamento à vista ou a prazo, no momento da compra ou a posteriori, em parcela única ou em múltiplas, entre outras tantas possibilidades.

Hoje é muito comum vermos produtos oferecidos a custo zero para os clientes, sendo as empresas ofertantes remuneradas por terceiros. Não é, claro, um modelo novo. Televisão e rádio já fazem isto há muito tempo, mas, principalmente nos meios digitais, cada vez mais temos diversos tipos de negócios baseados nesta forma de remuneração cuja moeda de troca para os anunciantes é a grande quantidade de usuários que acessam a plataforma e terão contato com o que está sendo ofertado.

Na verdade, a oferta de algo "grátis" é extremamente comum hoje em dia, de modo que as pessoas têm à sua disposição um leque de opções de serviços pelos quais não precisam desembolsar nenhum valor financeiro. Porém, tudo tem um custo e, obviamente, esta conta precisa ser paga por alguém e, em alguns casos, o pagador são usuários que precisam de mais recursos ou desejam mais benefícios além dos que são gratuitamente oferecidos. Para isso, a empresa precisa possuir uma estrutura bastante enxuta, atuar em um mercado de grande alcance e oferecer um produto escalável, de modo que o custo de disponibilização não aumente proporcionalmente ao número de utilizações.

Entretanto, não é pelo fato de uma empresa ou determinado ramo de atividade oferecer um produto de forma gratuita que não se possa ofertar algo pago. Veja o caso das TVs. As emissoras de televisão, no princípio de sua atividade, ofereciam o acesso gratuito, sendo remuneradas em função da publicidade. Posteriormente, foi criada a TV fechada, por assinatura. Depois foram introduzidas as opções de pagamento *on demand* e serviços pré-pagos. Algumas empresas oferecem canais básicos (abertos para qualquer tipo de assinatura) ou canais diferenciados disponíveis mediante um pagamento mensal adicional. Por fim, temos a cobrança de assinatura para se ter acesso a vídeos por *streaming*. Todas estas formas de receita, em determinado momento, foram inovadoras neste segmento.

Mas para ser inovador com relação às fontes de receita, não significa que seja necessário criar uma nova forma de pagamento. Talvez baste simplesmente introduzir uma das formas já existentes de uma maneira original e inédita no seu setor de atuação.

Abaixo, listarei uma série de fontes de receita que são usadas no mercado:

- Venda do produto: é a forma mais básica de pagamento, em que se cobra um valor pelo bem ou serviço oferecido, podendo ser à vista ou a prazo;

- Disponibilização de espaços publicitários: exibição de diversas formas de publicidade, independente do bem ou serviço ser oferecido gratuitamente ou não;

- Cobrar para que as pessoas tenham acesso a conteúdo sem publicidade;

- Ceder gratuitamente um produto para alguns usuários e cobrar de outros tipos de usuários (exemplo: não cobrar de pessoas físicas e exigir pagamento de pessoas jurídicas), com ou sem vantagens adicionais;

- Receber pela intermediação de transações. A empresa oferece um serviço ou plataforma que facilita a transação entre partes e recebe um pagamento (fixo ou variável) por isto;

- Locação de produto, *factoring*, etc.;

- Cobrar um valor mensal (assinatura) pela oferta de produto próprio ou produzido por terceiros;

- Reunir pessoas para juntas pagarem, normalmente a cada mês, por algo que será destinado a uma delas, até que todas recebam o bem/serviço. O que conhecemos como consórcio, modelo de negócio em que o organizador recebe um percentual sobre os valores cobrados;

- Vender via leilão, em que a proposta mais alta fica com o produto;

- Oferecer benefício por indicações e/ou afiliações;

- Oferta de lista de clientes, pessoas cadastradas ou bancos de dados de uma maneira geral (desde que autorizados pelos usuários);

- Oferecer um equipamento (gratuitamente ou por um baixo valor) e lucrar com a venda dos insumos necessários para o seu funcionamento, venda de acessórios ou mediante a cobrança de serviços necessários;

- Cobrar pela oferta de um benefício estendido;

- Oferecer descontos ou benefícios pela compra antecipada;

- Oferecer descontos ou benefícios para as compras em período de baixa (horários, dias, meses);

- Cobrar somente pelo que for efetivamente utilizado ou consumido;

- Baratear consideravelmente ou ceder gratuitamente o bem/serviço por um período de tempo para, após esse prazo, cobrar o valor integral;

- Dar um novo produto junto com outro (já conhecido e de boa aceitação), para fazer com que as pessoas experimentem o primeiro;

- Dar um produto com a expectativa de que gere uma demanda para outro bem ou serviço;

- Oferecer pacotes promocionais (compre a+b e economize X%).

- Ceder gratuitamente apenas uma quantidade limitada do produto e, após atingido este limite, cobrar para que se possa ter ou acessar mais;

- Ceder gratuitamente o acesso a algumas funcionalidades ou tipo de conteúdo, mas cobrando para que o usuário tenha acesso a outras funções ou seções específicas. Modelo conhecido como "freemium", junção de *free+premium*;

- Dar um brinde na compra de um produto;

- Cobrar por algum serviço complementar (frete, embalagem, garantia adicional, etc.);

- Baratear consideravelmente ou oferecer gratuitamente algum serviço complementar normalmente cobrado (frete, embalagem, garantia adicional, etc.);

- Baratear consideravelmente ou ceder gratuitamente uma das partes do serviço (por exemplo: oferecer viagem de ida grátis e cobrar pela viagem de volta);

- Baratear consideravelmente ou ceder gratuitamente o acesso ao produto para algumas pessoas, servindo de isca para atrair outras (público-alvo);

- Oferecer condições especiais nas compras acima de determinado valor;

- Oferecer bonificação em função da constância ou relevância da utilização;

- Oferecer desconto na próxima compra;

- Oferecer descontos progressivos para compras maiores;

- Oferecer cupom de desconto para atrair novos consumidores e/ou evitar que eles comprem em outro local (fidelização);

- Oferecer desconto em parcelas iniciais mediante contrato de longo prazo com parcelas mais altas posteriormente. Ou oferecer o inverso;

- Oferecer desconto ou isenção de pagamentos de parcelas (normalmente as últimas) mediante a adimplência das demais parcelas;

- Oferecer desconto, bonificação ou restituição de valor pago mediante o cumprimento de determinadas condições;

- Oferecer bens/serviços de graça para aumentar o número de usuários ou compor banco de dados para uso próprio, ou de terceiros pagantes;

- Oferecer produtos gratuitamente mediante ação que evita a contratação de pessoas que deveriam ser pagas (exemplo: acesso a algo mediante resposta a uma pesquisa ou preenchimento de uma informação, ou tradução);

- Oferecer o compartilhamento de produtos ao invés de sua venda, sendo remunerado pelo serviço e/ou pela intermediação;

- Cobrar ou intermediar pagamento para que as pessoas (do seu banco de dados, usuários, seguidores, etc.) contratem algo;

- Fazer com que pessoas paguem direta ou indiretamente por algo que ainda não existe ou que existe em escala pequena, mas que pode oferecer algum benefício posterior para quem colaborou ou para a sociedade de uma maneira geral. Exemplo: investimentos, *crowdfunding*, organismos governamentais;

- Ser remunerado em função do benefício ou resultado (redução de custos, aumento de receita, aprovação de projeto, etc.) que se proporciona a alguma empresa ou alguém;

- Desenvolver ou idealizar algo e permitir (mediante pagamento) que outro comercialize de uma forma geral ou insira isto em seus produtos;

- Permitir que as pessoas paguem quanto acham que devam pagar;

- Pagar às pessoas para usarem o produto, uma vez que isso possa trazer benefícios que compensem este repasse.

Esta lista não pretende ser exaustiva, muito pelo contrário, afinal queremos que as empresas inovem cada vez mais no que se refere às fontes de receita. Muitas destas opções podem inclusive ser trabalhadas simultaneamente, oferecendo opções variadas para públicos diversos. Porém, quanto mais fontes de receita você trabalhar, mais preocupações você terá e isso, principalmente quando o negócio está no início, pode ser um elemento complicador. Observe com cuidado se isso não irá atrapalhar na gestão da empresa, gerar conflito entre públicos-alvo distintos ou dificultar a análise de dados.

Importante:

- De acordo com a estratégia utilizada, tenha sempre em mente quais argumentos deverão ser utilizados na comunicação, verificando-se a possibilidade de utilização de gatilhos mentais como escassez e benefícios, por exemplo.

Todas estas e outras possibilidades devem ser pensadas levando-se em consideração, obviamente, o perfil do público-alvo, o valor do produto, o tamanho do mercado, a estimativa de vendas e a previsão de crescimento. Lembrando-se sempre que "o papel aceita tudo" e que, portanto, deve-se ter cuidado com estimativas irreais ou acentuadamente otimistas.

Inovação nos meios de pagamento

Além de buscar inovação nas fontes de receita, é possível inovar nos meios de pagamento, ou seja, pode-se oferecer novos recursos tecnológicos para que o valor em questão seja efetuado de forma diferenciada, como, por exemplo: pagamento através de dispositivos diversos, formas alternativas de pagamento *online*, reconhecimento físico e muito mais.

PREVISÃO DE FATURAMENTO

Não se pode investir em um negócio sem saber quanto ele pode render e, para isso, é preciso ter uma noção de quanto será sua receita mensal. Sabemos que é muito difícil fazer uma estimativa desse tipo para algo que ainda não está em operação. Mas é necessário ter uma ideia desses valores.

A melhor possibilidade de fazer isso é estimar quanto os concorrentes em média estão ganhando. Porém, é preciso considerar ações que eles estão fazendo e seu negócio, pelo menos inicialmente, não irá realizar. Bem como é necessário respeitar a proporcionalidade de diversos fatores, como quantidade de pontos de venda, quantidade de itens ofertados, valor da marca, investimento em comunicação. Se você está abrindo uma farmácia, não pode simplesmente se basear no faturamento do *player* de referência. Sua previsão será mais realista se usar como parâmetro uma farmácia de bairro.

Temos sempre o sentimento e a esperança de que a inovação será um enorme sucesso de vendas. Mas o mundo real nem sempre está alinhado com os nossos sonhos. Então, é melhor que as projeções sejam de conservadoras a moderadas. Previsões descoladas da realidade levarão a decisões de investimento erradas e a frustrações de todas as partes envolvidas.

O primeiro ano é de fundamental importância para o negócio porque ele vai nos permitir saber como será a recepção do nosso produto pelo público-alvo e dará a indicação do que precisa ser ajustado para garantir o seu sucesso. Portanto, devemos ter em mente que o faturamento é apenas uma referência.

Porém, o mais importante é que buscar essa análise fará a empresa conhecer muito do seu mercado e dos seus concorrentes. Não podemos ficar brincando de fazer inovação. O que precisa ser feito, deve ser feito. E o que deve ser feito, precisa ser bem feito. Se tem um levantamento a fazer, faça-o com seriedade. Essa informação, bem como a análise de custos, exige uma grande dedicação. É um trabalho chato de se fazer, mas é de fundamental importância porque a comparação entre a previsão de receitas e o levantamento de investimentos será decisiva para a escolha dos produtos que serão desenvolvidos.

Obviamente, a maioria dos produtos não proporcionará o retorno do investimento realizado em apenas 01 ano. Isso é quase impossível. Mas a empresa também não pode se dedicar a algo em que os custos de investimento sejam demasiadamente altos em relação à previsão de faturamento. Se alguma ideia se revelar assim, mas tenha em seu cerne algo que mostre uma grande potencialidade, talvez seja interessante buscar alguma parceria para diminuir custos ou uma sociedade para dividir o investimento.

Por fim, vale lembrar que produtos que não sejam bens ou serviços, e se classifiquem como inovações pontuais, podem não exigir este levantamento.

PAINEL 15 PINs - INSERINDO PAGAMENTOS

Quadro 12

Diante das opções de produtos possíveis, devemos assinalar com quais formas de receita que se pode trabalhar. Não é necessário que, neste momento, seja estabelecida a opção definitiva de pagamento, uma vez que, juntamente com as outras hipóteses, haverá a realização de provas. Ou seja, as opções de pagamento ainda serão alvo de validação.

Devemos preencher o quadro 12 verificando se há alguma observação a ser feita sobre alguma das opções já apresentadas no formulário, sendo possível também inserir alguma outra fonte de receita que você ache interessante para o bem/serviço.

Por fim, estabeleça uma previsão de faturamento para o primeiro ano, considerando o mercado do ramo de atividade do produto em estudo.

Observação: o campo referente à margem de lucro só será preenchido posteriormente, após a análise das despesas de operação.

PAINEL 15 PINs - QUADRO 12

Pagamento (Preço / Fontes de Receita)

NOME PROVISÓRIO DO PRODUTO (BEM OU SERVIÇO): *Pizzaria Popular*

PRECIFICAÇÃO

- Estabelecer o preço de cada item do cardápio de acordo com a proposição definida e em função dos custos e despesas, principalmente os ingredientes que forem utilizar nos pratos oferecidos, bem como observando os serviços adicionais que serão ofertados

MARGEM DE LUCRO

FORMAS DE PAGAMENTO / FONTES DE RECEITA

- Pagamento via cartão de crédito, débito ou pix

- Plano de fidelidade

PREVISÃO DE FATURAMENTO

Mês 1 - Estimativa: R$ X.XXX
Mês 2 - Estimativa: R$ X.XXX
Mês 3 - Estimativa: R$ X.XXX
Mês 4 - Estimativa: R$ X.XXX
Mês 5 - Estimativa: R$ X.XXX
Mês 6 - Estimativa: R$ X.XXX
Mês 7 - Estimativa: R$ X.XXX
Mês 8 - Estimativa: R$ X.XXX
Mês 9 - Estimativa: R$ X.XXX
Mês 10 - Estimativa: R$ X.XXX
Mês 11 - Estimativa: R$ X.XXX
Mês 12 - Estimativa: R$ X.XXX

Figura 23: painel 15 PINs - Quadro 12

PRÁTICA 5

A partir de agora, a prática segue um caminho diferente. Uma vez que já temos os produtos escolhidos, o contexto passa a ser de análise dos itens e detalhes que compõem esses bens, serviços ou ações.

Os encarregados preencheram suas fichas com informações e agora, em uma ordem definida preferencialmente através de sorteio, devem apresentar aos demais membros do Comitê os pontos abaixo referentes ao "seu" produto.

1) Com relação ao problema primário, pessoas (público-alvo), panorama, posicionamento (institucional), proposição, personalização e praça: durante os estudos complementares, foi detectada alguma coisa relevante (positiva ou negativamente) que mereça ser colocada em destaque agora?

2) Posicionamento mercadológico: este fator está bem definido e está em sintonia com o posicionamento institucional da empresa? Os diferenciais são atrativos e fáceis de comunicar para o público-alvo? As pessoas irão compreender facilmente estes diferenciais em relação aos seus concorrentes? Esse posicionamento pode ser copiado facilmente, perder a relevância e deixar de ser um diferencial?

3) Pagamento (fontes de receita e precificação): quais são as formas de pagamento cabíveis, qual o preço sugerido de acordo com os custos envolvidos e qual a margem de lucro estimada?

Importante:

- É preciso ter em mente que, mesmo quando há grande potencial de mercado em função do tamanho do público-alvo, temos que ter consciência de que vivemos num mundo em que as pessoas possuem recursos limitados e os resultados esperados podem demorar a acontecer, dependendo inclusive de fatores como o hábito dos consumidores, estratégias dos concorrentes e investimento em comunicação. Portanto, é bom saber qual o preço médio do mercado, o potencial real de vendas e as margens de lucro. Lembre-se de que é preciso ter cuidado para não fantasiar possíveis resultados. Obviamente, esta é uma avaliação preliminar e esta análise certamente vai precisar de um aprofundamento, mas se os números neste momento já não se mostrarem interessantes, é bom ter um pouco de cautela. Por outro lado, quanto menos convencional for a ideia e quanto maior for o seu perfil disruptivo, mais difícil será esta avaliação. Alguns especialistas, diante de ideias assim, podem dizer que as pessoas nunca irão pagar por nada do tipo e outros podem enxergar um oceano azul, um novo mercado a ser desbravado.

Diante de cada ponto apresentado, cada membro do Comitê deve se pronunciar, definindo se:

1) Concorda integralmente com a análise;

2) Concorda parcialmente, apresentando os pontos de discordância; ou

3) Discorda totalmente, apresentando sua justificativa para tal posição.

Após a apresentação de todos e discussão sobre as opiniões levantadas acima, que pode levar a mais de um dia de reunião, o Comitê vai definir se:

• Alguns pontos precisam de revisão e/ou maiores estudos, devendo ser marcada uma nova reunião para apresentar estas análises;

• O produto está pronto para seguir para os próximos estudos complementares; ou

• O produto deve ser excluído do processo seletivo, definindo então se o encarregado da referida análise deve ocupar-se com outra ideia que ficou na lista de espera ou não, podendo, nesse caso, ser deslocado para apoiar algum companheiro que está encarregado de outro produto que prossegue em análise.

PESSOAS (COLABORADORES)

Anteriormente estudamos o grupo pessoas sob a ótica do público-alvo, nesse capítulo nosso foco está voltado para o time que, direta ou indiretamente, trabalhará com o objetivo de concretizar os produtos.

Ninguém constrói nada sozinho. O quadro de colaboradores de uma empresa é de fundamental importância para o sucesso dela. Neste aspecto, é primordial formar uma equipe dedicada e alinhada com os objetivos da corporação.

Uma empresa, por menor que seja, precisa exercer atividades diversas e, quanto mais ela tiver talentos desenvolvendo estas ações, melhor será seu resultado. É praticamente impossível alguém deter todos os conhecimentos e habilidades necessárias para o funcionamento satisfatório do empreendimento. E nenhum setor de nenhuma empresa estará em segurança apoiada em apenas uma pessoa.

Especificamente no que se refere à inovação, além da definição da equipe que será necessária para desenvolver as ideias em estudo, temos que enxergar os colaboradores sob dois pontos de vista:

- Gestão inovadora de equipes
- Gestão de equipes para inovações

Gestão inovadora de equipes

Sob esta perspectiva, temos em vista como ser inovadores na gestão dos colaboradores da empresa. Isso pode ser feito através da alteração das funções, reformulação do sistema de trabalho das equipes ou pela mudança de composição dos times de colaboradores.

Temos numa empresa diversos setores: vendas, RH, contabilidade, cobrança, produção, central de relacionamento, *marketing*, almoxarifado, atendimento, entre outros. Comumente, estas equipes são formadas por profissionais que tradicionalmente ocupam as funções previstas naquele departamento. Assim, trabalham no setor de contabilidade as pessoas graduadas em contabilidade. No setor de RH trabalham as pessoas com formação acadêmica correlata. E assim por diante. Alterando este pensamento, podemos inovar na variação de atribuições ou empoderamento que damos às pessoas dos times. Podemos subordinar, por exemplo, a central de relacionamento ao departamento de vendas e *marketing*. Ou podemos fazer com que todos os membros da equipe de atendimento tenham maior autonomia, com a capacidade de resolver problemas imediatamente sem consultar sua chefia imediata. Podemos também nomear líderes (entre os não-gestores) para representar a equipe do departamento em reuniões na diretoria. Podemos, ainda, fazer com que esta função seja rotativa a cada mês.

Considerando a mudança na composição das equipes, pode-se, por exemplo, contratar pessoas formadas em psicologia para a equipe de vendas ou mesmo contratar engenheiros com especialização em *marketing* para a gerência técnica. Não se assuste, são só possibilidades! De uma maneira geral, deve-se refletir sobre o que cada pessoa faz, qual o perfil indicado para cada função e de que modo poderia executar seu trabalho de uma maneira mais eficiente.

A gestão inovadora de equipes representa um novo olhar na forma como as empresas organizam o trabalho de seus colaboradores. É fundamental sair do automático e observar o funcionamento do seu time, procurando também se atualizar sobre as formas, objetivos e resultados de novos métodos de gestão, analisando-os para saber se são adequados, ou não, para a sua empresa.

Existem diversos métodos de gestão de equipes. Alguns mais simples, outros mais complexos. Alguns mais ortodoxos, outros mais heterodoxos. Não é o objetivo deste livro apresentar modelos que podem ser aplicados nas empresas, até porque você pode inovar e desenvolver uma forma particular de fazer isto. O importante é ter uma atitude questionadora e avaliar se o modelo de gestão que está sendo utilizado é o mais indicado para a sua empresa ou se algum método alternativo poderá gerar mais resultados. Entretanto, não adianta buscar a implantação de um sistema heterodoxo se o CEO da empresa não se sentir confortável em comandar uma empresa assim.

Por fim, vale ressaltar que a gestão eficiente de pessoas torna a empresa mais produtiva, conseguindo atrair e reter melhores talentos. Além disso, é um tipo de inovação difícil de ser copiado pelas concorrentes porque requer uma reestruturação da empresa, passando, principalmente, pela mudança de paradigmas e pensamentos.

Gestão de equipes para inovações

Independente do modelo estrutural implantado, é importante fazer com que as pessoas sejam estimuladas a apresentar e desenvolver ideias inovadoras.

Neste sentido, podemos destacar o intraempreendedorismo, em que os colaboradores com perfil empreendedor têm suas ideias aproveitadas pela empresa, normalmente com uma participação no negócio. Afinado com este conceito, outra prática utilizada em muitas empresas é a disponibilização de tempo livre, durante horário de expediente, para que colaboradores possam desenvolver novas ideias e projetos, utilizando os equipamentos da empresa para isso.

Os modelos acima demonstram exemplos também de empresas que têm uma preocupação com a inovação, mas que acreditam que esta tarefa não compete simplesmente ao departamento de pesquisa e desenvolvimento. São corporações preocupadas em disseminar a busca de ideias inovadoras, cientes de que qualquer pessoa pode idealizar novas possibilidades de negócios ou mesmo sugerir uma forma diferente e mais eficiente de executar algum processo. Essas empresas normalmente estão buscando a implantação de uma cultura de inovação em seu ambiente e em sua equipe. Para isso, é preciso vencer alguns desafios, como ensinar as pessoas a pensar de forma criativa, porém dentro de um escopo racional e estratégico, e motivar os colaboradores a expor suas ideias sem nenhuma forma de restrição ou qualquer tipo de classificação entre ideias boas e ruins.

Importante:

- A gestão inovadora de equipes e a gestão de equipes para inovações devem ser feitas pela equipe de recursos humanos juntamente com a alta diretoria da empresa, paralelamente ao trabalho de desenvolvimento de inovações que está sendo feito pelos membros do Comitê.

EQUIPE RESPONSÁVEL PELO DESENVOLVIMENTO DE IDEIAS INOVADORAS

Dando continuidade ao trabalho de análise das ideias selecionadas, para o desenvolvimento, operação e lançamento de cada produto, será necessária uma equipe que, apesar de se buscar que seja a mais simples possível, não pode ser tão enxuta a ponto de comprometer o resultado desejado.

Do mesmo modo que, na definição da praça, podemos optar por atuar inicialmente em uma área pequena para que se possa testar e validar o produto, também na definição da equipe pode-se iniciar da forma mais enxuta possível, se possível aproveitando os colaboradores atuais da empresa.

Nesse caso é importante listar as atividades que serão necessárias para o desenvolvimento do bem/serviço e, a partir daí começar a relacionar a equipe necessária que pode ser totalmente formada por colaboradores da empresa (desde que não comprometa o seu trabalho atual), ou poderá prever a contratação exclusivamente para trabalhar neste produto.

Obviamente, a utilização de um profissional da empresa gera economia porque evita a contratação de alguém. Mas mesmo nesse caso, se possível, é aconselhável o pagamento de uma gratificação como estímulo ao profissional.

A fim de otimizar o investimento, caso haja a real necessidade de contratação de alguém, há que se verificar se este profissional pode ficar responsável por diversas atividades e/ou se pode trabalhar para diversos produtos.

Algo que é importante verificar é a diferença entre bem/serviço e estrutura operacional. O produto é a forma como a solução do problema foi materializada. Pode ser um aplicativo, um equipamento, um serviço, etc. Mas deve-se ter em mente que ter isso finalizado não significa estar pronto para o seu lançamento. É necessário observar que, para sua perfeita operação, será necessário ter uma estrutura por trás. É preciso ter uma central de atendimento ao usuário, suporte técnico, equipe de faturamento e cobrança, contabilidade, etc. Tudo isso, mesmo que não seja de imediata contratação, tem que estar previsto na lista de pessoas (colaboradores) porque podem interferir nos custos e na decisão da empresa de prosseguir ou não com o desenvolvimento do produto.

PAINEL 15 PINs - INSERINDO PESSOAS (COLABORADORES)

Quadro 13

O quadro 13 deverá ser preenchido focado no produto em estudo, apresentando a equipe necessária para que o bem/serviço possa sair do campo das ideias e se tornar real.

Observação: para a especificação do perfil necessário, bem como informação sobre o valor de mercado de tal profissional, o Encarregado do produto pode solicitar apoio a outras pessoas com maior conhecimento na área.

PAINEL 15 PINs - QUADRO 13

Pessoas (Colaboradores)

NOME PROVISÓRIO DO PRODUTO (BEM OU SERVIÇO): *Pizzaria Popular*

ATIVIDADE	PERFIL PROFISSIONAL	INDICAÇÃO / VALOR
- *Desenvolvedor*	- *Conhecimento em front e backend*	- *Fulano de Tal do dpto de informática (sugestão de gratificação mensal no valor de R$ XXX)*
- *Faturamento/Cobrança*	- *Conhecimento nos softwares da área*	- *Contratação (Valor de mercado: R$ X.XXX por mês)*
- *Atendimento ao usuário*	- *Conhecimento do produto*	- *Contratação de empresa terceirizada (valor de mercado: R$ X.XXX por mês)*
- *Suporte técnico*	- *Conhecimento técnico do produto*	- *Desenvolvedores podem revesar na atividade*
- *Contabilidade*	- *Conhecimento fiscal e contábil em geral*	- *Equipe fiscal/contábil da empresa*
- *Marketing*	- *Estratégia de marketing*	- *Sicrano da Silva do dpto de marketing da empresa (sugestão de gratificação mensal no valor de R$ XXX)*
- *Comunicação*	- *Desenvolvimento de embalagem e campanha publicitária*	- *Contratação de agência de publicidade (valor de mercado: R$ X.XXX)*
- *Gerenciamento de redes sociais*	- *Criação e gestão de perfis nas redes sociais*	- *Equipe de redes sociais da empresa*
- *Recepcionista*	- *Atendimento presencial*	
TOTAL DO VALOR COM PESSOAS (COLABORADORES)		*Continua*

Figura 24: painel 15 PINs - Quadro 13

PAINEL 15 PINs - QUADRO 13
Pessoas (Colaboradores)

Continuação!

NOME PROVISÓRIO DO PRODUTO (BEM OU SERVIÇO): *Pizzaria Popular*

ATIVIDADE	PERFIL PROFISSIONAL	INDICAÇÃO / VALOR
- *Advogado*	- *Civil e trabalhista*	- *Contratação de empresa terceirizada (valor de mercado: R$ X.XXX por mês)*
- *Auxiliar de limpeza*		- *Contratação (valor de mercado: R$ X.XXX por mês)*
- *Motorista de caminhão*		- *Contratação (valor de mercado: R$ X.XXX por mês)*
- *Auxiliar de Almoxarifado*		- *Contratação (valor de mercado: R$ X.XXX por mês)*
TOTAL DO VALOR COM PESSOAS (COLABORADORES)		*R$ XXX.XXX*

Figura 25: painel 15 PINs - Quadro 13 (Continuação)

PAGAMENTO (INVESTIMENTO)

O objetivo da grande maioria das empresas/instituições é obter lucro e, assim sendo, tão importante quanto as fontes de receita são os custos e despesas necessárias para sua operação. Isto envolve os recursos humanos, equipamentos, estrutura, matéria-prima, encargos, taxas, impostos, custos de divulgação e de logística, entre outros.

O objetivo dos 15 PINs é criar um método para o desenvolvimento de inovações, mas não é possível fazer isso sem se preocupar com a rentabilidade do negócio. A inovação deve, o mais rápido possível, propiciar o alcance do *break even point*, ou seja, o ponto em que o valor de receita se iguala aos custos e despesas de operação, possibilitando que, a partir de então, a empresa comece a ter algum lucro.

A análise da lucratividade do produto também é importante para que os investidores estimem o seu *payback*: o momento em que receberão de volta o valor que investiram. Por este motivo, muitos deles preferem investir em negócios escaláveis, aqueles em que o crescimento do faturamento não gera aumento proporcional dos custos e despesas, resultando em uma possibilidade de retorno mais rápido e maior lucro.

Por fim, vale salientar que, para uma apresentação rápida do modelo de negócio, o foco maior é a demonstração de como a empresa vai ganhar dinheiro, ou seja, quais serão suas fontes de receita, sua previsão de crescimento e, claro, o seu lucro. Nesse primeiro momento, não é necessário apresentar o detalhamento de tudo isso. Entretanto, para a elaboração de um plano de negócio mais robusto e possivelmente para a finalização da parceria com investidores, será necessário especificar melhor esses pontos.

De uma forma resumida, para aumentar os lucros, existem duas vertentes:

1. Aumento de receita

2. Redução de custos e despesas

Infelizmente, grande parte das empresas só se preocupa com o item 2 no momento em que estão tendo diminuição da receita. E apenas nestas situações críticas, descobrem que conseguem melhorar a sua eficiência e reduzir seus custos e despesas sem comprometer a qualidade dos bens e serviços oferecidos. Muitas empresas descobrem que poderiam ter tido um lucro maior ou oferecido um produto com valor mais atraente, somente quando estão em crise. O problema é que talvez cheguem a esta conclusão tarde demais. Entretanto, caso mantenham sempre essa lição em mente, vão trabalhar constantemente para atingir uma alta eficiência, mantendo-se lucrativa e oferecendo preços atrativos e condizentes com a realidade dos seus clientes.

W. Chan Kim e Renée Mauborgne esclarecem que as empresas possuem três alavancas para atingir a meta de custo:

1) Dinamizar operações e implementar inovações de custo, desde a fabricação até a distribuição. Esta alavanca sugere a análise e questionamento de todos os detalhes da operação, inclusive materiais utilizados, funcionalidades, mão de obra, processos, localização das instalações, logística, etc.

2) Parcerias. Sob nosso ponto de vista, algo tão importante que é apresentado como um dos Ps de apoio e merece um capítulo específico neste livro.

3) Mudar o modelo de precificação do setor. Esta alavanca propõe a mudança do modelo de negócio, sugerindo verificar opções como locação ou leasing ao invés de vender, compartilhar produtos em vez de ter um próprio e exclusivo, participação nos resultados em vez de receber um pagamento fixo e outras diversas formas de se atingir o preço estratégico através de um modelo alternativo ao usual. Neste sentido, nossa lista de opções de formas de monetização apresentada no capítulo sobre pagamento (fontes de receita) pode ser bastante útil para análise de possibilidades alternativas.

No momento atual, o importante é que o encarregado de análise de um produto consiga realizar uma lista com os investimentos necessários para o desenvolvimento e lançamento da inovação. Para isso, é necessário ter uma visão abrangente sobre o negócio. O quadro 13 referente às pessoas (colaboradores) pode ser uma boa referência para se iniciar este trabalho, pois a grande maioria dos profissionais listados vai precisar de equipamentos para desempenhar sua função. Analisando-se a praça, há o custo de logística para que o produto chegue até o consumidor. Se vai ser feito um *site* deve-se prever o custo de hospedagem, ferramentas de *e-commerce*, provedor de e-mails, banco de dados, etc. Deve ser previsto custo de embalagens, comunicação no ponto de venda, material de apresentação, mídia, locação de espaço, equipamentos de refrigeração/aquecimento, energia, água, viagens e muito mais. Tudo isso deve ser apresentado no quadro sobre investimentos porque será fundamental para a decisão da empresa sobre o prosseguimento ou não com o desenvolvimento efetivo.

Observação: é importante que os custos sejam diferenciados entre desenvolvimento e operação. Os custos de desenvolvimento devem ser colocados no seu total dentro do tempo previsto para a conclusão e os custos de operação devem ser mensurados como referentes a um ano de operação.

PAINEL 15 PINs - INSERINDO PAGAMENTO (INVESTIMENTO)

Quadro 14

Deve-se fazer um levantamento de todos os itens e seus custos, diferenciando-os na primeira coluna se são necessários para o desenvolvimento (D) do produto ou sua operação (O). Caso haja despesas referentes às duas fases, deve-se lançá-las duas vezes, colocando-se na linha referente ao "D" o valor total do período estimado para o desenvolvimento e na linha referente ao "O" o valor total estimado para o período de um ano de operação.

Caso uma página não seja suficiente para o lançamento de todos os itens, deve-se continuar em uma nova página, mas o valor final deve ser colocado somente na última página.

PAINEL 15 PINs - QUADRO 14

Pagamento (Investimento)

NOME PROVISÓRIO DO PRODUTO (BEM OU SERVIÇO): *Pizzaria Popular*

TEMPO PREVISTO PARA O DESENVOLVIMENTO: *10 meses*

D/O	ITEM	QTD.	VALOR UNIT.	VALOR TOTAL	OBSERVAÇÃO
D	- Custo com pessoas (colaboradores)	-	-	R$ X.XXX	- Conforme quadro 13
O	- Custo com pessoas (colaboradores)	-	-	R$ X.XXX	- Conforme quadro 13
D	- Computador para desenvolvedor	01	R$ X.XXX	R$ X.XXX	- Configuração avançada
D	- Software A	01	R$ X.XXX	R$ X.XXX	- Desenvolvedor
O	- Computador para faturamento / cobrança / contabilidade	03	R$ X.XXX	R$ X.XXX	- Configuração básica
D	- Impressora simples	01	R$ X.XXX	R$ X.XXX	- Para faturamento/cobrança
O	- Impressora 3D	01	R$ X.XXX	R$ X.XXX	- Para produção dos itens
O	- Equipamento de telemarketing	02	R$ X.XXX	R$ X.XXX	- Atendimento ao usuário
O	- Smartphones	02	R$ X.XXX	R$ X.XXX	- Equipe de suporte técnico
O	- Impressora colorida	01	R$ X.XXX	R$ X.XXX	- Equipe de marketing
D	- Matéria-prima	10 Kg	R$ X.XXX	R$ X.XXX	- Produção de 100 unidades
O	- Matéria-prima	1 ton	R$ X.XXX	R$ X.XXX	- Produção de 10.000 unid

INVESTIMENTO D (DESENVOLVIMENTO)	*Continua*
INVESTIMENTO O (OPERAÇÃO: 01 ANO)	*Continua*
VALOR TOTAL DO INVESTIMENTO	*Continua*
TEMPO ESTIMADO PARA O PAYBACK	*Continua*

Figura 26: painel 15 PINs - Quadro 14

PAINEL 15 PINs - QUADRO 14
Pagamento (Investimento)

Continuação!

NOME PROVISÓRIO DO PRODUTO (BEM OU SERVIÇO): Pizzaria Popular

TEMPO PREVISTO PARA O DESENVOLVIMENTO: 10 meses

D/O	ITEM	QTD.	VALOR UNIT.	VALOR TOTAL	OBSERVAÇÃO
O	- Produção de VT de apresentação do produto	X	R$ X.XXX	R$ X.XXX	- Para sites e redes sociais
O	- VT para televisão	01	R$ X.XXX	R$ X.XXX	
O	- Produção de embalagem	1.000	R$ X.XXX	R$ X.XXX	
D	- Locação de sala	01	R$ X.XXX	R$ X.XXX	
O	- Locação de sala	01	R$ X.XXX	R$ X.XXX	
D	- Equipamentos de refrigeração	03	R$ X.XXX	R$ X.XXX	
D	- Energia/água	-	R$ X.XXX	R$ X.XXX	
O	- Energia/água	-	R$ X.XXX	R$ X.XXX	
D	- Viagem para viabilizar parceria	-	R$ X.XXX	R$ X.XXX	
D	- Hospedagem para viabilizar parceria	-	R$ X.XXX	R$ X.XXX	
O	- Aquisição de caminhão	01	R$ X.XXX	R$ X.XXX	
O	- Combustível mensal	X	R$ X.XXX	R$ X.XXX	
O	- Mídia de lançamento	X	R$ X.XXX	R$ X.XXX	- Tv, rádio, sites especializados, portais de notícias, outdoor

INVESTIMENTO D (DESENVOLVIMENTO)	R$ XXX.XXX
INVESTIMENTO O (OPERAÇÃO - 01 ANO)	R$ XXX.XXX
VALOR TOTAL DO INVESTIMENTO	R$ XXX.XXX
TEMPO ESTIMADO PARA O PAYBACK	3 anos

Figura 27: painel 15 PINs - Quadro 14 (Continuação)

Quadro 12

Uma vez que já se sabem os valores das despesas de operação, podemos apresentar uma estimativa real de margem de lucro do produto.

PAINEL 15 PINs - QUADRO 12

Pagamento (Preço / Fontes de Receita)

NOME PROVISÓRIO DO PRODUTO (BEM OU SERVIÇO): Pizzaria Popular

PRECIFICAÇÃO

- Estabelecer o preço de cada item do cardápio de acordo com a proposição definida e em função dos custos e despesas, principalmente os ingredientes que forem utilizar nos pratos oferecidos, bem como observando os serviços adicionais que serão ofertados

MARGEM DE LUCRO

- Aproximadamente 275%

FORMAS DE PAGAMENTO / FONTES DE RECEITA

- Pagamento via cartão de crédito, débito ou pix
- Plano de fidelidade

PREVISÃO DE FATURAMENTO

Mês 1 - Estimativa: R$ X.XXX
Mês 2 - Estimativa: R$ X.XXX
Mês 3 - Estimativa: R$ X.XXX
Mês 4 - Estimativa: R$ X.XXX
Mês 5 - Estimativa: R$ X.XXX
Mês 6 - Estimativa: R$ X.XXX
Mês 7 - Estimativa: R$ X.XXX
Mês 8 - Estimativa: R$ X.XXX
Mês 9 - Estimativa: R$ X.XXX
Mês 10 - Estimativa: R$ X.XXX
Mês 11 - Estimativa: R$ X.XXX
Mês 12 - Estimativa: R$ X.XXX

Figura 28: painel 15 PINs - Quadro 12

PARCERIAS

O grupo de parcerias apresenta, sem dúvida, uma das mais abrangentes formas de inovação. Trata-se da união de duas ou mais empresas com objetivos comuns, trazendo resultados positivos para ambas e para seus públicos-alvo. Mesmo revelando-se como uma das armas mais poderosas como possibilidade de inovação, as parcerias ainda são uma ferramenta relativamente pouco explorada.

Além disso, as parcerias e as colaborações, elementos básicos da inovação aberta, mantêm as empresas mais antenadas com a realidade do mercado, mais alerta a novas ameaças e oportunidades, e mais próximas dos movimentos inovadores que, mesmo que ainda incipientes no presente, podem se configurar em um novo caminho de determinado segmento futuramente.

Quando imaginar uma parceria, visualize uma balança onde os pratos dela, referente à contribuição de cada parceiro na ação, devem estar com o mesmo peso. Para se chegar a este equilíbrio, deverão ser considerados todos os fatores envolvidos e analisados aspectos tangíveis e intangíveis: investimentos, força da marca de cada empresa, *know-how* de cada uma delas, objetivos desejados, entre outros. Todos estes elementos vão sendo colocados nesta balança imaginária de modo que, ao final da definição da parceria, ambos os parceiros percebam que nenhum deles está sendo beneficiado em detrimento do prejuízo do outro.

Obviamente, caberá a um dos parceiros tomar o primeiro passo desta proposta e, garanto-lhes, tomar a iniciativa de propor parcerias é sempre a melhor opção. Considerando sempre a ética corporativa, quando uma empresa propõe uma parceria a outra, a empresa convidada deve aceitar a proposta, caso julgue a ideia interessante ou, em caso de recusa do convite, saberá que corre o risco de ver a empresa propositora levar adiante a ideia com um dos seus concorrentes.

As parcerias podem ser temporárias, com uma data pré-definida para início e término, ou permanentes, podendo durar diversos anos, desde que continue sendo de interesse das partes. Porém, mesmo tratando-se de uma ação de duração limitada, seus efeitos incidem por um tempo maior, pois há fatores impostos entre os parceiros que incluem ações e comportamentos que devem ser respeitados mesmo após o término do contrato.

Parcerias também podem ser realizadas com concorrentes diretos ou indiretos e é possível em diversas situações, incluindo realização de eventos de interesse comum, apoio a causas sociais e/ou ambientais, fortalecimento ou proteção do segmento e ações que chamem atenção para as marcas envolvidas destacando-as das demais concorrentes.

Obviamente, as parcerias não precisam ser feitas somente entre empresas. Uma fábrica de roupas pode fazer uma parceria com estilistas, uma construtora pode fazer uma parceria com arquitetos, uma fabricante de utensílios domésticos pode fazer uma parceria com *designers*, uma produtora de filmes pode fazer uma parceria com um determinado ator ou atriz, uma marca qualquer pode fazer uma parceria com uma celebridade, formador de opinião ou influenciador. É preciso abrir a mente e ver que forma a parceria pode trazer resultados para todos os envolvidos, independentemente de quem seja.

Normalmente a necessidade de parcerias surge durante o processo de levantamento de custos e estruturas para algum produto selecionado, mas é possível fazer uma relação com empresas que se enquadram nos diversos Ps da Inovação e, em seguida, imaginar questões que possam suscitar algum tipo de oportunidade comum como, por exemplo:

- Panorama: Importante ressaltar que observar o cenário do mercado como um todo, acompanhando inclusive o que outras empresas e instituições estão desenvolvendo, é fundamental para o estudo de parcerias.

- Problemas: quem tem foco na solução dos mesmos problemas que a sua empresa também busca solucionar? De que forma estas empresas podem ser suas parceiras?

- Pessoas: que outras empresas, mesmo atuando em segmentos diferentes, também procuram impactar o mesmo público-alvo ou ecossistema de nichos que você? Será que, em iniciativas individuais e paralelas de membros de sua própria equipe, não existe alguma possibilidade interessante de parceria? Como os fornecedores podem ajudar na indicação de potenciais clientes ou na recomendação de profissionais que possam contribuir para o sucesso da sua empresa?

- Produtos: quem oferece algum tipo de bem/serviço que, de alguma forma, complementa o seu? Quais fornecedores podem ajudar sua empresa a criar valor para seu cliente? Se o fornecedor está desenvolvendo uma inovação para o seu segmento, que tal uma parceria de uso exclusivo, oferecendo-se alguma forma de contrapartida para isso? De que modo a sua equipe e a dos seus fornecedores, compartilhando expertises, podem desenvolver produtos inovadores?

- Proposição: que outras empresas oferecem benefícios semelhantes aos seus ou, ainda melhor, o que as empresas oferecem aos clientes de modo que possam compensar ou neutralizar os pontos negativos ou lacunas do que você disponibiliza?

- Pagamento: quem adota opção de pagamento semelhante à utilizada por sua empresa? Que empresas podem ajudar a vender o seu bem/serviço? Que empresas podem ajudar a pagar o seu produto para os seus clientes? Que empresas têm algo que a sua necessita e que, ao mesmo tempo, podem se interessar por algo que a sua oferece? Opções como *coworking* também se revelam como formas de parceria em busca de redução de custos. Investidores também podem ser grandes parceiros no desenvolvimento do negócio através de sua experiência, conhecimentos técnicos e rede de relacionamento, resultando no que se chama de *smart money*.

- Praça: que empresas podem se interessar em atuar em locais onde você pretende se instalar? Quem utiliza os mesmos canais de distribuição, de modo que uma ação conjunta possibilite economia para ambas?

- Personalização: quem teria interesse em oferecer uma solução de inovação com foco em personalização que possa ser agregada a algum produto que você oferece?

- Posicionamento: que empresas, possuindo um posicionamento comum ao seu, poderiam ter interesse em realizar uma ação conjunta que valorize a essência do posicionamento em questão? Este tipo de parceria é mais indicado para empresas não concorrentes em termos de posicionamento mercadológico ou mesmo concorrentes, no caso de posicionamento institucional, onde a causa, na oportunidade em questão, é mais importante do que interesses de mercado. A observação do posicionamento deve ser encarada não somente como possibilidade de parceria, mas também como fator restritivo na escolha de parceiros, não sendo recomendada, por exemplo, a associação com empresas que não compartilhem dos mesmos ideais ou que atuem em desacordo com o posicionamento institucional da sua empresa.

- Processos: quais empresas podem ajudar a tornar o processo da sua empresa mais eficiente e econômico? Por outro lado, que empresas podem ter um melhor processo se utilizarem uma solução desenvolvida pela sua? É importante imaginar formas de realização de alguns processos ou parte deles fora da empresa, de forma que se proporcione alguma forma de economia ou não necessidade de investimento, principalmente no início do empreendimento e em serviços de retaguarda.

- Pontos de contato: quem teria interesse em realizar ações de promoção ou de comunicação comuns, resultando em custos menores para ambas e/ou maior impacto? Muito recomendado para eventos, ações de guerrilha, compartilhamento de pontos de venda, entre muitas outras possibilidades de *co-branding*. Que parceiros podem ajudar a divulgar e atrair clientes para sua empresa?

- Prova: que outras empresas teriam interesse em dividir o custo de uma pesquisa que possua um objetivo ou público-alvo comum? Que empresas permitiriam a realização de testes em suas dependências, com seu público ou sua equipe?

- Proteção: as parcerias podem servir também como elemento de criação e fortalecimento de barreiras de entradas para novos concorrentes de ambos os parceiros.

- Prática: empresas podem, por exemplo, se unir para dividir custos de palestras, *workshops* ou treinamentos *in company*. Na prática de inovações na empresa, *stakeholders* podem ser convidados para participar do processo de desenvolvimento de ideias. De maneira resumida, podemos dizer que, mais do que uma simples recomendação de prática, o desenvolvimento coletivo de ideias e o compartilhamento de aprendizagem, de conhecimento e de experiência são fundamentais para o aumento do potencial inovador da empresa.

De uma maneira geral, o desenvolvimento de parcerias consiste em: idealizar possibilidades, formatar as ideias (detalhamento), listar potenciais parceiros (analisando e buscando conhecer o seu modelo de negócio), apresentar a proposta ao potencial parceiro, formalizar (definindo bem as responsabilidades de cada um), colocar em prática a parceria e avaliar os resultados.

Co-criação

Uma das inovações mais recentes no que se refere as parcerias, é o fenômeno da co-criação, que envolve os *stakeholders* (equipe, outras empresas, organizações diversas, fornecedores e clientes, entre outros), tanto no processo de criação de um bem/serviço, quanto da necessidade de adaptação ou atualização do mesmo. Para isso, as empresas devem disponibilizar formas para que os parceiros possam colaborar ativamente do processo, fazendo suas sugestões e observações antes de o produto ser lançado, bem como após o seu lançamento.

Para o sucesso de um processo de co-criação, é fundamental que a empresa esteja aberta ao diálogo e respeite as opiniões, críticas e comentários de todos, entendendo que toda espécie de colaboração é útil para o sucesso do produto e da própria empresa, servindo como elemento auxiliar nas tomadas de decisão. Através da análise destas informações, pode-se obter dados valiosos sobre novas possibilidades, valores, necessidades e prioridades.

A disponibilização de canais de conexão com as pessoas otimiza e amplia esta interação. Além disso, o monitoramento das marcas e produtos nas redes sociais é de suma importância porque, de forma direta ou indireta, as pessoas darão às empresas *feedbacks*, *insights* e informações de extrema importância.

Co-Branding

A divulgação de marcas em conjunto, seja em uma ação ou em uma associação de bens, ou serviços, é denominada *co-branding* e trata-se de uma união com objetivos estratégicos comuns, além de se revelar como uma forma de diferenciação competitiva das marcas envolvidas em relação aos seus concorrentes.

O *co-branding* é recomendado quando se deseja chamar a atenção do consumidor através do aumento da atratividade, quando há a necessidade de vendas rápidas ou quando se busca crescimento do *market share*. Pode ser usado também como estratégia de fidelização, conhecimento, experimentação e/ou fortalecimento da imagem de uma, ou de ambas as marcas envolvidas. É ainda uma excelente ferramenta para se alcançar novas pessoas e novas praças de uma maneira mais econômica do que através de uma ação isolada.

Entretanto, é preciso que a parceria seja bem elaborada para evitar que não seja vista pelo público-alvo como uma ação de empurrar produtos indesejados ou que, em vez das marcas se fortalecerem juntas, haja um efeito contrário, ou seja, uma parceira enfraquece a imagem da outra. *O co-branding* deve ser, antes de tudo, uma relação de ganha-ganha em que a parceria deve gerar resultados consideravelmente superiores à ação individual.

A divulgação deve ser feita de maneira equilibrada para que uma marca não ofusque a outra ou ainda que, numa venda conjunta, o consumidor não tenha a impressão de que está comprando um produto e ganhando o outro, desvalorizando-o.

Uma dificuldade a ser considerada é a questão da prova, pois, se cada produto já possui uma série de elementos que podem interferir no resultado de uma ação, numa parceria fica ainda mais complicado definir os fatores reais que podem ter ocasionado um possível resultado abaixo do esperado.

Por fim, vale repetir que, assim como em todas as formas de parceria, deve haver o perfeito equilíbrio entre os interesses dos envolvidos e também a sinergia entre os valores defendidos por ambas as empresas em seus posicionamentos.

Tipos de parcerias

Na análise das parcerias propostas, estas podem ser encaradas de duas formas:

1) Parcerias úteis

2) Parcerias necessárias

As parcerias úteis são aquelas que, se acontecerem, acarretarão uma economia ou uma vantagem, mas que, se não se realizarem, não interferem na decisão da empresa em desenvolver a inovação.

As parcerias necessárias são aquelas que, em virtude de sua importância estratégica ou da economia que proporcionará, condicionam o prosseguimento do desenvolvimento da ideia à sua concretização. Portanto, se a empresa acredita que há alguma proposta de parceria classificada indiscutivelmente como necessária, não deve seguir com o desenvolvimento do bem/serviço até que tenha concretizado essa parceria ou, na pior das hipóteses, tenha recebido uma garantia do potencial parceiro de fazer parte da ação quando o produto estiver em condições de ser lançado.

Uma falsa proposta de parceria

Em 2015, a Burger King fez uma proposta de parceria com sua arquirrival, McDonald's para, em homenagem ao Dia da Paz, lançarem o "McWhopper", um hambúrguer que combinaria os populares "Whopper" do Burger King e o "Big Mac" do McDonald's. O sanduíche seria vendido exclusivamente em uma lanchonete em Atlanta, nos Estados Unidos, visualmente adaptada com os estilos dos parceiros para receber essa "fusão". Até as embalagens do produto e os uniformes dos funcionários seriam desenhados para mesclar ambas as marcas. Um vídeo e um *site* foram disponibilizados pelo Burguer King para que todos pudessem entender melhor a ideia da "parceria". Coloco aqui a palavra parceria entre aspas porque definitivamente esta ação se mostrou mais como uma estratégia de *marketing* da proponente do que realmente uma proposta de *co-branding*, pelos motivos que elenco a seguir.

Uma proposta de parceria deve ser feita sem holofotes, nos bastidores, para que, quando a ação for anunciada, os parceiros envolvidos a apresentem conjuntamente como sendo uma ação de ambos, independentemente de quem tenha partido a iniciativa. Quando uma empresa lança a ideia publicamente e depois é que convida o pretenso parceiro, já demonstra que não está realmente interessada em uma união com pesos iguais para os envolvidos.

No caso do Burger King, por exemplo, caso o McDonald's aceitasse o convite, não seria visto pela população como parceiro no projeto, as pessoas teriam a percepção de que seria uma espécie de apoiador, pois todos teriam o conhecimento de que toda a ação foi idealizada pelo seu concorrente. Ciente disto, o McDonald's emitiu uma nota elegantemente recusando o convite e, ao fim do comunicado, deixando claro de que não é assim que se propõe uma parceria, ao informar que uma simples ligação telefônica anterior talvez possibilitasse a concretização da proposta.

PAINEL 15 PINs - INSERINDO PARCERIAS

Quadro 15

1. Faça uma relação imaginando possibilidades de parcerias envolvendo os demais PINs.

2. Circule as parcerias consideradas necessárias para o efetivo desenvolvimento das ideias.

PAINEL 15 PINs - QUADRO 15

Parcerias

NOME PROVISÓRIO DO PRODUTO (BEM OU SERVIÇO): *Pizzaria Popular*

GRUPOS DE INOVAÇÃO	POSSÍVEIS PARCERIAS
- *Panorama*	- *Parceria com concorrentes do setor para fortalecer a categoria*
- *Pessoas*	- *Parceria com empresas do mesmo público-alvo/nicho para ações em conjunto*
- *Praça*	- *Parceria com empresas de outros ramos de atividade que atuam na mesma rua para criar um polo gastronômico* - *Empresas que utilizam a mesma logística de entrega*
- *Pagamento*	- *Procurar fintechs que ofereçam soluções inovadoras de pagamento para lançá-las em conjunto, revertendo parte do recebimento através de cada plataforma para a empresa parceira* - *Fazer uma parceria com uma empresa de vinhos para oferecer uma promoção especial na compra de uma garrafa da marca*
- *Produto*	- *Fazer uma parceria com uma marca de chocolate para oferecer uma pizza oficial exclusiva com aquele sabor* - *Criar um kit infantil incluindo 01 minipizza salgada, 01 minipizza "doce" e um brinquedo exclusivo (procurar parceiro para produzir este brinde)*
- *Proposição*	- *Procurar alguma empresa próxima que não utilize o estacionamento à noite para que ceda para o uso da pizzaria em troca de um desconto especial para seus clientes* - *Procurar alguma empresa voltada ao público infantil para bancar a instalação e manutenção de uma área kids em troca da exposição de sua marca no local*
- *Personalização*	- *Buscar um fornecedor de impressão em canecas de louça para montar os equipamentos necessários para que os brindes do kit infantil sejam uma caneca com a foto das crianças*

Figura 29: painel 15 PINs – Quadro 15

PAINEL 15 PINs - QUADRO 15
Parcerias

Continuação!

NOME PROVISÓRIO DO PRODUTO (BEM OU SERVIÇO): *Pizzaria Popular*

GRUPOS DE INOVAÇÃO	POSSÍVEIS PARCERIAS
- *Posicionamento*	- *Entrar em contato com instituições para fazer ações em asilo de idosos e/ou orfanatos da cidade*
- *Processos*	- *Procurar empresa de sobremesas prontas que trabalhe com consignação, de modo a aumentar as chances de aumento do ticket médio sem riscos de perda de produto*
- *Pontos de contato*	- *Procurar veículo de comunicação que tenha interesse em fazer permuta por divulgação*
- *Prática*	- *Parceria com algum fornecedor para doar os prêmios para os ganhadores do concurso interno de ideias inovadoras*
- *Provas*	- *Procurar o fornecedor do software de pedidos e, em nome dos longos anos de parceria, solicitar para inserir gratuitamente, um módulo de avaliação dos serviços via mensagem para smartphones*
- *Proteção*	- *Verificar possibilidade de, junto com outras empresas de alimentação, criar um selo de garantia da perfeita execução da manipulação de produtos e qualidade na gestão de alimentos*

Figura 30: painel 15 PINs – Quadro 15 (Continuação)

PRÁTICA 6

Esta reunião prática é a mais importante de todas, pois irá definir quais produtos irão iniciar o seu efetivo processo de desenvolvimento. Ou seja, quais ideias apresentadas irão realmente iniciar seu caminho para saírem do universo da abstração e alcançarem o mundo real. Isso porque agora o CEO e a alta diretoria terão uma ideia de quanto vão precisar investir. Se anteriormente falamos em riscos como um conceito teórico, o risco agora se concretiza. Se, até então, a metodologia era algo lúdico e divertido para alguns, agora a empresa terá que decidir se está preparada para investir em inovação ou se não tem perfil real para isso. As cartas serão postas na mesa e vamos descobrir quem vai encarar a aposta ou vai sair do jogo. Chegou a hora da verdade: a empresa tem que ter consciência de que irá passar um bom tempo vendo seu saldo bancário diminuir mês a mês para, talvez, ter lucro depois, quando a inovação estiver validada, viabilizada, lançada e aceita pelo público.

Os encarregados da análise de cada produto devem agora, em uma ordem definida preferencialmente através de sorteio, apresentar detalhadamente aos demais membros do Comitê, além de possíveis ajustes definidos na prática anterior, os seguintes pontos analisados:

- Pessoas (colaboradores)
- Pagamento (investimento)
- Parcerias

Muitas serão as dúvidas que surgirão e os demais membros do Comitê, em função da análise que também fizeram para os produtos dos quais estavam encarregados, poderão acrescentar itens e fazer observações relevantes para complementarem a análise realizada pelos outros.

Com relação às pessoas (colaboradores), após a apresentação de todos, possivelmente se observará que alguns colaboradores atuais da empresa foram selecionados por vários encarregados da análise dos produtos para trabalhar no time sugerido. Por exemplo, pode ser que a empresa tenha apenas um desenvolvedor/programador para atender suas necessidades atuais de operação. O trabalho extra com um dos bens/serviços selecionados talvez seja possível, sem comprometer suas atividades cotidianas. Mas se o mesmo colaborador for selecionado para mais produtos, então será necessário que o valor referente à contratação de um desenvolvedor/programador tenha que ser inserido na previsão de investimento.

A utilização de colaboradores atuais da empresa no desenvolvimento dos bens/serviços inovadores deve ser decidida com cuidado. Quem pode definir se é compatível a acumulação de atividades atuais de operação e atividades de trabalho em um produto inovador é o próprio profissional e o seu chefe imediato. Somente perguntar ao colaborador não é suficiente porque ele pode aceitar o trabalho extra com medo de retaliação ou receio de dizer não aos seus superiores. De outro lado, somente perguntar ao seu chefe imediato não é suficiente, porque o chefe pode dizer que é possível para agradar à alta diretoria da empresa e o colaborador se sentir obrigado a desempenhar uma atividade que não tem tempo ou interesse. Ou o contrário, o chefe pode ter medo de que a dedicação do colaborador ao trabalho extra comprometa seus resultados habituais na operação atual da empresa. Em todos os casos, a escolha tanto pode comprometer o sucesso da inovação, bem como afetar o resultado das operações atuais. A alta diretoria deve decidir com cuidado sobre esse ponto, tendo como opção a contratação de um profissional para trabalhar em algum novo produto ou em mais de um deles, supervisionado por um funcionário da empresa.

Na avaliação das parcerias, deve-se analisar os prós e contras, estabelecer de que modo sua empresa pode contribuir para o sucesso da ação proposta, imaginar qual pode ser a contrapartida que será oferecida à parceira potencial e fazer um esboço do que estaria sob a responsabilidade de cada uma das partes. Este tipo de análise é importante para a decisão interna e para ser mostrada no momento da apresentação da proposta de parceria. Obviamente, no caso da enumeração de parceiros conflitantes, deve-se eleger a ordem de prioridade para a abordagem e o tempo que se poderá esperar pela resposta após a realização do convite.

Depois do término das apresentações, é muito provável que os quadros sobre pessoas (colaboradores), pagamento (investimento) e parcerias precisarão ser ajustados em função dos comentários e sugestões dos diversos membros do Comitê, fruto de seus conhecimentos e das análises que fizeram dos produtos dos quais estão encarregados. Portanto, deve-se dar um prazo para que os encarregados façam as devidas alterações e entreguem ao Coordenador de Estudos de Inovações.

Observação: essas reuniões podem durar mais de um dia porque as apresentações não podem ser feitas de forma apressada. Todos os detalhes devem ser verificados e todas as dúvidas devem ser sanadas.

PAINEL 15 PINs – QUADRO FINAL DA PRÁTICA 6

Quadro Prática 6

Após o término das apresentações e estando as ideias aptas para passarem pelo crivo final do CEO e da alta diretoria, cada sugestão deve ser resumida no quadro prática 6 para que possam ser melhor avaliadas durante a reunião a portas fechadas.

PAINEL 15 PINs - PRÁTICA 6
Análise Final

NOME PROVISÓRIO DO PRODUTO (BEM OU SERVIÇO): *Pizzaria Popular*

RESPONSÁVEL: *Pessoa A*

RESUMO DA IDEIA

- *Restaurante multifuncional com vários ambientes distintos, possibilitando opção de happy hour (durante a semana) e lazer com a família (nos fins de semana) Pode ter espaço de doces, sorvetes, área kids bem diversificada, karaokê e clube da cerveja*

PRAÇAS / LOGÍSTICA

- *Região sul da Cidade em que já atuamos e venda online dos kits semiprontos para todo o Estado*
- *Espaço físico em tal local; ponto apenas para delivery em tais locais e venda de pizzas prontas em parques*

POSICIONAMENTO MERCADOLÓGICO / DIFERENCIAÇÃO

- *Venda de pizza brotinho + suco para as crianças, junto com um brinquedo*
- *Pizza em diversos formatos (coração, estrela, etc)*
- *Pizza em forma de coração no dia dos namorados*
- *Possibilidade das pessoas definirem os ingredientes da sua pizza*

OUTRAS INFORMAÇÕES IMPORTANTES

- *Não há player de referência no ramo de atividade*
- *Ramo de atividade com tendência de crescimento*
- *Parceria necessária: procurar veículo de comunicação que tenha interesse em fazer permuta por divulgação*

INVESTIMENTO D (DESENVOLVIMENTO)	*R$ XXX.XXX*
INVESTIMENTO O (OPERAÇÃO - 01 ANO)	*R$ XXX.XXX*
VALOR TOTAL DO INVESTIMENTO	*R$ XXX.XXX*
PREVISÃO DE FATURAMENTO (01 ANO)	*R$ XXX.XXX*
MARGEM DE LUCRO	*Aproximadamente 275%*
TEMPO ESTIMADO PARA O PAYBACK	*3 anos*

Figura 31: painel 15 PINs – Quadro Prática 6

REUNIÃO PORTAS FECHADAS

O desejo de desenvolver várias inovações simultaneamente é tentador, mas na grande maioria das vezes, levando em conta as limitações financeiras e estruturais da empresa, isso não será possível. Por isso, com os quadros contendo a análise completa dos produtos pelos seus encarregados em mãos, o CEO e a alta diretoria da empresa, com a presença do Coordenador de Estudos de Inovações para lhes auxiliar, devem definir o que seguirá para desenvolvimento.

Essa decisão deve ser tomada em uma reunião fechada porque certamente tratará de alguns pontos sensíveis da empresa, tais como: situação financeira, capacidade de investimento, estratégia de descontinuação de produtos atuais, quadro de funcionários, etc. Considerando esses fatores, extraordinariamente o CEI poderá ser dispensado nesse momento, devendo ficar de prontidão para o esclarecimento de qualquer dúvida que possa surgir.

Nessa definição das ideias a serem desenvolvidas, é interessante observar que:

- Se há uma verba disponível limitada, é melhor trabalhar em vários produtos de menor investimento do que apostar todos os recursos disponíveis em apenas uma inovação. Imagine que você tenha 23 atletas à sua disposição, você prefere montar um único time de futebol com todos os atletas para arriscar ganhar apenas uma medalha, ou acha melhor colocar cada atleta competindo em esportes diferentes e tentar ganhar 23 medalhas? Há ainda a alternativa de dividir em uma parte maior e outras menores. É válido. Só não é aconselhável apostar tudo em apenas uma opção.

- O CEO e a alta diretoria da empresa, até inconscientemente, tendem a se limitar ao incremento de produtos existentes e, mesmo que cite o desejo por inovações radicais ou disruptivas, normalmente as coloca em um baixo nível de prioridade, principalmente em função do risco financeiro envolvido e da incerteza de sucesso. Isto tende a deixar a empresa presa ao seu *status quo* e tímida quanto ao desenvolvimento da cultura de inovação. Para evitar esta situação, é recomendável que a empresa abra um espaço para trabalhar pelo menos alguma inovação mais ousada que a faça sair um pouco de sua zona de conforto.

- Quanto menor a necessidade de compra de equipamentos, melhor. Então, deve-se avaliar se há possibilidade de aluguel ou se, em caso de descontinuação do bem/serviço que está em desenvolvimento, haverá facilidade de vender o equipamento ou reaproveitá-lo na empresa.

- Quando se tratar de algum produto que exige explicação sobre seu funcionamento ou quando está inserido em um mercado com concorrentes fortes e bem estabelecidos, certamente será necessário realizar um alto investimento em comunicação, considerando inclusive a possível resposta dos concorrentes.

- Em alguns casos, é possível que seja necessária a contratação de um profissional externo ou empresa terceirizada para a realização de alguma consulta ou aprofundamento da ideia em análise. Como se trata de um investimento, isso só deve ser feito caso o referido produto tenha real possibilidade de ser aprovado para desenvolvimento, caso a análise complementar seja positiva.

- Não é necessário que o desenvolvimento das ideias selecionadas deva prosseguir com o encarregado da análise definido anteriormente. O CEO e a alta diretoria podem, a seu livre critério, definir que outra pessoa seja o gestor de desenvolvimento que será o responsável pela coordenação da execução do produto.

- É aconselhável que seja designado também alguém que não fique diretamente responsável por nenhum dos projetos e que, atuando como um supervisor de inovações, possa acompanhar a execução de todos, dando o suporte necessário para os gestores quando necessário e informando qualquer desaceleração no processo de desenvolvimento.

É possível que, como já foi dito antes, a empresa precise de uma validação de potenciais parceiros quando se tratar de um produto que demande uma parceria necessária. Nesse caso, a empresa dará o aval para que alguma pessoa por ela determinada entre em contato com os potenciais parceiros e consiga alguma validação positiva a respeito.

Ao final desta reunião, o CEO e alta diretoria da empresa vão comunicar ao Coordenador de Estudos de Inovações a data de uma reunião para apresentar ao Comitê quais ideias receberão o investimento e seguirão adiante no processo de concretização da inovação, informando também quem será designado supervisor de inovações e quais pessoas serão os gestores de desenvolvimento dos produtos a partir deste momento.

Esta será, pelo menos neste ciclo, a última reunião do Comitê. A prática da inovação será, a partir de então, uma atividade cotidiana com a realização de rápidas e regulares reuniões de acompanhamento envolvendo o CEO, a alta administração, o gestor de desenvolvimento e o supervisor de inovações. Entretanto, o Comitê ou alguns de seus membros poderão ser convocados para participar de sessões eventuais, como, por exemplo, as relacionadas com a prática 7.

EXECUÇÃO DE IDEIAS

O processo de geração de ideias é, de certo modo, divertido. Mas a partir do momento em que elas são selecionadas, começa uma nova etapa muito mais severa, pois envolve dois dos elementos mais importantes para as empresas: tempo e dinheiro. A execução da inovação compreende a transformação da ideia no produto final disponibilizado para as pessoas, através de um processo que está permeado de provas, as quais poderão também levar a uma mudança considerável em seu modelo de negócio ou mesmo à extinção da ideia, caso se demonstre a não viabilidade ou não confirmação das hipóteses essenciais.

A primeira grande questão nesse processo é se a implementação será realizada dentro ou fora da empresa. Em tese, executar a ideia na empresa é mais econômico, pois se pode aproveitar muito da estrutura existente. Quando se trata de inovações pontuais ou incrementais, esta é a opção mais comum.

Quando a inovação é considerada disruptiva ou radical, o mais aconselhável é realizá-la fora da empresa, constituindo uma organização autônoma. Isto porque, entre diversos fatores:

- Evita-se comparações infrutíferas sobre o retorno financeiro proveniente das operações existentes (produtos atuais) e das inovações, uma vez que estas estão cercadas de incertezas e normalmente exigem maior tempo até que deem lucro (se tiverem sucesso).

- Consegue-se uma desvinculação com a empresa-mãe, evitando que qualquer espécie de problema ou dificuldade que ocorra com esta, comprometa a nova organização ou vice-versa.

- Tem-se a possibilidade de uma operação mais enxuta e dinâmica, própria das *startups*. Algo que as empresas-mãe muitas vezes não conseguem assimilar por possuírem uma estrutura pesada e tradicional.

- Não há o risco de a equipe ser constantemente utilizada, total ou parcialmente, para outras atividades relacionadas com operações atuais da empresa-mãe, gerando uma perda de rendimento e o comprometimento da execução da inovação.

- Maior possibilidade de atração de investimentos. As empresas autônomas, independentes, tendem a atrair mais investidores, exatamente porque eles sabem que correm menos riscos em virtude dos fatores listados acima.

Na execução da inovação fora da empresa, também deve considerar-se a possibilidade de utilização de uma empresa terceirizada que possua um *know-how* na área de atuação, agilizando algumas etapas do processo. Neste caso, é necessário desenvolver ou contratar pessoas para acompanhar e assimilar o que está sendo feito pela equipe terceirizada a fim de evitar a dependência quando da necessidade posterior de atualização ou ajustes.

Caso a empresa decida executar a inovação dentro dela, primeiramente deverá optar se o desenvolvimento ficará a cargo de alguma divisão existente ou se criará uma nova. Como já foi dito, no caso de uma inovação pontual ou incremental, de desenvolvimento simples, é aconselhável utilizar setores existentes. Neste caso, deve-se ainda decidir se será composta uma equipe especializada (com dedicação integral à inovação) ou se será utilizada uma equipe existente que acumulará a responsabilidade da execução da ideia juntamente com as tarefas que já realiza. Nos outros casos (inovação radical ou disruptiva), apesar de gerar maior necessidade de investimento, criar uma nova divisão é mais aconselhável pelo fato dos executores estarem totalmente comprometidos com a inovação, dedicando 100% do seu tempo a ela. Além disso, fica claro para todos a importância que a empresa está dando às inovações, uma vez que está investindo realmente nelas, a começar pela contratação de uma equipe exclusiva. A empresa pode optar também por, caso esteja desenvolvendo mais de um projeto de inovação ao mesmo tempo, designar uma equipe para cuidar de todos eles (normalmente o departamento de P&D), desde que, não havendo prejuízo para o andamento das simultâneas execuções, haja um time com todas as competências necessárias ou se busque a terceirização para algumas tarefas.

Mesmo com a utilização de equipes 100% dedicadas às inovações, fatalmente será necessário o apoio de pessoal atual para a realização de algumas tarefas. Nestes momentos, é importante que o supervisor de inovações conduza esta integração, uma vez que normalmente conhece bem o funcionamento da empresa, possui um bom relacionamento com os demais gestores e, em caso de algum problema, tem acesso direto à alta administração, facilidades que o gestor de desenvolvimento do produto talvez não possua.

De um modo geral, é muito comum uma empresa conseguir gerar um bom número de ideias com potencial inovador e não conseguir executá-las. Isso ocorre por diversos motivos, entre eles: falta de previsão orçamentária, falta de estrutura, falta de pessoal com a devida competência, delegação da implantação a pessoa não adequada, entre outros. Outro fato habitual é a empresa abandonar as inovações durante o processo de execução. Isto acontece sutil e silenciosamente, ocorrendo quando a empresa opta por deixar a execução, sem a devida supervisão, a cargo de um gestor de desenvolvimento e uma equipe que, paralelamente, já é responsável por outras tarefas da empresa. Para evitar isto é que se ressalta a importância de um múltiplo acompanhamento da execução da inovação: CEO, alta administração e supervisor de inovações, bem como o estabelecimento de reuniões semanais para verificação do andamento das ações.

Muitas vezes, a empresa pode querer fazer com que o supervisor de inovações seja o gestor de desenvolvimento de algum produto. Exceto no caso de se estar trabalhando apenas com inovações pontuais ou incrementais simples, isto não é aconselhável por diversos motivos:

1. Será necessário, em algum momento, que o supervisor de inovações (atuando como gestor de desenvolvimento) passe a responsabilidade do projeto para um gerente de produto, ficando livre para continuar a se dedicar a outros processos de inovação. Entretanto, a definição deste limite (quando a ideia em desenvolvimento se transforma em algo operacional) não é exatamente muito clara pois, mesmo tendo sido lançado, é preciso acompanhá-lo, analisar seus KPIs, fazer ajustes e até testar novas possibilidades de extensão (atuação em novas praças, foco em novos targets, inserção de novas funcionalidades, desenvolvimento de novas opções de pagamento, formação de parcerias, etc.). Ou seja, de alguma forma o supervisor de inovações passaria a gerenciar a operação dos bens/serviços e isto comprometeria o desenvolvimento de outras inovações na empresa. O mais natural é que, havendo um gestor de desenvolvimento, ele venha a se tornar o gerente de produto, caso tenha demonstrado a devida competência durante a função.

2. Em algumas ocasiões, é necessário que o gestor de desenvolvimento participe de atividades externas (processo de aceleração, por exemplo), nestes casos, caso ele seja o supervisor de inovações, as demais ideias em execução

teriam seu andamento comprometido.

3. Ter uma pessoa liderando a execução de várias ideias não é atrativo para potenciais investidores, pois estes sempre exigem a dedicação integral da equipe à inovação.

4. Outro aspecto a se considerar é que, estando responsável pela execução, o supervisor de inovações tenderá a não buscar novas gerações de ideias porque saberá que resultarão em mais atribuições e, estando já cuidando da execução de algumas inovações, pode perceber que não terá condições de acumular tarefas adicionais. Isto com certeza fará a empresa perder boas ideias com potencial inovador e, a médio prazo, pode significar o fim da cultura de inovação da empresa.

Se a empresa acha que, em função de seu porte, o supervisor de inovações ficará muito tempo parado enquanto se desenvolvem as inovações selecionadas, é mais aconselhável que esta função então fique sob a responsabilidade do CEO ou de algum diretor que possua uma boa estrutura para desempenhar concomitantemente sua função original.

Plano de execução

O gestor de desenvolvimento, com o apoio do supervisor de inovações (quando não forem a mesma pessoa), deve apresentar à alta administração o plano de execução da inovação, composto por:

- Nome do produto (sugestões para definição pelo CEO / alta diretoria)
- Escopo do projeto
- Necessidade de estudos complementares (possibilidades)
- Definição detalhada da equipe necessária
- Detalhamento das necessidades de recursos e equipamentos
- Data de início e previsão de término

- Etapas do processo de desenvolvimento (objetivos e cronograma de atividades)
- Cronograma de reuniões de acompanhamento
- Especificação das provas que serão realizadas (hipóteses e testes) e dos KPIs (indicadores-chave de performance)
- Definição das ações de proteção
- Ações em pontos de contato
- Estratégia de lançamento

O escopo do projeto define claramente o que se deve fazer, especificando o que está incluído e o que não está incluído na execução. Isto serve para dar limites ao projeto de modo que nenhuma parte imagine que será contemplado algo que efetivamente não será realizado ou que se perca tempo fazendo alguma coisa que não deveria ser feita. O escopo deve ser o mais detalhado possível, definindo inclusive as funcionalidades e características do produto. Por exemplo: deve estabelecer se o projeto já inclui o desenvolvimento de um *site*, a formação de uma equipe de atendimento ao cliente (SAC), a contratação de assessoria de imprensa ou de agência de publicidade, o time de vendas, um protótipo final, a embalagem, os termos de uso, um regulamento, o treinamento do pessoal, um aplicativo, etc. Na verdade, não existe o que é certo e o que é errado no que se vai exigir na execução da inovação, o importante é que não haja dúvidas com relação a isto. No escopo, deve-se ainda registrar as restrições e os riscos envolvidos.

É preciso prever se haverá necessidade de estudos complementares (principalmente no que se refere à análise detalhada do panorama, prospecção tecnológica ou mesmo consultas a equipes técnicas, entre outras) e quais as provas que serão realizadas (teste de conceito, avaliação com *early adopters*, etc.). Somente após a definição de tudo isto é que se pode ter uma ideia mais precisa da necessidade de equipe, de recursos e de equipamentos necessários, bem como a definição dos prazos.

O plano de execução deve ainda apresentar um cronograma com todas as etapas de execução e seus respectivos objetivos. Para que se possa realizar um acompanhamento objetivo de seus resultados, é preciso definir também os KPIs, que devem ser específicos, quantificáveis e mensuráveis. Estes indicadores-chave de desempenho dependem do tipo de produto, da estratégia de inovação e do perfil da empresa.

É preciso alertar que, mesmo com um plano bem traçado, a execução da inovação não é um processo regular e contínuo. As operações do dia-a-dia da empresa buscam sempre ser eficientes, controladas, com ações repetitivas, metódicas, contínuas, infalíveis, com resultados previsíveis e padrões bem definidos. É o que Vijay Govindarajan e Chris Trimble definem como "máquina de desempenho", salientando que, em uma extremidade oposta a isto, "toda iniciativa de inovação é corretamente considerada um experimento", operando em situações de extrema incerteza, imprevisibilidade e alto risco. É um processo de idas e vindas, sobes e desces, aproximações e distanciamentos. Como alertam Bessant e Tidd: "a inovação é um alvo móvel".

REUNIÕES DE ACOMPANHAMENTO

É de fundamental importância a realização de reuniões de acompanhamento. Estas reuniões regulares levam a uma maior preocupação do gestor de desenvolvimento em manter o cronograma previsto e permitem que o CEO e a alta administração acompanhem o andamento do projeto e do plano de execução. Sugerimos reuniões curtas e, preferencialmente, semanais. Entretanto, em caso de não confirmação de hipóteses ou descoberta de fatos que afetem o projeto, uma reunião extraordinária deve ser solicitada imediatamente.

PROVAS

No mundo das inovações, descobrir rapidamente se as ideias e iniciativas não irão dar certo é de fundamental importância, faz parte de um princípio que se chama *fail fast*. Na verdade, a grande maioria das inovações não vai dar certo por uma série de fatores, portanto, descobrir rapidamente se a ideia que sua empresa está desenvolvendo vai falhar ou precisa de ajustes para alcançar o sucesso proporcionará uma grande economia de tempo e dinheiro. Deste modo, em vez de se desenvolver todo o produto, comprar um grande estoque de matéria-prima, ajustar toda a linha de produção, fazer um alto investimento em comunicação, entre muitas outras necessidades, o ideal é que se faça provas antes de tudo isso para saber se aquele bem/serviço e modelo de negócio serão aceitos.

Antes de um produto ser submetido à análise das pessoas, o que se tem é um conjunto de hipóteses. Presume-se que a empresa tem algo que é a solução para o problema de algumas pessoas em uma determinada praça, com uma proposição que as atrai, de modo que seria aceitável o pagamento solicitado. Ou ainda, que os processos, personalização, parcerias, pontos de contato e posicionamento propostos têm o potencial de alavancar este negócio.

Digamos ainda que, sem nenhum teste de validação prévia, você lance um produto no mercado e ele não obtenha o sucesso esperado. Como saber quais dos componentes do modelo de negócio foi o responsável pelo fracasso? Se, após o insucesso, você quiser descobrir onde errou para não errar outra vez, terá de fazer uma pesquisa. Ou seja, terá que fazer o que deveria ter feito antes de lançá-lo.

Por mais que o planejamento tenha sido muito bem feito, somente as provas irão mostrar a realidade. O papel aceita tudo, qualquer número e qualquer suposição. Mas só quando submetidas à aprovação das pessoas é que as suposições são ou não confirmadas.

Seguindo a linha de pensamento de *lean startup*, adotada por Eric Ries, sempre que possível é aconselhável lançar um produto com funcionalidades reduzidas, um MVP – Mínimo Produto Viável, que deve ser ampliado aos poucos, validando cada hipótese que precisa ser confirmada para que seja dado o passo seguinte. Esta estratégia permite o lançamento de bens/serviços de uma maneira mais rápida e evita, caso não haja a validação das hipóteses, a perda de tempo com muitos detalhes que não seriam necessários ou relevantes. Além disso, o conceito de produção enxuta, baseado no ciclo construir-medir-aprender, permite ajustes durante o desenvolvimento baseados não apenas em pesquisas e testes teóricos, mas na experiência real das pessoas ao utilizarem o produto.

Comprovação da existência do problema e determinação da dimensão do mercado

A primeira validação necessária diz respeito à comprovação da existência do problema. Às vezes acreditamos que ele existe e, na verdade, as pessoas acham que é algo não suficientemente relevante a ponto de quererem pagar por uma solução, qualquer que seja. O grande objetivo aqui é obter informações, saber se o problema existe e como se faz para solucioná-lo ou amenizá-lo. Se possível, devemos descobrir quanto as pessoas pagam pelas soluções atuais. É importante falar pouco e escutar muito. Um mesmo problema pode ser encarado de diferentes pontos de vista e também com diferentes formas de solucioná-lo. É possível inclusive perguntar qual seria uma possível solução que pudesse resolver este incômodo em um passe de mágica. É necessário extrair o máximo deste contato com as pessoas. Um problema leva a outro, portanto, não podemos nos preocupar se a pesquisa começar informando sobre "A" e acabar com as pessoas falando sobre "Z". Isso não é ruim, pois descobrir problemas e entender como eles são resolvidos atualmente é o primeiro passo para desenvolver inovações.

Devemos buscar obter informações sobre a forma de uso das soluções existentes e de que modo isto está relacionado com outras pessoas. Se possível, é aconselhável saber também como as pessoas se informam sobre tal tipo de solução ou itens relacionados (periódicos, *sites*, *blogs*, etc.), isso poderá ajudar a desenvolver o plano de comunicação posteriormente.

A segunda prova fundamental é a determinação da dimensão do mercado, ou seja, existindo o problema, quantas pessoas pagariam por uma solução para ele. Pode-se confirmar a hipótese de existência de uma quantidade expressiva de pessoas ou pode ser que a pesquisa revele o contrário. É importante também saber se o mercado em foco está em expansão ou retração.

Importante:

- A existência de um mercado consumidor pequeno não significa necessariamente que a ideia não deve seguir adiante. Nesse caso, é necessário saber se esse pequeno público tem o interesse e o poder de pagar mais caro pela solução.

Fatores-chave de sucesso

Mesmo que se tenha confirmado que se trata de um problema real com uma solução desejada por uma fatia considerável da população, ainda assim não é hora de começar a produzir em escala. Partindo de uma ideia do produto e do modelo de negócio, é importante descobrir quais são os fatores-chave de sucesso, revelados por suposições que, caso não sejam confirmadas, inviabilizarão o modelo de negócio imaginado para o bem/serviço pensado. Essas premissas variam de negócio para negócio. Para alguns casos, pode ser a adesão e o envolvimento das pessoas (como é o caso de plataformas colaborativas). Para outros modelos de negócio, pode ser a forma de pagamento. Em outros produtos, pode ser a proposição definida. E assim por diante. Esses fatores-chave de sucesso podem ser identificados fazendo a seguinte pergunta: que pressuposto deve ser confirmado para que este negócio não seja um fracasso? Por exemplo: se as pessoas não estivessem dispostas a vender seus objetos que estão sem uso, os classificados *online* não teriam sucesso. Por mais que o problema do negócio fosse a necessidade de pessoas comprarem objetos usados por um preço mais em conta, se não houvesse vendedores, esse modelo de negócios não teria sucesso. E vice-versa: por mais que as pessoas quisessem vender objetos sem uso, se não houvesse compradores, suas necessidades não seriam satisfeitas. Então, para este modelo de negócio, o interesse de vendedores e compradores em negociar produtos usados revela os pressupostos que devem ser previamente confirmados.

Se a pretensão é criar um produto para fazer as crianças dormirem mais, é imprescindível saber se as crianças têm poucas horas de sono e se isto chega a ser considerado como um problema pelos pais. Note que são duas premissas, a primeira delas (constatação das poucas horas de sono) é a mais importante porque, caso não confirmada, não há o que se fazer a respeito. Se esta hipótese não for validada, não adianta desenvolver qualquer tipo de produto com esta finalidade. A segunda premissa (se isso é considerado um problema pelos pais) não invalida a ideia, mas, caso não confirmada, irá exigir um esforço de comunicação para alertar os pais sobre os malefícios que a falta de sono pode acarretar aos filhos.

Após definidos os fatores-chave de sucesso, deve-se pensar em qual a forma mais simples de testá-los. Para cada um dos pressupostos, é possível que sejam aplicados testes diferentes, pesquisados separadamente, a fim de que não haja confusão nas respostas. Ainda no caso dos classificados *online*, por exemplo, jamais se deveria perguntar se as pessoas pesquisadas teriam o interesse de vender ou comprar objetos usados. Uma resposta positiva a este questionamento – da forma como foi feito – não validaria nenhuma das hipóteses, porque não seria possível determinar se as pessoas têm interesse em comprar (hipótese 1) ou vender (hipótese 2). Portanto, neste caso, é necessário fazer estas duas perguntas em separado.

Os testes de validação dos fatores-chave de sucesso poderão:

1) Confirmar o modelo de negócio como foi idealizado.

2) Mostrar a necessidade de ajuste de algum ou alguns dos PINs.

3) Revelar ser necessária uma alteração substancial de algum componente fundamental que leve a uma "pivotagem" do negócio.

4) Demonstrar a total inviabilidade do negócio proposto.

Importante

- Também ressaltar que o *feedback* obtido nos testes pode gerar também *insights* para criar outras inovações que atendam necessidades das pessoas, bem como pode resultar na descoberta do melhor argumento de venda.

Teste de conceito

Após identificada a existência do problema, verificado que o tamanho do público-alvo é aceitável e que os fatores-chave de sucesso foram confirmados, é importante realizar o teste de conceito, em que os potenciais consumidores avaliam a ideia concebida para o produto, confirmando se o que foi idealizado irá efetivamente atender às suas necessidades (proposição) com relação àquele problema e, principalmente, se elas pagariam por esta solução. Mas lembre-se: cada hipótese deve ser analisada separadamente. Portanto, a questão do pagamento só deve ser feita após a apresentação do conceito, porque independente dele ser aprovado ou reprovado, deve revelar se as pessoas pagariam ou não por ele e se elas pagariam ou não por outra solução. Pode ser que o que foi idealizado ainda não seja o que as pessoas precisam. Isso é comum. Se obtiver a aprovação do produto inicial, ótimo, siga em frente. Caso não seja aprovado, é necessário descobrir que tipo de solução as pessoas efetivamente desejam.

É importante que não se deixe a equipe ficar abalada com a não confirmação de alguma hipótese, devendo-se ressaltar o aprendizado obtido e a satisfação de se descobrir logo algo que evitou a perda de tempo de todos, mudando o foco em seguida para a busca das alterações necessárias para a realização dos devidos ajustes. Em contrapartida, a confirmação de cada hipótese deve ser trabalhada como fator de motivação para as pessoas da equipe porque demonstra que estão no caminho certo. Mas tenha sempre em mente que aprendemos com os erros, mas só evoluímos com os acertos. Portanto, cada insucesso não será um fracasso total se tivermos agregado algum conhecimento, de modo que o erro não seja repetido em outras situações. Diante da não confirmação de alguma hipótese, devemos sempre nos perguntar: o que aprendemos com isso?

Após aprovado o conceito do produto, mas antes de ser lançada sua versão final em larga escala, é importante também avaliá-lo, através de protótipos, amostras iniciais ou de um MVP. Isto vale para praticamente todo tipo de bem ou serviço, de alimentos (avaliação do sabor e outras características) a equipamentos eletrônicos (layout, operação, funcionalidades, etc.). Às vezes, este teste pode ser feito através de desenhos, apresentação em *powerpoint*, um *site* gratuito, uma amostra de papel, madeira ou outro material que sirva para dar uma ideia do produto. Mais uma vez, as ferramentas de inteligência artificial podem ser muito úteis nesse processo, podendo criar sites, textos, ilustrações, vídeos e muitas outras formas de apresentar algo rápido e de baixo custo para avaliação do público.

Naturalmente, as pessoas pensam que este tipo de pesquisa é mais fácil quando se trata de produtos digitais e que, para negócios tradicionais, a validação é um pouco mais complicada. Não podemos deixar de concordar que, em alguns casos, talvez isso não seja tão fácil e que o custo de uma pesquisa, dependendo do porte da empresa, seja relativamente alto. Nestes casos, devemos pensar em possibilidades como: amostras grátis, edições limitadas ou promocionais, estruturas físicas menores, realização de serviço sem custo, lançamento em área reduzida, teste em eventos e outras opções em que o negócio seja submetido a uma avaliação de maneira mais rápida e econômica. Por exemplo: antes de abrir uma lanchonete, que tal testar com um *food truck* ou *food bike*? Antes de fabricar um novo skate em grande escala, que tal fazer um protótipo e pedir para skatistas avaliarem? Antes de contratar muitas pessoas, que tal utilizar *free lancers*? Antes de abrir um grande escritório, que tal colocar a equipe trabalhando em *home office*? Antes de inaugurar uma floricultura, que tal vender suas flores em eventos? Antes de disponibilizar para todo o público, que tal testar com alguns clientes? Antes de instalar uma loja de cosméticos, que tal vender porta a porta? Antes de ter um grande estoque, que tal produzir sob encomenda? Use a criatividade, inove! Como afirmou Tom Peters: "praticamente qualquer coisa... na Boeing... ou no Café Bob & Martha..., ou no departamento de treinamento... pode ser testada, no mundo real, por uma quantia surpreendentemente pequena."

O ideal é que as pessoas testem o produto em suas situações normais de uso. Para isso, caso não seja possível uma pesquisa etnográfica (que envolve um contato real no dia-a-dia de pessoas, a fim de compreender a cultura e o comportamento de determinados grupos), a doação de amostras com coleta posterior de *feedback* pode ser uma alternativa interessante.

Após termos o problema, pessoas, proposição, produto e pagamento confirmados, temos então a possibilidade de resolver os aspectos referentes à praça, ou seja, onde iremos inicialmente atuar e como faremos a distribuição. Mesmo neste PIN, é possível realizar alguma validação, caso se esteja inovando na área de atuação, na logística ou nos canais de distribuição. Somente após a confirmação de todas estas questões, teremos finalmente a definição do modelo de negócio.

Importante:

- Mesmo que haja condições de se lançar um bem/serviço em larga escala, é aconselhável começar oferecendo-o somente a um pequeno grupo de clientes: os *early adopters*. São pessoas dispostas a pagar para ter o prazer de utilizar o produto em primeira mão e, mais do que isso, são solícitos em dar *feedbacks* sobre ele.

As provas envolvem tanto as inovações em desenvolvimento, quanto os produtos já lançados. Acho que todos que usam um determinado *software*, em algum momento, já passaram pela situação de achar que a versão anterior era melhor do que uma versão recém-lançada. Isso acontece porque algumas empresas insistem em fazer novas versões com uma porção de alterações que eles pressupõem que são melhores que as anteriores e, às vezes, estragam tudo.

Imagine que você está se relacionando com uma pessoa e gostaria que ela mudasse um pouco em um aspecto bem específico, mas você não diz nada, permanece incomodado em silêncio. Esta outra pessoa, por sua vez, percebe sua insatisfação e, ao invés de perguntar o que te incomoda, resolve mudar tudo! Ser uma nova pessoa para te fazer feliz. Resultado: insatisfação maior que a anterior, com grandes possibilidades de fim do relacionamento. Tudo porque faltou uma pergunta: que ponto você quer que eu melhore?

Nessa linha de raciocínio, o ideal seria que as empresas pesquisassem seus usuários para saber quais as funcionalidades que, na opinião deles, carecem de melhorias. Posteriormente, deveriam pedir para algumas pessoas avaliarem as soluções propostas para estes itens e, só depois desta aprovação, atualizar a versão para todos. No caso de elaborarem uma inovação, poderiam testar com um pequeno grupo de pessoas para verificar a aceitação delas.

Uma boa forma de pesquisar inovações/alterações é utilizando-se os testes AB, em que algumas pessoas são expostas ao produto com determinadas características (*layout*, cor, forma de exposição, etc.) e outros grupos são submetidos a outras opções, a fim de avaliar qual apresenta um melhor resultado.

Importante:

- Caso se trate de alteração de algo existente, deve manter-se um grupo-controle para o qual nenhuma mudança deve ser oferecida.

Também é importante ressaltar que as provas proporcionam um aprendizado para a empresa que, assim, vai formando um banco de informações que ajudarão muito em projetos futuros.

Algo fundamental com relação às provas é de que, na verdade, não devemos partir efetivamente para confirmar uma hipótese específica. Se assim o fizer, em caso de não confirmação, não saberemos o que as pessoas querem, descobriremos apenas que elas não querem a solução proposta pela empresa. Devemos partir sempre do pressuposto de que a opção proposta, assim como muitas outras, estão erradas e de que o importante é chegar ao que as pessoas querem no que se refere ao PIN pesquisado. O importante não é chegar somente a um "sim" ou "não", este tipo de resposta em geral não proporciona nenhum aprendizado. Neste sentido, vale salientar que, quando se altera um dos PINs, pode haver a necessidade de modificar diversos deles de acordo com a nova formatação, inclusive mexer em hipóteses já confirmadas. Por isso, há a necessidade de entender o que as pessoas querem e não apenas se aprovam esta ou outra opção.

Por fim, cabe um alerta. O mundo das inovações é muito dinâmico, mesmo que determinado ponto já tenha sido aprovado, caso haja uma mudança considerável no panorama, principalmente por causa de ações dos concorrentes, é preciso reavaliar os pontos envolvidos. Por exemplo, se houve a confirmação anterior de que as pessoas pagariam por determinado produto, caso um novo entrante ofereça algo similar por valor menor ou sem custo, é necessário reavaliar a opinião das pessoas sobre a questão do pagamento.

MVPs

A cada dia que passa, o mercado torna-se mais acelerado. Isso significa que as empresas não podem passar muito tempo preparando todos os detalhes do produto, é preciso lançá-lo rapidamente. Mesmo que o conceito tenha sido aprovado, há um grande risco de que ele, após efetivamente produzido, venha a não satisfazer às pessoas por diversos motivos. Além disso, é importante salientar também que não existe produto definitivo e que sempre há a possibilidade de melhoramento.

Tudo isso fundamenta a necessidade de que a primeira versão da inovação proposta seja um Mínimo Produto Viável, uma versão enxuta apenas com as funcionalidades essenciais para o seu funcionamento básico, de modo que as pessoas vão ter efetivamente atendidas suas necessidades, porém com poucos recursos adicionais, ou seja, quase sem nenhum benefício supérfluo. Em vez de esperar o produto ficar

100% pronto e com todas as funcionalidades possíveis implantadas, o ideal é lançar o MVP e ir implementando as melhorias continuamente, de acordo com o *feedback* obtido das pessoas. Para determinar quais seriam as funcionalidades essenciais de um produto, foque no que efetivamente solucione o problema inicialmente validado, aos fatores-chave de sucesso e à proposição (dores e ganhos).

Mas, apesar de estar operacionalmente focado no enxugamento de funcionalidades, este não é o objetivo do MVP. O que se pretende com ele é saber se o produto soluciona o problema e se as pessoas realmente estão dispostas a pagar por ele ou, em alguns casos mais específicos, se as pessoas vão aderir a ele de tal forma que outros interessados poderão pagar por isso. O MVP deve sofrer os ajustes necessários para, de acordo com o *feedback* dos *early adopters*, ser considerado aprovado. Após sua validação é que se deve pensar em acréscimos funcionais que, por sua vez, devem ser adicionados aos poucos para que se possa avaliar sua aceitação.

O uso do MVP acelera o processo de lançamento e evita desperdício de tempo e dinheiro em funcionalidades que talvez as pessoas não considerem relevantes ou que até mesmo rejeitem. Obviamente, a maior parte do público potencial prefere adquirir um produto completo e cheio de funcionalidades que talvez nunca cheguem a utilizar. Mas, focar na produção disto inicialmente não é aconselhável, por isso é fundamental que os primeiros usuários buscados tenham o perfil de *early adopters*.

KPIs

Mesmo após o seu lançamento, as inovações precisam ser analisadas. Para isso, é preciso definir quais são os KPIs (indicadores-chave de performance) que devem ser específicos, mensuráveis e quantificáveis. Entretanto, a definição dos KPIs que serão monitorados deve ser feita levando-se em conta os objetivos estratégicos e as expectativas de resultado, caso contrário serão apenas números inócuos.

No final da década de 30, o físico, engenheiro e estatístico estadunidense Walter A. Shewhart propôs que os modelos de produção fossem observados como um ciclo de Plan (planejamento), Do (executar) e See (ver/inspecionar). Na década de 80, o estatístico, professor universitário e consultor William Edwards Deming adaptou o modelo para PDSA - *Plan* (planejar), *Do* (executar), *Study* (estudar) e *Act* (agir), que posteriormente teve o terceiro elemento alterado pelos japoneses para *Check* (checar/analisar), consolidando-se como PDCA.

A essência do conceito é de que um produto (bem ou serviço) é algo dinâmico, seu desenvolvimento não acaba após o lançamento porque ele pode e deve ser alvo de um processo de melhoria contínua.

Importante:

- Mesmo que se verifique a necessidade de vários ajustes ou testes, procure realizá-los de forma que o resultado possa ser avaliado. Por exemplo: em um restaurante, imagine que você queira aumentar um pouco os preços e concomitantemente retirar alguns itens do cardápio. Se, após essas iniciativas, as vendas caírem, o que terá proporcionado isso? O aumento de preços ou a variação do cardápio?

PAINEL 15 PINs - INSERINDO PROVAS

Quadro 16

Anote qual o tamanho do mercado previsto e quais provas serão realizadas para validar a comprovação da existência do problema e os fatores-chave do sucesso, bem como quais serão os testes de conceito e os KPIs para acompanhar a evolução do produto.

PAINEL 15 PINs - QUADRO 16

Provas / Proteção

NOME DO PRODUTO (BEM OU SERVIÇO): *Pizzaria XYZ*

FATORES-CHAVE DE SUCESSO

- *Dores e ganhos são reais para o público-alvo?*

PROVAS (VALIDAÇÕES E ACOMPANHAMENTO)

- *Fazer pesquisa para saber se as pessoas concordam com a proposição e com as formas de personalização propostas*
- *Validação de novos sabores através de distribuição de minipizzas*
- *Validação de novos sabores através de lançamento como especial de datas comemorativas*
- *Determinar como KPIs: faturamento, quantidade de pizza vendida por cada tipo de sabor, vendas por ponto físico e vendas por delivery*

PROTEÇÃO (AÇÕES)

Figura 32: painel 15 PINs - Quadro 16

PROTEÇÃO

A gestão de desenvolvimento de um produto envolve um grande esforço de geração e seleção de ideias, realização de provas diversas, ajustes e reajustes. Agora imagine que, depois de tudo isso, alguém simplesmente copie sua ideia e a disponibilize por um preço menor, não precisando incorporar custos referentes ao desenvolvimento da inovação. É para evitar este tipo de problema que a questão da proteção é de fundamental importância. Patentes, registro de marcas e de desenhos industriais, sigilo, termos de confidencialidade, segurança jurídica de parcerias e a questão da criação de barreiras para novos entrantes são algumas formas de se realizar essa proteção.

A legislação sobre a proteção da propriedade intelectual e as operações para o seu cumprimento podem variar de um país para outro e, muitas vezes, o tempo que diz respeito ao direito de exclusividade expira antes mesmo do autor ter seu registro formalizado.

Este livro não tem por finalidade esmiuçar detalhes a respeito desta questão que, algumas vezes, gera conflitos internacionais e são discutidos em batalhas jurídicas que duram muitos anos. A intenção aqui é apresentar as possibilidades de proteção como um dos fatores de fundamental importância para a gestão de inovações. Para isso, evitando adentrar em especificidades e controvérsias, foi tomado como base o TRIPS – *Trade Related Intellectual Property System* (Acordo sobre Aspectos dos Direitos de Propriedade Intelectual Relacionados ao Comércio), bem como as legislações definidas na Convenção de Roma (1961), Convenção de Paris (1967) e Convenção de Berna (1971).

No TRIPS são citadas as possibilidades de Proteção Intelectual a seguir nomeadas, as quais apresento sua definição, tendo por base também as legislações citadas. Entretanto, vale salientar, o TRIPS é um acordo entre os Estados-Parte, não gerando diretamente obrigações e direitos a particulares, devendo estes se regularem por legislação interna de cada país, servindo o TRIPS como um padrão mínimo desejado no que diz respeito aos direitos de propriedade intelectual.

De qualquer modo, o mais importante é consultar a legislação local para se obter detalhes sobre a proteção da Propriedade Intelectual de cada país.

Importante:

- Considerando a importância do tema e os pormenores legais envolvidos, recomendamos a contratação de uma assessoria jurídica especializada pois, como tudo que envolve o universo das leis, existem detalhes que, caso não sejam observados, podem comprometer todo o seu processo de proteção.

Marcas

Definidas como sinais que distinguem bens e serviços de diferentes empreendimentos, as marcas, quando registradas, impedem o uso não autorizado por terceiros, evitando confusões no mercado.

Direitos Autorais e Conexos

Conforme a Convenção de Berna, direitos autorais abrangem obras literárias e artísticas em diversas formas de expressão. O TRIPS ressalta que a proteção se aplica a expressões, não a ideias. A proteção também se estende a artistas intérpretes, produtores de fonogramas e organismos de radiodifusão, conhecidos como direitos conexos. Programas de computador e compilações de dados são protegidos como obras literárias.

Indicações Geográficas

Essas indicam produtos originários de um local específico, cuja qualidade ou reputação é atribuída à sua origem geográfica. Exemplos incluem Champagne e Queijos Roquefort.

Desenhos Industriais

Refere-se à aparência estética de um produto, protegendo aspectos visuais, mas não funcionais, desde que sejam novos ou originais.

Patentes

Invenções de produtos ou processos são patenteáveis se novas, inventivas e aplicáveis industrialmente. Existem patentes de invenção e de modelo de utilidade. O titular pode impedir terceiros de usar ou comercializar a invenção.

Cultivares

Novas variedades de vegetais resultantes de pesquisa podem ser protegidas por patentes ou sistemas sui generis, desde que haja intervenção humana na composição genética.

Topografias de Circuitos Integrados

A proteção de circuitos integrados pode depender de registro ou ser garantida desde a primeira exploração comercial, variando entre países.

Proteção de Informação Confidencial

Conhecida como sigilo empresarial, essa proteção não tem prazo e é mantida enquanto a informação permanecer secreta. A confidencialidade deve ser garantida por precauções adequadas, mas não oferece garantias jurídicas contra violação.

Registro de domínios e redes sociais

Nem todas as formas de proteção são citadas no TRIPS ou em tratados internacionais, um destes exemplos é o registro de domínios e a abertura de contas em redes sociais. Com o desenvolvimento das tecnologias e recursos digitais, antes de se pensar no nome da empresa, é importante consultar se já existe algum domínio de internet associado ao nome desejado. Caso haja, mesmo que se refira a outro segmento de atividade, é importante lembrar que as pessoas naturalmente deverão digitar este endereço na busca de sua empresa/produto e, obviamente, não chegarão onde ela e você desejam. O mesmo ocorre em redes sociais, mesmo que a empresa não tenha nenhum interesse em administrar contas nas diversas redes sociais, é importante criá-las como modo de assegurar de antemão estes canais, evitando a apropriação deles por terceiros. A existência de domínios e contas de redes sociais que possam levar às pessoas aos canais de contato errados ensejarão a empresa um esforço desnecessário em comunicar as URLS (endereços) e perfis oficiais.

Termos de Confidencialidade

O termo de confidencialidade ou acordo de confidencialidade é um tipo de contrato por meio do qual duas partes (pessoas físicas ou jurídicas), durante a elaboração ou a execução de um projeto, se comprometem a manter em sigilo as informações estratégicas que serão compartilhadas entre ambas. É utilizado também quando empresas em processo de negociação precisam conhecer mais sobre a outra antes da finalização do acordo.

A utilização do documento busca evitar que uma das partes utilize, publique ou divulgue, sem a autorização da outra, informações e práticas confidenciais, tais como técnicas e processos de produção, segredos industriais e estratégias de mercado.

O termo de confidencialidade pode ser registrado em cartório ou mesmo ter sua existência mantida em sigilo, caso possua cláusula prevendo isto.

Segurança jurídica de parcerias

As propostas de parceria surgem de uma parte interessada para a outra parte prospectada. Muitas vezes a proposta é interessante, mas a outra parte pode sentir-se tentada em realizá-la com um concorrente da empresa que propôs a parceria. Além do respeito à ética corporativa, infelizmente não existe nenhum impedimento jurídico que impeça esta prática.

Em casos de negociações entre grandes empresas, obviamente as mesmas devem solicitar o devido apoio dos respectivos departamentos jurídicos, inclusive com a possível utilização de um termo de confidencialidade. Mas entre pequenas e médias empresas, a possibilidade de utilização desta prática desleal é considerável. Para minimizar este risco, recomenda-se que, pelo menos inicialmente, não sejam apresentados todos os detalhes da proposta.

AS 5 FORÇAS COMPETITIVAS

Em 1979 Michael E. Porter estabeleceu cinco forças competitivas básicas, elementos que podem ser utilizados para estabelecer uma vantagem em relação à concorrência, bem como estabelecer a formulação de estratégias. São elas:

- Rivalidade entre as empresas existentes
- Ameaça de novos entrantes
- Poder de negociação dos compradores
- Poder de negociação dos fornecedores
- Ameaça de produtos ou serviços substitutos

Observando-se que estas forças têm relação com a proteção da empresa no mercado, é importante verificar os itens abaixo que podem ajudar nessa ação:

Barreiras de entrada

Quando um segmento se mostra atrativo e lucrativo, passa a chamar a atenção de outras empresas que rapidamente vão querer uma fatia deste mercado. Nesse aspecto, um dos principais pontos para reduzir a ameaça de atração de concorrentes é a existência de barreiras de entrada, ou seja, fatores que dificultam a chegada de novos *players* no segmento de atuação.

Como exemplos de barreiras de entrada, podemos citar:

- Exigências legais e governamentais: necessidade de cumprimento de certos requisitos legais para a operação. A regulamentação de certos setores pode dificultar ou até mesmo impedir a entrada de concorrentes.

- Necessidade de capital elevado: quanto maior for a necessidade de investimento para se atuar em um segmento, menor tende a ser o número de concorrentes interessados nele, principalmente quando os recursos tiverem que ser destinados em gastos não recuperáveis em comunicação ou pesquisa e desenvolvimento.

- Economias de escala: o custo de operação de uma empresa é menor quanto maior for a sua escala de produção, pesquisa, *marketing*, compra de matéria-prima, distribuição e serviços, entre outros fatores. Deste modo, os novos entrantes devem se submeter a uma menor escala e ter, consequentemente, gastos maiores ou, para competir em paridade de custos com os atuais *players* do segmento, devem investir em uma escala maior, ocasionando um aumento de risco do negócio.

- Desvantagens de custos independentes do tamanho: para as empresas já estabelecidas, alguns custos são menores, independentemente da economia de escala. Por exemplo, acesso e possível contrato de exclusividade com os melhores fornecedores de matéria-prima, localização privilegiada, *know-how* (aprendizado e experiência), melhor potencial de negociação na compra de ativos e possibilidade de contratação dos melhores profissionais.

- Diferenciação: quanto mais diferenciado o produto, maior a necessidade de investimento dos novos entrantes no esforço de buscar uma forma de também diferenciar-se.

- Marca patrimonial e lealdade dos clientes: uma marca forte e consolidada exige maior investimento dos novos entrantes para estabelecer-se e quebrar a lealdade dos clientes. Em mercados inovadores, as primeiras empresas devem vislumbrar sempre a possibilidade de se tornarem sinônimos do segmento.

- Propriedades intelectuais e industriais: patentes, direitos autorais, indicações geográficas, segredos empresariais, entre outras proteções de propriedades intelectuais e industriais possibilitam um tempo para exploração exclusiva do produto e, consequentemente, impedem a entrada de novos concorrentes durante este período conforme detalhamos anteriormente.

- Possibilidade de reação: quando do estudo para verificar a viabilidade de entrada em um mercado, os novos entrantes avaliam a possibilidade de reação das empresas existentes, observando, entre diversos fatores, como os competidores estabelecidos atacam os novatos, qual o potencial de investimento nesta reação, qual a influência sobre os canais de distribuição e setores governamentais e qual a possibilidade de inclinação de redução de preços (normalmente através de ações promocionais) com a diminuição temporária de suas margens de lucro apenas para prejudicar os novos concorrentes.

- Canais de distribuição: como bem salientou Michael E. Porter, "quanto mais limitados forem os canais de atacado e varejo e quanto mais os concorrentes já estabelecidos dominem estes canais, obviamente mais difícil será a entrada neste setor industrial. Algumas vezes esta barreira é tão elevada que, para transpô-la, um novo competidor deve criar seus próprios canais de distribuição".

- Efeito de rede (*network effect*): em certos tipos de produto, as pessoas normalmente terão que eleger uma opção dentre as disponíveis e, neste sentido, elas tendem a escolher as que as outras pessoas estão utilizando mais. Por exemplo, você preferiria comprar um aparelho telefônico de um sistema existente que a grande maioria das pessoas já está utilizando ou adquirir um outro de um sistema diferente que poucas pessoas utilizam, ou seja, que não lhe proporcionará se comunicar com a maior parte das pessoas? Isso é o que se chama efeito de rede, um fator que propicia uma vantagem competitiva à empresa em função da quantidade de usuários que ela possui. A um *player* entrante que queira adentrar num mercado que já é dominado por uma empresa que já se beneficia deste efeito, a saída é se posicionar como uma opção alternativa (e melhor!), oferecendo consideráveis vantagens para que as pessoas a utilizem, pelo menos inicialmente, como redundância.

Nosso objetivo aqui é conscientizar as empresas da possibilidade de utilizar estas barreiras a seu favor, principalmente nos pontos que dependem unicamente de sua ação, como, por exemplo:

- Formalizar contratos de exclusividade com os grandes fornecedores, obrigando novos entrantes a se contentar com parceiros de menor qualificação.

- Ocupar pontos físicos privilegiados, estando sempre atento para que sua loja e pontos de venda estejam na melhor localização, deixando para os novatos locais de menor destaque.

- Ter uma política de constante modernização de equipamentos, destinando sempre parte da receita para esta finalidade. Isto obrigará os novos entrantes a terem que realizar altos investimentos iniciais para que possam se equiparar ao seu padrão.

- Contratar e reter os melhores profissionais, deixando para os concorrentes e novas empresas do segmento apenas a possibilidade de formação de uma equipe menos qualificada.

- Buscar ter sempre produtos diferenciados, aumentando sua vantagem competitiva e fazendo com que seja maior a necessidade de investimento dos novos entrantes no esforço de buscar uma forma de também diferenciar-se.

- Investir na sua marca e estimular a lealdade/fidelidade dos seus clientes, pois, com isso, maior será a necessidade de investimento dos novos entrantes.

- Consolidar-se como *player* de referência do segmento. Não deixe esta lacuna aberta para concorrentes. Uma boa forma de avaliar este fator é realizar pesquisas do tipo *top of mind*. Busque sempre ser a marca mais lembrada em seu segmento de atuação.

- Proteger suas propriedades intelectuais e industriais.

- Mesmo com poucos ou nenhum concorrente, mantenha um investimento constante em comunicação e tenha poder de fogo para reagir à entrada de novos *players*, sufocando suas campanhas de comunicação.

- Tenha sempre uma ação promocional na carta da manga. Esta é uma boa forma de oferecer vantagens temporárias, minando a chegada de novos concorrentes, sem ter que baixar o preço de forma direta.

- Fique atento às possibilidades de parceria que sua empresa pode realizar, evitando que seus concorrentes utilizem.

- Domine os principais canais de distribuição, exigindo o entrante a se contentar com canais alternativos, normalmente com maior custo.

- Explore o efeito de rede (*network effect*), se este é um fator-chave de seu segmento de mercado, então invista nele, analise todas as formas de ampliá-lo cada vez mais.

Lembre-se sempre que, quanto maior a necessidade de investimento, maiores os riscos para quem deseja atuar no seu segmento, diminuindo a atratividade do negócio e, consequentemente, minimizando a chance de chegada de novos concorrentes.

Produtos substitutos

Quando um segmento de mercado ganha destaque, não só atrai novos concorrentes diretos, como também aumenta o risco de aparecimento de bens/serviços substitutos. Portanto, esta possibilidade não deve ser negligenciada pelas empresas, pois certamente resultará na limitação ou diminuição das margens de lucro bem como podem destruir *players* que resolvam investir pesado para atender a um determinado mercado que aparentemente estava em ascensão, mas teve sua demanda fracionada por soluções alternativas.

A existência de produtos substitutos evidencia a máxima de que não existe apenas uma solução para os problemas. Deste modo, opções alternativas estão propensas a serem lançadas, especialmente se forem mais baratas, apresentarem melhor rendimento ou se apresentarem proposição de valor mais adequada ao desejo dos compradores.

Importante:

- Nunca subestime novos produtos substitutos. Inovações disruptivas normalmente nascem pequenas e aparentemente sem importância.

Fornecedores

O poder dos fornecedores deve ser visto com cautela quando:

- Possuem pouca ou nenhuma concorrência do que oferecem, bem como quando estão em menor quantidade que as empresas que se utilizam de seus produtos.

- Para a empresa trocar por um de seus concorrentes, terá que arcar com alto custo de mudança em função de vinculação às especificações do que está sendo produzido, integração ou conexões técnicas, investimento em equipamentos auxiliares específicos, por exemplo.

- A empresa ou o seu segmento de atuação são irrelevantes para o fornecedor. Ou seja, não fará diferença se o fornecedor deixar de ter a sua empresa na carteira de clientes dele ou não haja interesse do fornecedor em usar seu poder para proteger (de maneira ampla) ou desenvolver (através de P&D, por exemplo) um determinado segmento.

- Há a possibilidade de o fornecedor vender o produto diretamente para o consumidor final.

Clientes

O poder dos clientes deve ser visto com atenção quando:

- Há forte concentração ou realiza compras em grandes volumes, especialmente quando há necessidade de alto custo fixo em função da produção específica para atender estes grupos.

- Os produtos oferecidos em seu segmento de atuação são padronizados ou sem diferenciação, resultando pela escolha em função do preço. Isso se acentua quando, numa relação B2B2C, o que sua empresa disponibiliza faz parte do que seu cliente oferece a terceiros (especialmente se este item representa uma fração considerável nos custos dele) e quando a qualidade do que sua empresa oferece não tem muita importância para o comprador.

- O que você oferece não resulta em significante economia de dinheiro e/ou tempo para o comprador.

- Há a ameaça de o seu cliente tornar-se produtor do que compra à sua empresa.

Concorrência

Os concorrentes de uma empresa representam, em qualquer segmento, uma grande fonte de preocupação permanente, mas esta atenção deve ser redobrada quando:

- São numerosos e possuem praticamente a mesma relevância em termos de tamanho e poder.

- O crescimento do consumo do segmento é menor que o desejo (e consequente ação) de crescimento dos concorrentes, gerando uma guerra por *market share*.
- Há baixa diferenciação entre produtos e baixo (ou nenhum) custo de mudança por parte dos compradores.
- Existência de custos fixos elevados que comprometem a saúde financeira da empresa em virtude de eventuais quedas nas vendas, resultando em possível tentação de redução de preço em situações de risco.
- Alta perecibilidade dos produtos, resultando em grande possibilidade de que concorrentes reduzam o preço para desovar estoques prestes a vencer.
- Grande diversidade de pensamento e estratégia dos concorrentes em relação a um determinado segmento de atuação, resultando em uma competição desregulada e desequilibrada.

Nos casos acima, é preciso ter sempre um plano B estabelecido para que a empresa não seja pega de surpresa. Nada disso chega a ser uma grande novidade, porém muitas empresas ainda são surpreendidas com problemas dessa ordem. Concorrentes sempre vão querer tomar seu lugar. Fornecedores são empresas como a sua e vão sempre buscar uma oferta mais vantajosa. Do mesmo modo, os clientes mostram que a fidelidade é relativa quando outra empresa oferece algo mais atrativo.

PROTEÇÃO PARA AS PESSOAS

Importante ponto também a ser observado é a proteção para as pessoas, tanto para a equipe quanto para o público consumidor. Essa proteção diz respeito à observação de todos os fatores que, de alguma forma, possam ocasionar problemas para as pessoas na realização (de forma ampla) ou utilização dos bens e serviços. Isto envolve todas as etapas do processo: pesquisa e desenvolvimento, produção, armazenamento, distribuição, transporte, divulgação, comercialização, consumo/utilização e descarte de resíduos.

Este tópico está relacionado direta ou indiretamente às questões trabalhistas e às diversas relações de consumo, independente de envolver ou não alguma espécie de pagamento.

A proteção das pessoas durante a realização do trabalho está fortemente abrangida pela legislação trabalhista e deve ser seguida independentemente do tipo de produto, quer se trate de algo inovador ou não.

Quanto à proteção dos usuários é preciso ter especial atenção às regras da vigilância sanitária e as regulações referentes aos direitos do consumidor (envolvendo questões como segurança contra os riscos provocados pelo uso; a divulgação adequada; a especificação correta sobre quantidade, características, composição, qualidade, preço e forma de pagamento; a utilização de métodos comerciais coercitivos ou desleais; bem como o uso de práticas abusivas ou imposições ilegais, ou prejudiciais aos usuários). Vale salientar que é também de suma importância o cuidado com tudo o que se refere à coleta, guarda, tratamento e uso de dados dos usuários/clientes.

Além disso, é necessário ter cuidado com outros aspectos como danos patrimoniais e morais, prejuízos causados ao meio ambiente, a bens e direitos de valor artístico, estético, histórico, turístico, paisagístico, por infração à ordem econômica e a outros interesses difusos e coletivos.

Caso sua empresa for trabalhar com *e-commerce*, cuidado com as fraudes cada vez mais comuns e elaboradas no ambiente *online*. Contrate um bom sistema antifraude com validação no cadastro e nas transações.

Importante:

A preocupação com a proteção das pessoas também envolve terceirizados e empresas parceiras.

PAINEL 15 PINs - INSERINDO PROTEÇÃO

Quadro 16

Liste as ações que podem ser realizadas visando a proteção do produto, dos colaboradores e dos usuários.

PAINEL 15 PINs - QUADRO 16

Provas / Proteção

NOME DO PRODUTO (BEM OU SERVIÇO): *Pizzaria XYZ*

FATORES-CHAVE DE SUCESSO

- *Dores e ganhos são reais para o público-alvo?*

PROVAS (VALIDAÇÕES E ACOMPANHAMENTO)

- *Fazer pesquisa para saber se as pessoas concordam com a proposição e com as formas de personalização propostas*
- *Validação de novos sabores através de distribuição de minipizzas*
- *Validação de novos sabores através de lançamento como especial de datas comemorativas*
- *Determinar como KPIs: faturamento, quantidade de pizza vendida por cada tipo de sabor, vendas por ponto físico e vendas por delivery*

PROTEÇÃO (AÇÕES)

- *Comprar domínio (url)*
- *Criar perfis nas redes sociais*
- *Registrar marca*
- *Negociar exclusividade com fabricante de bebida*

Figura 33: painel 15 PINs - Quadro 16

PONTOS DE CONTATO

Como uma marca se conecta com as pessoas? Através do nome? De sua logomarca? Pela embalagem? Pelo seu *site*? Pelas campanhas publicitárias? Pelas redes sociais? A resposta é: por tudo isso e muito mais! Todas as formas que alguém vê, escuta, experimenta ou se relaciona com uma marca são pontos de contato. Isso inclui comentários, vendas, cobranças, avaliações, etc.

Este é um dos maiores grupos dos 15 PINs e é praticamente ilimitado porque tudo o que é criado hoje em dia revela uma oportunidade de contato. E a cada vez que isto acontece, a imagem de sua empresa vai sendo formada ou reformada na mente das pessoas.

Marketing Mix: promoção x comunicação x pontos de contato

Jerome McCarthy, quando definiu os famosos 4 Ps que compõem o *Marketing Mix*, destacou como um destes elementos a promoção, que ele resume como "a comunicação entre o vendedor e o comprador". Constituída, segundo ele, por propaganda, venda, publicidade, relações-públicas e "várias outras formas de promoção". Os pontos de contato abordados neste livro têm esta mesma essência. Optamos, entretanto, pelo termo pontos de contato por dar uma dimensão ainda maior. De qualquer forma, os pontos de contato possuem os mesmos objetivos básicos definidos por McCarthy para a promoção: informar, persuadir e lembrar.

- Informar diz respeito a fazer com que as pessoas de uma determinada praça conheçam o produto, assimilando qual problema resolve e qual a sua proposição, além dos aspectos referentes ao seu pagamento. Pode ainda destacar seu posicionamento, algum tipo de processo diferenciado, personalização possível, parceria realizada ou mesmo alguma ação em pontos de contato.

- Persuadir consiste em convencer as pessoas a desejarem o produto e tomarem uma ação (compra/experimentação).

- Lembrar tem por objetivo evitar que, uma vez que não haja novidades a informar e a persuasão já tenha sido concretizada, a marca não seja esquecida pelas pessoas e possa ser substituída por outra.

Os 3Ms da comunicação eficiente

A comunicação é a mensagem que, partindo de um emissor, é recebida por um receptor. Analisando-se os itens informados como opções de pontos de contato, esta mensagem pode ser passada de modo consciente ou inconsciente. Uma boa apresentação de um vendedor passa uma mensagem positiva. Em sentido oposto, uma loja suja ou embalagens danificadas transmitem uma mensagem negativa. Na verdade, cada ponto de contato pode transmitir uma mensagem diferente para cada pessoa em cada situação.

Quando se fala em comunicação, é sempre válido salientar que a mensagem não é o conteúdo que emitimos e, sim, o que o receptor compreende. Por isso é importante avaliar o conteúdo da mensagem para que esta esteja adequada ao destinatário, bem como evitar que, de algum modo, possam surgir interferências neste processo como, por exemplo, sentidos diferentes, dúvidas ou gatilhos que levem a uma má interpretação ou despertem sentimentos indesejados.

Para que uma mensagem chegue até o receptor, é preciso de um meio, que se caracteriza como o canal utilizado para realizar esta ponte. Existem diversos tipos de meio: televisão, rádio, mídia externa, internet, mensagem direta, impressos, etc. Cada meio possui características específicas e apresenta vantagens ou desvantagens em relação aos outros, devendo-se, portanto, avaliar também a adequação da mensagem ao canal utilizado.

Até pouco tempo, quando se falava em comunicação eficiente, se chamava a atenção exatamente para estes dois fatores: a mensagem e o meio. Entretanto, para que uma comunicação seja eficaz, é preciso avaliar um terceiro fator: o momento. O momento tem a ver com a hora e a situação em que o receptor se encontra. De nada adianta uma mensagem ser clara, relevante e estar adequada ao meio utilizado, se ela chegar em um momento inoportuno. Por exemplo, não tem praticamente nenhum valor a informação de uma promoção de um restaurante em algum município se o receptor estiver em outra cidade ou, sendo específica para o almoço daquele dia, se chega ao conhecimento do público-alvo após as pessoas já terem almoçado.

Dentro dessa abordagem, considerando o público-alvo, deve-se primeiro considerar o momento, depois o meio e, por fim, a mensagem adequada dentro da macroestratégia de comunicação. Neste sentido, para que a comunicação seja realizada de forma eficiente e eficaz nestes 3 Ms (Momento, Meio e Mensagem), a personalização se revela como uma ferramenta extremamente importante, pois ela possibilita uma otimização na escolha da melhor ocasião e do conteúdo mais adequado para impactar cada pessoa, de acordo com os pontos de contato disponíveis naquele momento.

Relacionamento das pessoas com a marca

Ao analisar os pontos de contato, precisa-se basicamente avaliar o nível de relacionamento de cada pessoa com a marca. Note que não estamos falando em pessoas no plural, pois cada indivíduo tem uma percepção diferente de cada marca, se enquadrando nos seguintes níveis de relacionamento com ela:

- Desconhecimento – neste nível, a pessoa ainda não foi impactada de forma nenhuma pela marca. Na verdade, ela nunca nem ouviu falar. É como se a marca nem existisse.

- Consciência da existência – aqui a pessoa já foi apresentada de modo superficial à marca. Viu em algum lugar, ouviu falar, escutou ou leu algum comentário, mas desconhece maiores detalhes.

- Conhecimento – a pessoa já sabe detalhes sobre a empresa, em que mercado atua, que produtos oferece, quais são os seus valores, posicionamento, etc. Mas ainda não teve nenhuma experiência de compra ou consumo.

- Repúdio – após conhecer a marca, mas antes mesmo de experimentá-la, a pessoa pode repudiá-la por não concordar com seu posicionamento, suas ações ou por alguma percepção negativa.

- Experimentação – ocasionada através da compra, consumo ou degustação, inclusive através da ação de um outro consumidor que, tendo comprado o produto, oferece-o a outras pessoas. Esse estágio pode ocorrer ao mesmo tempo, da consciência da existência e conhecimento, pois a pessoa pode vir a realizar a experimentação tendo total desconhecimento anterior da marca ou produto antes desta oportunidade.

- Rejeição – uma vez que haja a experimentação, é possível que a experiência seja negativa a tal ponto que a pessoa evite a repetição do consumo/utilização, passando inclusive a aconselhar outras pessoas a não adquirirem o produto.

- Indiferença – após experimentar, a pessoa pode constatar que se trata de um produto sem diferencial em relação a outros e que, portanto, pode voltar a consumi-lo ou não, dependendo de fatores como: ausência de sua marca preferida, preço menor ou promoção interessante.

- Preferência – revela que, entre as opções existentes, a pessoa irá optar por este produto. Entretanto, na falta dele, comprará outro. Nesta situação, já há um grau de indicação ocasional, aceita pagar um pouco mais caro que o valor médio e se sente mais confortável e acessível para experimentar outros produtos desta mesma marca.

- Lealdade – neste nível de relacionamento, caso a pessoa não encontre o produto, não levará nenhum outro substituto e, possivelmente, se dará ao trabalho de ir a outros estabelecimentos comerciais até que encontre a marca que deseja. São pessoas que recomendam o produto constantemente para as outras pessoas do seu círculo e não questionam o seu preço de venda. Caso a marca cometa algum erro ou falha, as pessoas leais costumam dar mais algumas chances, perdoando algum deslize.

- Comprometimento – chegamos ao ponto máximo da relação entre pessoas e marcas. Além de serem leais, as pessoas comprometidas se identificam de tal modo com as marcas que as têm como companheiras do seu dia a dia. Se interessam em interagir com elas, dar sugestões para a sua melhoria e participar de campanhas, causas e eventos realizados. São os conhecidos "advogados da marca", defendendo-a em caso de ataque por qualquer pessoa, seja seu amigo ou um desconhecido.

Tão importante quanto saber em que estágio as pessoas se encontram em relação à sua marca, é conhecer as alavancas que podem fazê-las subir de nível. Para isso, é necessário entender suas necessidades e de que modo o produto e as ações da empresa as satisfazem, especialmente no que se refere a pontos de contato e posicionamento. Tenha sempre em mente que a meta é o comprometimento com a marca ou, no mínimo, a lealdade. Abaixo disso, há um grande risco de perda de clientes e diminuição da margem de lucro. Além disso, compreender os motivos de repúdio, rejeição e indiferença são fundamentais para que esses estágios possam ser superados e revertidos.

Surpreendendo as pessoas

Três coisas podem acontecer quando uma pessoa se depara com um ponto de contato:

- Ter sua expectativa atendida;
- Decepcionar-se; ou
- Surpreender-se.

Atender à expectativa dos clientes é cumprir a promessa feita através da comunicação (promoções, variedade informada, etc.) ou através do posicionamento e proposição adotados (discurso e prática condizentes).

Quando falamos em decepções em pontos de contato, na maioria das vezes estamos nos referindo ao não atendimento das expectativas e a pequenos deslizes que uma marca comete. Obviamente, as pessoas podem tolerar eventuais pequenas falhas, mas uma sucessão de erros (mesmo que pequenos) ou uma grande decepção pode provocar um estrago considerável na relação das pessoas com a marca.

Porém, a situação ideal é quando as pessoas são surpreendidas. Ou seja, a experiência com aquele ponto de contato supera as expectativas. E isto não ocorre por acaso. Trata-se de um esforço pensado e planejado. Mas, vale ressaltar, o que surpreende hoje não causará o mesmo efeito amanhã, pois, já tendo sido conhecido, perderá naturalmente o seu poder de impacto e há a tendência de que seja copiado, tornando-se comum, de modo que as pessoas assimilarão este tipo de ação como padrão no mercado em geral ou mesmo naquela empresa. A partir daí, as pessoas estabelecem um novo e mais elevado patamar de expectativa, aumentando também a possibilidade de decepções a partir de então. Ou seja, quem não se esforça para surpreender terá, mais cedo ou mais tarde, que adotar a ação inovadora desenvolvida por outra empresa. E quem conseguiu definir esta ação surpreendente terá um novo desafio, desprendendo um novo esforço para se criar uma nova surpresa.

Diante de tudo o que foi exposto, fica fácil perceber que surpreender é resultado de uma inovação em pontos de contato, na grande maioria das vezes.

Estratégia em pontos de contato

Considerando a miríade de possibilidades de pontos de contato, é importante elaborar-se uma estratégia de ação, devendo-se:

- Mapear o máximo de pontos de contato das pessoas com a sua marca.
- Definir quais são as expectativas dos indivíduos nesses pontos.
- Estudar formas de surpreender as pessoas.
- Imaginar novos pontos de contato a fim de surpreender ou eliminar *gaps*.

Atenção: é necessário alertar a equipe sobre a importância de cada ponto de contato, apresentando o mapa geral e explicando detalhadamente o que se espera de cada envolvido nos itens que, direta ou indiretamente, lhe dizem respeito.

Resumidamente, podemos dizer que a inovação em pontos de contato pode advir da criação de novos pontos e de formas de surpreender as pessoas nos pontos já existentes. Não esquecendo que, em virtude da celeridade na disseminação da informação, o ideal é fazer com que a experiência inovadora, buscando surpreender as pessoas, seja realizada com o máximo de indivíduos simultaneamente e/ou que seja feito um trabalho para que a mesma, ocorrida em uma situação específica, possa ser divulgada rapidamente para o público em geral.

PAINEL 15 PINs - INSERINDO PONTOS DE CONTATO

Quadro 17

1. Imagine em que momentos as pessoas têm (ou terão) contato com a sua marca.

2. Com foco no que as pessoas esperam deste ponto de contato, anote observações e sugestões, bem como imagine formas de surpreendê-las.

PAINEL 15 PINs - QUADRO 17
Pontos de Contato

NOME DO PRODUTO (BEM OU SERVIÇO): *Pizzaria XYZ*

PONTOS DE CONTATO	OBSERVAÇÕES / SUGESTÕES COMO SE PODE SURPREENDER?
- *Sinalização/fachada*	- *Placa bem iluminada* - *Grande relógio em forma de pizza*
- *Estacionamento*	- *Identificar bem a entrada*
- *Atendimento*	- *Garçons com roupa com colete e bandana, de fácil identificação pelos clientes* - *Pode-se colocar um sinalizador visual (luz ou aviso em tela) para identificar as mesas que estão precisando de algo*
- *Cardápio*	- *Com design sofisticado e informações de fácil leitura (evitar letras muito pequenas), produzido com material de boa qualidade (substituir imediatamente os que estiverem em mau estado), em quantidade de 1 cardápio por mesa*
- *Pós-venda*	- *Criar programa de fidelidade que permita a identificação do cliente para tentar definir o seu padrão de consumo (dias, horários, tipo de pizza)* - *Fazer promoção especial no dia do aniversário do cliente*
- *Site*	- *Simples, elegante e fácil de ver cardápio e fazer o pedido, com possibilidade de pagamento online*
- *E-mail*	- *Divulgação das promoções* - *Enviar em horário de escolha das refeições*

Figura 34: painel 15 PINs - Quadro 17

PAINEL 15 PINs - QUADRO 17
Pontos de Contato

Continuação!

NOME DO PRODUTO (BEM OU SERVIÇO): *Pizzaria XYZ*

PONTOS DE CONTATO	OBSERVAÇÕES/SUGESTÕES COMO SE PODE SURPREENDER?
- *Mídias sociais*	- *Colocar posts sobre os produtos, curiosidades sobre pizzas, criar promoções para dias de menor movimento e para categorias profissionais específicas em datas comemorativas referente a elas: dia do médico, dia do arquiteto, dia do advogado etc*
- *Delivery*	- *Entrega mais rápida possível e, se possível, com um sistema para manter a pizza aquecida* - *Logomarca no baú/bag dos entregadores para que as pessoas que estejam nos carros saibam facilmente que aquele delivery é da pizzaria, reforçando a lembrança*
- *Embalagem*	- *Elegante, sofisticada, transferindo o mesmo padrão da pizzaria física*
- *Publicidade*	- *Definir orçamento para o marketing, avaliando-se o resultado de cada investimento* - *Verificar a mídia externa nas proximidades do restaurante e nas vias de acesso* - *Testar a mídia rádio no fim de tarde* - *Criar pizzas especiais em homenagem a datas comemorativas*

Figura 35: painel 15 PINs - Quadro 17 (Continuação)

Quadro 18

A partir da análise da jornada diária de uma pessoa, deve-se verificar as possibilidades de personalização que estejam de acordo com o setor de atuação da empresa.

Importante:

- Diferente da análise de personalização de produto, onde a análise foi feita no sentido “o que”, “quando” e “como”, na personalização nos pontos de contato, este exercício é feito com uma pequena alteração nesta ordem. Deste modo, a análise deverá ser feita na sequência: “quando”, “como” e “o que será comunicado”, observando-se o seguinte:

1. Quando?

Estamos falando em jornada de pessoas, portanto, o momento é que será o ponto principal. Portanto, deve-se descobrir, na análise do dia a dia das pessoas, quais as oportunidades de fazer contato de modo a oferecer uma experiência que se encaixe nos hábitos da pessoa, da maneira mais natural possível.

2. Como?

Qual a forma que a proposta básica será oferecida? Será em mensagens no *smartphone*? Na televisão? No rádio? Através de algum *wearable*? No *notebook*? Em algum monitor ou painel eletrônico?

Não esqueça de levar em consideração que, de acordo com o momento e local de impacto indicado na questão “quando?”, a forma de se oferecer a proposta se altera, observando-se necessidades e características específicas, que podem impor limitações ou o uso de recursos mais adequados.

3. O que será comunicado?

Aqui o objetivo é definir o que iremos oferecer/informar às pessoas. Por exemplo: notícias de acordo com o perfil do indivíduo, roupas sob medida, produtos ou serviços médicos de acordo com o seu histórico de saúde, promoções de um restaurante, ofertas de lazer ou entretenimento, etc.

Importante:

- Escolha com cuidado o que vai comunicar e com que frequência. Por imposição legal, nas plataformas digitais, as pessoas têm e sempre terão o direito de bloquear mensagens publicitárias que julguem inconvenientes. Uma vez que isso aconteça, dificilmente você reverterá este bloqueio. Ainda que não se possa realizar o bloqueio, a publicidade em excesso se torna inconveniente e pode ser considerada invasiva, gerando um efeito contrário ao desejado. Portanto, trabalhe com cuidado e só ofereça algo que for realmente relevante para a pessoa.

PAINEL 15 PINs - QUADRO 18

Pontos de Contato (Personalização)

NOME DO PRODUTO (BEM OU SERVIÇO): *Pizzaria XYZ*

QUANDO?	COMO?	O QUE SERÁ COMUNICADO?
- *Em casa ou no trabalho, ao pesquisar por "restaurantes", "refeições", "pizza" etc*	- *Sites de busca ou tags patrocinadas em redes sociais*	- *Publicidade com as opções e promoções, se possível de acordo com o gosto pessoal do cliente*
- *No dia da semana em que a pessoa tem o hábito de consumir pizza*	- *Redes sociais, rádio, players de música online*	- *Publicidade com as opções e promoções, em horários e locais próximos ao restaurante*
- *No dia do aniversário*	- *E-mail ou mensagem direta em redes sociais/plataforma de mensagens*	- *Mensagem de parabenização e oferta especial*
- *Quando se perceber que o cliente está ausente por algum tempo*	- *E-mail ou mensagem direta em redes sociais/plataforma de mensagens*	- *Oferta especial do sabor que ele mais gosta*

Figura 36: painel 15 PINs - Quadro 18

Observação: mesmo que por ora não se consiga pensar em nada a respeito de personalização em pontos de contato, deve-se estar atento para, a qualquer momento, inserir nestes espaços alguma ideia ou *insight* a respeito de possibilidade sobre o tema.

PROCESSOS

De uma forma bastante sintética, podemos definir processo como um conjunto de passos sequenciados que levam a um resultado desejado. Os processos (que nesta metodologia incluem, de uma maneira geral, os procedimentos, métodos, sistemas, atividades, estratégias, táticas, tarefas, técnicas e assemelhados) são elementos de extrema importância em um negócio. Uma empresa é toda movida por processos, alguns ostensivos e outros invisíveis ao público externo. Para a fabricação de um bem, dezenas, centenas ou mesmo milhares deles estão envolvidos. A prestação de serviços por si só já é um conjunto de processos. Além disso, um processo básico é normalmente formado por conjuntos de processos menores.

Os processos estão presentes na grande maioria dos PINs: no desenvolvimento dos produtos, nas formas de pagamento, na logística (praça), nos pontos de contato, em grande parte das parcerias, na personalização, nas provas e na própria prática da inovação de uma maneira geral.

A necessidade de inovação em processos pode surgir em virtude de falhas detectadas, ou por iniciativa no desejo de ganho de tempo, aumento da qualidade ou redução de custos. A melhoria proposta pode surgir também por sugestão dos próprios colaboradores que vislumbraram alguma forma de otimização nas operações e tiveram a iniciativa de informar para seus chefes ou apresentar suas ideias através de um concurso interno.

Importante:

- Inovação em processos normalmente exige uma análise dedicada e testes rigorosos, por esse motivo, assim como o estudo da gestão inovadora de pessoas, são ações que devem ser realizadas paralelamente ao desenvolvimento das demais inovações que temos realizado até agora.

CADEIA DE VALOR

Uma empresa possui diversos setores e, logicamente, há uma interação entre eles. Entretanto, alguns setores estão relacionados com a atividade-fim da empresa e outros ajudam-lhes, desempenhando atividades-meio. Sabemos que estas são expressões de amplo conhecimento no mundo corporativo, mas evitando que haja qualquer dúvida a respeito, podemos dizer que a atividade-fim é inerente ao objetivo principal da empresa, estando relacionada com o produto que é efetivamente ofertado a seus clientes. Os demais setores que dão suporte aos que realizam a atividade-fim estão relacionados com as atividades-meio como, por exemplo: faturamento, almoxarifado, contabilidade, etc. Isso não significa que processos importantes só ocorram nos setores relacionados às atividades-fim. Por exemplo: um funcionário da linha de frente que não tem autonomia para resolver um problema do usuário pode causar uma enorme insatisfação. Uma cobrança indevida, ocasionada por um erro no processo da empresa, pode prejudicar sensivelmente o relacionamento com os clientes, fazendo com que muitos esforços sejam desperdiçados na aquisição e manutenção deles.

O primeiro passo para se compreender os processos de uma empresa é desenhar a sua cadeia de valor, que nada mais é do que apresentar, de uma maneira visualmente simples, a essência das atividades de uma empresa. Essas atividades são divididas em principais (relacionadas à atividade-fim) e de apoio (que envolvem o trabalho de setores envolvidos com a atividade-meio).

Observação: a cadeia de valor utilizada na metodologia dos 15 Ps da Inovação utilizou como base o modelo criado por Michael Porter.

Basicamente, as atividades principais são:

- *Inputs*: este item diz respeito à compra ou coleta, transporte, armazenagem e controle dos itens que, no caso das indústrias, irão se transformar no bem que será ofertado ou, no caso do comércio/serviços, os produtos que serão vendidos ou utilizados para a realização do serviço.

- Operação/Transformação: tudo o que se relaciona com o processo de transformar os insumos no produto final, incluindo a ação da equipe, equipamentos, embalagem, etc.

- Disponibilização aos clientes: refere-se às atividades relacionadas com a oferta e com a possibilidade de o cliente poder acessar/adquirir o que se está oferecendo.

- Captação de clientes: todo o conjunto de ações que têm como objetivo a atração de clientes e a venda do bem ou serviço às pessoas.

- Entrega dos produtos: está relacionada com a cessão do bem ou realização do serviço, solucionando o problema do cliente.

- Recebimento do pagamento: a efetiva transferência de valor dos pagantes à empresa. Importante lembrar que o momento do pagamento pode variar na cadeia de valor e que normalmente é feito pelos clientes, mas também pode ser feito por patrocinadores/anunciantes, etc.

- Suporte/pós-venda: está relacionado com as atividades após a venda, incluindo apoio ao cliente, serviços de instalação, troca ou reparo, atualizações, etc. Tem por objetivo completar o ciclo de entrega do produto e é um ponto fundamental na consolidação da experiência do cliente, proporcionando as condições favoráveis para fazer com que o cliente volte a comprar outra vez ou indique sua empresa para outras pessoas.

No que diz respeito às atividades de apoio, temos:

- Recursos Humanos: inclui tudo o que está relacionado ao corpo de colaboradores da empresa.

- Tecnologia, Pesquisa e Desenvolvimento: diz respeito a todo o trabalho tecnológico, inovação, pesquisa e desenvolvimento.

- Gestão e Infraestrutura: envolve as atividades relacionadas à gestão administrativa, em geral, além da parte estrutural, incluindo o que se refere a equipamentos e instalações físicas.

Cada segmento empresarial possui uma cadeia de valor típica que, por sua vez, pode sofrer alterações em função de algumas peculiaridades. Vejamos o exemplo da cadeia de valor tradicional dos comércios: os *inputs* são os produtos prontos que serão vendidos e, que depois de recebidos, são disponibilizados para a venda e, ao recebê-los, o cliente realiza o pagamento.

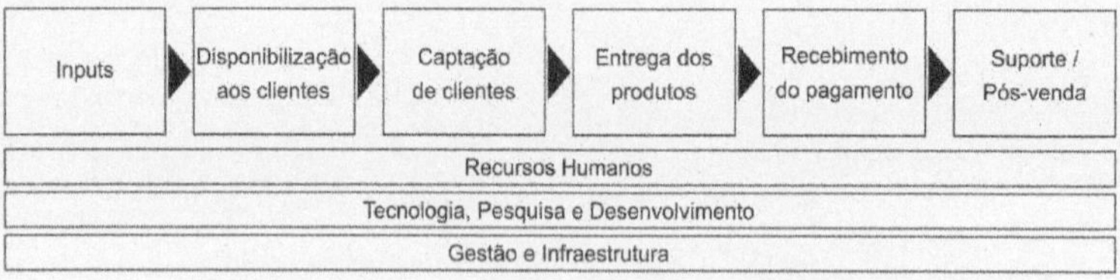

Figura 37: Cadeia de Valor tradicional do comércio

Quando se trata de *e-commerces* tradicionais, temos a venda ocorrendo antes da saída/distribuição:

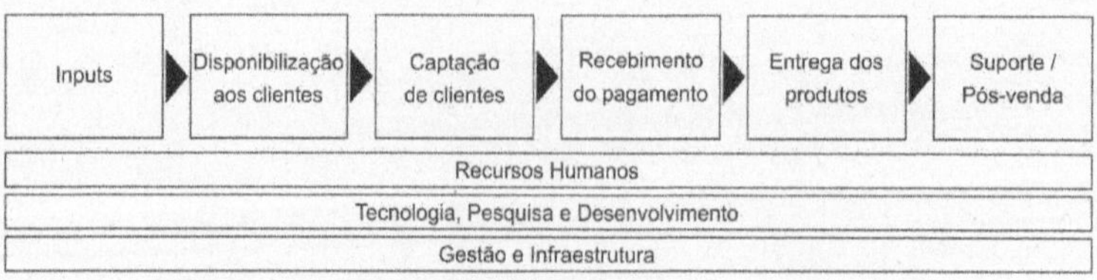

Figura 38: Cadeia de Valor - E-commerce tradicional

Porém, em alguns comércios eletrônicos, o produto nem se encontra na posse da empresa que realiza a venda, sendo encomendado ou enviado para o cliente diretamente pela empresa produtora (quando não for produzido pela empresa que vende), somente após efetuado o pagamento. Vejamos:

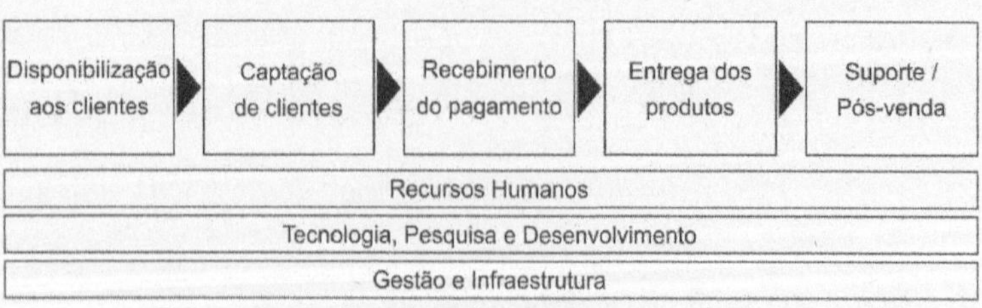

Figura 39: Cadeia de Valor - E-commerce alternativo

Perceba que nem todas as cadeias de valor possuem a mesma quantidade de passos. A cadeia de valor do comércio possui 06 etapas e a do *e-commerce* alternativo possui 05. Isto varia de acordo com o segmento e modelo de negócios que a empresa pratica.

INOVANDO NA CADEIA DE VALOR

Cada vez que alteramos a sequência das atividades principais de uma cadeia de valor típica de um segmento, temos uma disruptura. Se compararmos a cadeia de valor de um restaurante *a la carte* com a de um restaurante self-service, verificamos que estes inovaram ao produzir/disponibilizar a comida antes do cliente solicitá-la.

Em um restaurante tradicional, o cliente é atraído para o estabelecimento e, no local, escolhe entre as opções no cardápio. Perceba que os *inputs* necessários para a confecção dos pratos já devem estar à disposição da equipe da cozinha desde o início do processo (caso contrário, não se teria como captar clientes), mas só se começa a produzi-los após a escolha e, após finalizados, são levados à mesa para consumo.

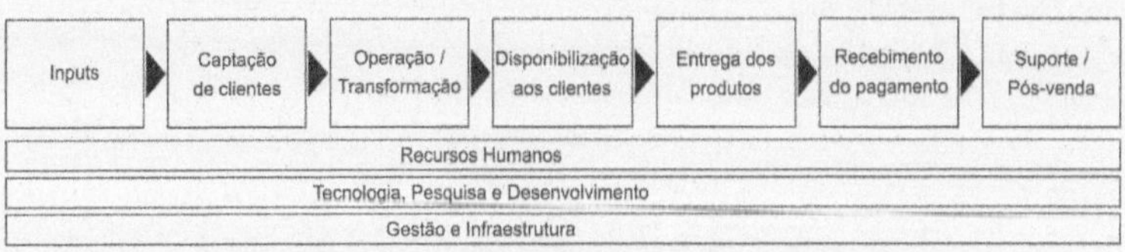

Figura 40: Cadeia de Valor - Restaurante a la carte

No caso do restaurante self-service, os *inputs* já são transformados em comida e são disponibilizados aos clientes, antes mesmo de serem captados.

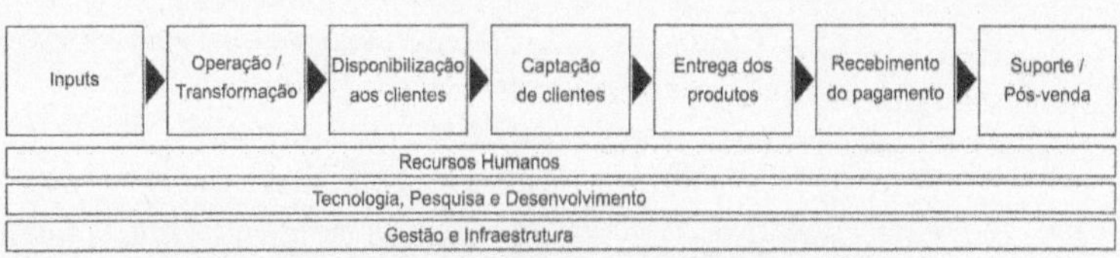

Figura 41: Cadeia de Valor - Restaurante self service

Se, por outro lado, uma empresa de transformação (fábrica de roupas, por exemplo) aplicasse a cadeia de valor típica de um restaurante tradicional, só realizando a produção após a venda, teríamos uma empresa que fornece produtos sob demanda, com total possibilidade de venda personalizada. É possível até imaginar que a venda poderia vir antes dos *inputs*, mas nesse caso, deve-se ter a preocupação para não haver a possibilidade de indisponibilidade de algum item essencial à transformação/confecção, a fim de evitar a frustração do cliente, o que ocasionaria diversos transtornos à empresa. Portanto, mesmo nos casos de venda sob encomenda, o *input* também diz respeito à reserva de insumos junto aos fornecedores, garantindo a sua disponibilização quando for necessário.

Observe então que, ao identificar as atividades principais da cadeia de valor da sua empresa, já é possível aplicar um olhar questionador ao processo, verificando, desde já, a possibilidade de inovar ao variar a posição das atividades. Mas é importante salientar que alterações na cadeia de valor podem implicar mudanças na proposição da empresa. Note que a diferença de um restaurante tradicional (*a la carte)* para um self-service é que, neste último modelo de negócio, na grande maioria das vezes o desejo do cliente é ganhar tempo (proposição) e, em vez de esperar pela confecção do prato que escolher, prefere optar entre as opções que já estão disponíveis, estando ciente que desse modo haverá uma certa perda de qualidade.

MAPEAMENTOS ESPECÍFICOS

Dentro de cada atividade da empresa, existem processos mais restritos voltados a uma finalidade específica. Estes processos menores são variados e estão em todos os departamentos, desde a recepção até a produção, e mesmo após o consumo pelas pessoas, caso se realize a logística reversa. Na própria ação de consumir, normalmente há um processo.

As inovações podem envolver processos internos (que estão direta ou indiretamente sob o controle da empresa) ou externos (relacionados aos clientes, fornecedores, parceiros, instituições públicas e outros). Qualquer forma de otimizar estes processos pode resultar em inovação ou, na pior das hipóteses, em aumento da qualidade e eficiência, ganho de valor para o cliente e/ou economia de dinheiro para a empresa.

Processos internos

Os processos internos são aqueles sobre os quais a empresa possui total controle e podem, dependendo apenas de uma decisão, ser alterados ou mesmo excluídos. Por exemplo, se a empresa recebe os insumos no seu centro de compras ou diretamente em algum setor de produção industrial, é uma decisão da empresa, cabe somente a ela avaliar qual é a melhor opção para a sua operação.

O grande problema das empresas é que, na maioria das vezes, os processos são realizados de forma automática ou seguindo uma "tradição", sem que se pense por que as coisas são feitas de um modo e não de outro. Obviamente, um processo não pode ser pensado e repensado a todo instante, porque travaria o funcionamento da empresa. Uma vez adotado, um processo deve ser realizado de forma sistematizada. Mas isso não significa que não seja necessária uma reanálise. E é aí que acontecem e são muito bem-vindas as inovações em processos que, ancoradas nos princípios da eficácia e eficiência, normalmente têm por objetivo a redução do tempo, aumento da qualidade e/ou redução de custos, resultando na melhoria da percepção de valor do produto pelas pessoas, na criação de vantagem competitiva e no aumento das vendas.

Na inovação em processos, muitas vezes são utilizados equipamentos desenvolvidos por terceiros para sua execução e, desse modo, a inovação em produtos contribui para a inovação dos processos. Mas isso não significa que não seja possível realizar uma alteração de processos sem a utilização de um novo equipamento. A criatividade deve ser utilizada exatamente para se buscar a melhoria dos processos, preferencialmente sem a aquisição de algo que está à disposição de todas as empresas, caracterizando uma verdadeira inovação.

Também é importante destacar a íntima relação entre processos e pessoas, sejam estas executoras ou componentes das atividades. Sob este aspecto, podemos perceber que há a possibilidade de inovar processos em todas as áreas de uma empresa, inclusive naquelas em que o capital humano sobrepõe o uso de equipamentos: no atendimento aos clientes, no setor de vendas, no departamento de RH e em muitos outros.

Assim, podemos dizer que processos, pessoas e produtos trabalham de forma simbiótica, em que um grupo contribui para a melhoria do outro. A este conjunto, podemos adicionar também a parceria, que pode agilizar o processo e ajudar em sua otimização.

Por ser tão multifuncional e abrangente, inovar em processos não é uma tarefa tão simples, porque corre-se o risco de perder o foco do que é realmente importante para o negócio. Se o empreendedor resolver analisar simultaneamente todos os processos que existem em sua empresa e, para cada um deles, resolver propor uma solução inovadora, tenha certeza de que grandes serão as chances de uma tragédia acontecer. A reanálise de um processo precisa ser bem avaliada e testada (provas) antes de ser implantada definitivamente em toda a empresa e sempre é preciso ter em mente qual é o problema para o qual se está buscando uma solução. Um processo que dura uma hora pode ser realizado em 45 minutos? Ou em 10 minutos? Um procedimento que envolve 10 pessoas pode ser otimizado para ser feito por 8 pessoas? Ou por um robô? Uma ação que custa $100 pode ser realizada por $50? Ou por $10? Talvez, sim, talvez não. Também é necessário analisar se o esforço para se chegar a esta solução pode se revelar desproporcional ao resultado almejado, ou muito demorado, ou ainda se está desviando a energia e tempo de pessoas que, para a empresa, teriam mais importância se estivessem focadas em outra coisa. É importante avaliar também que talvez a empresa não tenha os conhecimentos necessários para se chegar a uma solução satisfatória e, possivelmente, enquanto aprende e tenta adquirir as competências necessárias, não enxergue que uma solução já foi desenvolvida por alguma empresa especializada. Neste sentido, a inovação aberta ou a utilização de inovações desenvolvidas por outras empresas é fundamental para a otimização de processos. Fique atento: é melhor utilizar um processo eficiente que outras empresas já utilizam, do que adotar um processo inovador que não proporcione um melhor desempenho pela simples vaidade de ostentar o título de criador de uma inovação. Na grande maioria das vezes, é mais lucrativo adotar tecnologias já desenvolvidas por terceiros e implementá-las em seu negócio.

Como tanto o desenvolvimento de tecnologias próprias quanto a aquisição de soluções de terceiros representam necessidade de investimento, é sempre importante checar a relação custo/benefício e procurar consultar os gestores de sua empresa para que o recurso aplicado não seja jogado fora por diversos fatores como, por exemplo, a possível rápida obsolescência desta inovação, a falta de capacidade da equipe de assimilar os novos procedimentos (o que pode ocasionar um problema de solução de continuidade durante e após a implantação ou, em último caso, a desistência da empresa de adotar a inovação adquirida) e, entre outros aspectos, as possíveis necessidades complementares e/ou decorrentes deste novo processo (novos equipamentos, dependência do apoio permanente de terceiros, etc.).

Processos externos

Os processos externos, aqueles que não são definidos pela empresa, podem refletir na melhoria dos resultados. Como não estão sob seu controle direto, obviamente tendem a ser mais complicados, mas nada impede que não se consiga ter sucesso nesta iniciativa, principalmente no que se refere a parceiros (fornecedores, em especial).

Os parceiros, como têm interesse no resultado, são mais fáceis de convencer e, pela proximidade (mesmo que seja pontual), possuem canais de comunicação e elos de ação mais fluídos. Neste caso, as propostas de inovação em processos, mesmo que sejam de iniciativa de uma das partes, devem ser pensadas juntas. Isso aumenta a rapidez na execução e as chances de sucesso. Caso seja realizado um trabalho interno, ou seja, contratada uma consultoria para estudar soluções para os problemas elencados, deve-se reunir todas as empresas e setores envolvidos para participarem destas discussões.

Às vezes, em função de certos problemas, há a necessidade de provocar a inovação em instituições públicas. Neste caso, as chances de sucesso são muito pequenas por diversos motivos: amarrações legais, lentidão, burocracia, falta de interesse de grupos políticos, etc. Uma das melhores alternativas para estas situações é a união dos concorrentes em busca da defesa dos interesses do seu setor, desde que o foco esteja voltado também para gerar benefícios para o público em geral e até para o país, porque a agilização dos processos resulta em melhoria das condições para que as organizações de um determinado setor possam competir com seus concorrentes internacionais, gerando empregos, benefícios para os clientes e divisas provenientes de vendas para o mercado interno ou externo.

Outro ponto de destaque é a busca por inovações em processos realizados pelos clientes, como, por exemplo, processo de escolha, processo de preparação, processo de utilização e processo de descarte. Neste caso, uma série de fatores deve ser levada em consideração, em especial: cultura e pontos de contato. O fator cultural implica em grande risco de insucesso porque, buscar a mudança de hábito das pessoas é sempre complicado, especialmente se envolver alguma forma de tradição. Mas não é impossível. O argumento nestas situações não é simplesmente técnico, deve-se trabalhar com emoções, argumentos convincentes e gatilhos mentais. Daí a importância do trabalho nos pontos de contato. O investimento em comunicação é normalmente bastante alto e deve considerar a alta frequência de impactos por um longo período. Importante salientar também que, caso haja dificuldade na explicação e execução do processo pretendido, é fundamental utilizar ações que envolvam experiência prática. Portanto, considerando tudo o que foi exposto, deve-se avaliar bem a necessidade de se exigir uma mudança de processo do público externo.

MAPEAMENTO DE PROCESSOS

Dentro de cada atividade de uma cadeia de valor, estão inseridos diversos processos que são um conjunto de tarefas realizadas de acordo com uma sequência pré-determinada, buscando um fim específico. O mapeamento de processos consiste em dispor visualmente este fluxo, apresentando quem é responsável por cada tarefa, além de apresentar outros detalhes relevantes. O mapeamento também ajuda a identificar gargalos, atividades críticas, inconformidades, tarefas desnecessárias (encaminhamento de um encaminhamento, por exemplo), pontos de contato com os clientes, as interações entre os setores e a inter-relação com outros processos.

Existem inúmeras formas de representar graficamente o mapeamento de processos que, adianto, não é algo tão trivial quanto possa parecer num primeiro momento. Na verdade, temos basicamente os mapas/diagramas (que dão apenas uma visão geral e superficial) e temos os modelos de processos (que envolvem um alto nível de detalhamento e análise). Ambas as opções exigem bastante tempo para o seu feitio. Como o objetivo desta obra é oferecer soluções práticas e rápidas, propomos apenas que se faça uma listagem das tarefas que compõem um processo dentro da sequência em que elas ocorrem e quais as sugestões para sua melhoria. Caso seja relevante, especifique "o que é feito", "quem faz", "quando é feito" (se houver um momento específico), "onde é feito" (caso precise ser feito em um local específico), "por que é feito" (se há algum motivo relevante), "como é feito" e "qual a duração" de cada tarefa, incluindo o tempo de deslocamento e espera na contagem do tempo.

Lembre-se que uma empresa é formada por centenas ou milhares de processos. Muitos deles talvez não tão importantes para o sucesso da empresa a ponto de justificar o tempo e esforços necessários para a sua reanálise. Portanto, a primeira decisão é: quais processos devem ser estudados e reavaliados? A dica é: inicialmente foque no que pode substancialmente resultar em melhoria da qualidade, diminuição de custos e/ou aumento da produtividade, analisando-se também as possíveis vantagens competitivas que possam proporcionar aumento de vendas.

Para definir os processos que precisam ser mapeados, deve-se ter em mente o grau de impacto positivo (valor gerado), a complexidade envolvida, os possíveis riscos de algo dar errado, o tempo necessário para a alteração e o valor do investimento necessário.

Já estudamos provas de inovação anteriormente e, mantendo essa essência de validação, uma boa opção é, quando possível, aplicar o processo inovador em uma turma específica, mantendo as outras turmas na forma de operação atual. Deste modo, se pode verificar dificuldades na implantação, problemas indesejados, etc.

Importante:

- Em virtude do foco extremamente prático e ágil deste livro, o modelo que adotamos aqui não pode ser considerado como um mapeamento completo de um processo. Este tipo de trabalho, mais complexo e detalhado, demoraria muito tempo para ser feito, bem como demandaria um nível de conhecimento mais aprofundado ou a contratação de uma consultoria para isso. Seria recomendável esta iniciativa, principalmente em empresas de médio ou grande porte.

Técnicas e artefatos

A técnica é o modo como são executadas as ações pelas pessoas. Esta execução pode ser feita de um modo padronizado ou, em certas situações, diferentes pessoas podem realizar a ação de um modo distinto, às vezes até de modo particularmente peculiar.

Perceba que, ao dizer que um colaborador deve levar um objeto X do ponto A ao ponto B, esta ação pode ser realizada levando-se o objeto em mãos, ou o rolando pelo chão, ou arremessando-o, etc. Isso são técnicas. Uma costureira pode ter um modo de fazer uma costura diferente de outras profissionais. Um chef de cozinha pode ter uma técnica diferente de produzir um prato. Quando se percebe que existem formas alternativas de se realizar uma mesma ação, o ideal é descobrir qual a mais adequada.

Os artefatos são itens ou equipamentos de apoio para a execução das tarefas. Um documento, por exemplo, pode ser enviado de forma física, pode ser escaneado e enviado por e-mail ou pode ser totalmente digital, tendo sua origem e encaminhamento através de algum sistema. Se for necessário o envio do documento físico, este por sua vez pode ser entregue pessoalmente por um funcionário, ir pelos correios ou outra empresa de envio de correspondências, pode ir por via aérea ou rodoviária, etc. Um parafuso pode ser afixado em algum local com uma chave de fenda, ou com uma parafusadora elétrica. Um objeto pode ser levado de um ponto a outro em uma esteira ou em equipamento móvel. Tudo isso são exemplos de artefatos e também devem ser estudados para que, observando-se a relação custo/benefício, possa se utilizar aqueles que otimizem o processo.

Inovando no fluxo de um processo, técnicas e artefatos

As tarefas listadas no passo a passo do processo devem ser submetidas a um olhar crítico e questionador, devendo-se avaliar desde a sua necessidade até o tempo gasto, sem esquecer de analisar quando, como, onde, quem e como as tarefas são realizadas.

Algumas dicas:

- Evite idas e vindas de um setor para o outro;
- Evite encaminhamentos seguidos: um setor encaminha para outro setor que encaminha para outro setor;
- Tente diferenciar o tempo de execução do período de espera para o início da execução;
- Segundos são valiosos, especialmente em produções de escala industrial;

Ao analisar cada ação realizada, é preciso conhecer as possibilidades de atualização/modernização existentes no mercado. Isso pode se referir ao processo em si, bem como às técnicas e artefatos. Também é de fundamental importância ouvir as pessoas que realizam as ações: pergunte a elas diretamente e sem rodeios o que elas têm a sugerir para a otimização das tarefas que elas fazem. Acredite, todo mundo se sente feliz quando produz mais e melhor.

Observe a técnica que cada pessoa utiliza e, se houver alguma forma diferenciada e mais eficiente utilizada por uma pessoa, dissemine esta técnica com os outros membros da equipe. Boas práticas devem sempre ser compartilhadas.

PAINEL 15 PINs - INSERINDO PROCESSOS

Quadro 19

1. Preencha a sequência de espaços no quadro, desenhando a cadeia de valor da sua empresa.

2. Mude a posição/sequência dos itens e tente verificar como impactaria o seu negócio.

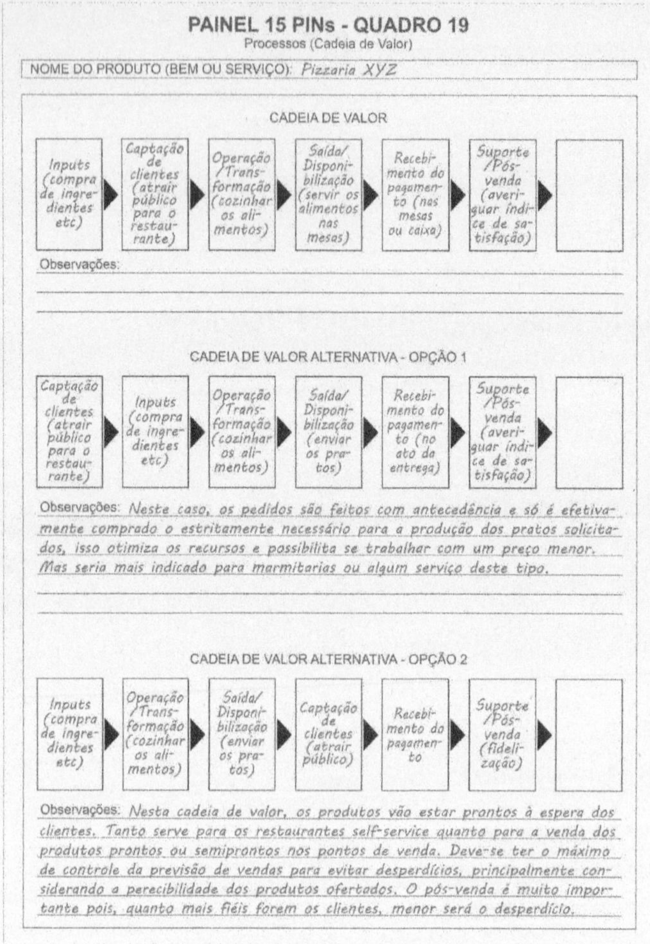

PAINEL 15 PINs - QUADRO 19

Processos (Cadeia de Valor)

NOME DO PRODUTO (BEM OU SERVIÇO): Pizzaria XYZ

CADEIA DE VALOR

Inputs (compra de ingredientes etc) ▶ Captação de clientes (atrair público para o restaurante) ▶ Operação /Transformação (cozinhar os alimentos) ▶ Saída/ Disponibilização (servir os alimentos nas mesas) ▶ Recebimento do pagamento (nas mesas ou caixa) ▶ Suporte /Pós-venda (averiguar índice de satisfação) ▶

Observações:

CADEIA DE VALOR ALTERNATIVA - OPÇÃO 1

Captação de clientes (atrair público para o restaurante) ▶ Inputs (compra de ingredientes etc) ▶ Operação /Transformação (cozinhar os alimentos) ▶ Saída/ Disponibilização (enviar os pratos) ▶ Recebimento do pagamento (no ato da entrega) ▶ Suporte /Pós-venda (averiguar índice de satisfação) ▶

Observações: Neste caso, os pedidos são feitos com antecedência e só é efetivamente comprado o estritamente necessário para a produção dos pratos solicitados, isso otimiza os recursos e possibilita se trabalhar com um preço menor. Mas seria mais indicado para marmitarias ou algum serviço deste tipo.

CADEIA DE VALOR ALTERNATIVA - OPÇÃO 2

Inputs (compra de ingredientes etc) ▶ Operação /Transformação (cozinhar os alimentos) ▶ Saída/ Disponibilização (enviar os pratos) ▶ Captação de clientes (atrair público) ▶ Recebimento do pagamento ▶ Suporte /Pós-venda (fidelização) ▶

Observações: Nesta cadeia de valor, os produtos vão estar prontos à espera dos clientes. Tanto serve para os restaurantes self-service quanto para a venda dos produtos prontos ou semiprontos nos pontos de venda. Deve-se ter o máximo de controle da previsão de vendas para evitar desperdícios, principalmente considerando a perecibilidade dos produtos ofertados. O pós-venda é muito importante pois, quanto mais fiéis forem os clientes, menor será o desperdício.

Figura 42: painel 15 PINs - Quadro 19

Quadro 20

Se existe um ponto em que os colabores de uma empresa podem ajudar na inovação ou na sua otimização, este ponto são os processos específicos. Um CEO pode não conhecer todos os processos desenvolvidos em uma empresa, mas cada colaborador sabe a respeito dos processos que realiza ou participa e, na grande maioria das vezes, já pensou em uma forma de otimizá-los.

Avalie os principais processos de sua empresa e assinale possíveis formas de otimização.

Importante:

- Caso deseje um mapeamento detalhado dos fluxos de processo de sua empresa, é possível utilizar ferramentas que ajudam a fazer isso.

PAINEL 15 PINs - QUADRO 20

Processos (Mapeamento)

NOME DO PROCESSO: *Atendimento ao cliente*

COMO É FEITO ATUALMENTE? (SE FOR RELEVANTE, ESPECIFIQUE QUEM FAZ, QUANDO, ONDE, POR QUE E COMO)	COMO PODE SER MELHORADO?
- Cliente chega e procura a mesa que melhor lhe convém	- Atendente recepciona, encaminhando o cliente para uma mesa adequada
- Garçom entrega o cardápio e, enquanto o cliente escolhe, normalmente sai para atender outro cliente	- Cardápio já está na mesa, mas o garçom dá as boas vindas e se apresenta colocando-se à disposição
- Garçom volta para anotar o pedido e o número da mesa	- Sistema visual para chamar o garçom
- Garçom lança o pedido em um terminal que envia um comando para a cozinha/bar	- Sistema de pedido online
- Bar prepara as bebidas e lança o aviso de que o pedido está pronto (monitor mostra esta informação)	
- Cozinha prepara o prato e lança o aviso de que o pedido está pronto (monitor mostra esta informação)	
- Garçom entrega a comida/bebida - A cada pedido o processo se repete	- Funcionários específicos só para levarem a comida e bebida às mesas
- Cliente pede a conta	
- Garçom pergunta se deseja uma sobremesa ou cafezinho, caso o cliente queira algo mais, o garçom repete o processo de pedido	- Café como cortesia
- Caso o cliente não deseje mais nada, o garçom retira uma prévia da conta para conferência pelo cliente	
- Garçom recebe pagamento e entrega nota fiscal para o cliente	
- Garçom apresenta um cartão para o cliente informar seu índice de satisfação com o atendimento e qualidade da comida/bebida - Garçom agradece ao cliente à preferência pelo restaurante - Garçom limpa a mesa para receber o próximo cliente	- Cliente recebe a orientação para participar do programa de fidelidade ganhando um benefício imediato no ato da inscrição. A partir daí, cada vez que ele consumir um produto (via delivery ou no restaurante), um tempo depois de pagar, ele recebe uma notificação para informar seu grau de satisfação

Figura 43: painel 15 PINs - Quadro 20

Observação: após a elaboração de algum quadro 19 e 20 com sugestão de alteração da cadeia de valor ou de mapeamento específico de processo por algum membro do Comitê, ou por desdobramento de alguma ideia de algum colaborador apresentada diretamente, ou por meio de concurso, o Coordenador de Estudos de Inovações deve convocar o Comitê para uma reunião de deliberação sobre as propostas apresentadas. Ao fim desta sessão pode-se definir pela não aceitação da sugestão, pela determinação da aplicação imediata, pela realização de testes julgados necessários ou pela coleta de mais informações a respeito, podendo o Comitê determinar que mais pessoas possam acompanhar de perto os passos seguintes da proposta, contribuindo para sua efetiva implantação.

PRÁTICA 7

Muitas vezes, a empresa já está em atuação no mercado e o bem que produz, o serviço que realiza ou algum dos processos diversos que executa apresenta um problema que precisa ser resolvido. Ou seja, não é necessário exatamente criar um novo produto, mas solucionar algo que, por qualquer motivo, é de fundamental importância que seja corrigido.

Até mesmo quando da análise de um mapeamento específico, como vimos no capítulo anterior, ou em virtude da necessidade de conversão de uma sugestão em aberto para uma ideia pronta, podem surgir problemas que impedem que a tarefa seja completada porque não se chegou a uma conclusão satisfatória.

Nesses casos, o trabalho criativo será focado exatamente em um ponto específico e o trabalho da prática muda em relação ao que já fizemos até então.

O que primeiramente é necessário fazer é ter uma definição precisa do problema. Compreender qual é o processo que está falho e/ou qual o produto/componente está apresentando problema. Assim como um médico só pode propor um tratamento após diagnosticar corretamente qual é a doença que aflige o paciente, só se pode pensar em soluções quando definirmos exatamente qual é o problema. Para isso, é aconselhável fazer uma pesquisa com os usuários para compreender como o problema em questão os afeta negativamente. Se possível, deve-se observar a situação in loco e entrevistar pessoas que direta ou indiretamente estejam relacionadas com a experiência/utilização. Pode-se também fazer uma reconstituição do uso como um cliente, a fim de ver as situações sob o ponto de vista de quem efetivamente utiliza o bem ou o serviço.

Para definir bem o problema, é importante resumi-lo de forma clara, envolvendo os pontos de vista das diversas pessoas envolvidas (se for o caso) e sem apresentar, direta ou indiretamente, nenhuma opção de solução. Esse terceiro item é fundamental para que não haja, de forma alguma, um direcionamento na busca das possíveis ideias.

Na reunião com o Comitê, o Coordenador de Estudo de Inovações deve explicar por que aquilo está sendo considerado um problema e quais as consequências disso. Apenas dizer que é necessário melhorar a operação ou que o produto "x" precisa ser alterado dificilmente levará a equipe a alguma solução satisfatória. Sabemos que a falha em um elo de uma corrente compromete todo o produto, mas precisamos saber qual é o elo que está defeituoso, caso contrário perderemos muito tempo pensando em soluções para coisas que não necessariamente precisam ser ajustadas. Portanto, é importante ser claro e direto no momento de informar qual é o problema.

Uma vez que se tem o problema definido e esclarecidas as consequências negativas dessa falha, é hora de arregaçar as mangas e buscar as soluções.

As reuniões para este tipo de problema vão exigir do Comitê ainda mais criatividade do que antes. É hora de pensar fora da caixa, dentro da caixa, em cima da caixa, destruir a caixa, reconstruir a caixa, pintar a caixa e fazer tudo o que for possível para gerar *insights* inéditos com a caixa que envolve o problema.

As sessões devem iniciar no local normal onde têm sido realizadas até agora, mas, se ainda assim as soluções não aparecerem, pode ser interessante levar a equipe para um outro ambiente fora da empresa.

Pode-se também chamar outras pessoas que, por qualquer motivo, possam ajudar a encontrar soluções para excepcionalmente fazerem parte do Comitê. Pode-se também pedir aos membros do comitê que troquem ideias com pessoas da sua equipe, ampliando o leque de mentes envolvidas e pontos de vista diferentes. Toda sugestão é bem-vinda. Tudo é válido. Se temos um problema, precisamos resolvê-lo de algum modo. Simples assim. Não existe problema sem solução. Todo problema é apenas uma pergunta em busca de uma resposta satisfatória. E para alcançarmos essa resposta, se for o caso, vamos usar todo o arsenal de técnicas disponíveis e todos os talentos que estejam ao nosso alcance. Nesse processo, a inteligência artificial generativa pode ser um membro adicional do comitê, apresentando sugestões de soluções sob um ponto de vista diferente.

FAZENDO ACONTECER

Zoom Out/Zoom in

Cada parte de um objeto é composta de componentes menores e cada processo possui microprocessos e normalmente utiliza alguns artefatos, podendo ser realizado com técnicas variadas. Para compreendermos melhor o problema, é preciso conhecer seus componentes, encaixes, engrenagens. Ou seja, precisamos dar um *zoom in*.

Por exemplo, se queremos otimizar o acolhimento de pessoas em um hospital, precisamos entender todos os passos que um paciente precisa realizar e como ele é conduzido no momento de sua chegada até receber alta.

No sentido oposto, todo componente de um produto faz parte de algo maior, assim como todos os passos de um processo. Então, para resolver o problema específico, temos que ter uma visão do todo. É como se déssemos um *zoom out* e conseguíssemos ver o que vem antes e o que virá depois, ou seja, vermos o panorama no qual nosso problema está inserido.

Imagine um engenheiro de tráfego querendo resolver o problema de uma certa via que apresenta constantes congestionamentos. Não dá para achar uma solução sem analisar de onde vem e para onde vai o fluxo dos veículos, é preciso saber se há entrada e saída de garagens e estacionamentos, é necessário verificar se há semáforos e circulação de pedestres. Ou seja, é preciso ter uma visão maior da situação.

Além disso, é importante conhecer situações reais envolvendo o problema e vivenciar a experiência dos usuários. Se for o caso, é importante fazer visitas ao local ou utilizar clientes ocultos (pessoas que se passam como um cliente normal para analisar a situação). Algumas empresas realizam dramatizações para recriar a situação no local em que se está realizando a reunião, permitindo assim reorganizar de diversos modos as fases de um processo ou mesmo interferir nos componentes, ou artefatos utilizados. Pode-se também verificar vídeos, fotos e relatos. Quanto mais informações relevantes disponíveis, maior é a chance de sucesso.

Benchmarking

Na grande maioria das vezes, alguma empresa, em algum lugar, de algum setor de atuação, já desenvolveu algum tipo de solução que se adequa como viável para resolver o mesmo problema que sua empresa possui. Mas é preciso pesquisar, buscar. Nesse caso, as primeiras perguntas que devem ser feitas são:

- Qual foi a solução adotada pelos concorrentes?
- Como outras empresas, de outros setores de atuação, têm resolvido esse tipo de problema?

Perguntando se chega ao objetivo

Antes do advento do GPS, quando íamos a um local pela primeira vez, utilizávamos dois recursos para chegar ao nosso destino: mapas e perguntas. Os mapas eram muito úteis, mas às vezes não eram suficientes e constantemente era necessário perguntar a alguém como se fazia para chegar em determinado lugar.

Do mesmo modo, na busca de soluções para problemas específicos, além dos relatórios, resultados das pesquisas e tudo o que foi juntado para a compreensão da situação, precisamos perguntar aos usuários para preencher lacunas e imaginar possibilidades de solução.

Deixe as perguntas fluírem:

- Já verificaram tal possibilidade?
- Por que se usou isso?
- E se fizéssemos de tal modo ou utilizando outro material?
- Por que não usaram aquilo?

Utilize a técnica dos 5 porquês. Ou seja, questione a resposta dada para a questão anterior até achar o cerne da questão. Às vezes precisamos agir como aquelas crianças que questionam tudo e não aceitam qualquer resposta até que tenham compreendido a razão das coisas.

Pergunte sobre possibilidades absurdas. Uma pergunta *nonsense* ou que cogita o uso de alguma coisa impossível pode proporcionar um novo ponto de vista para solucionar o problema. Use a imaginação.

Técnicas TRIZ e SCAMPER

O inventor e escritor Genrikh Altshuller analisou dezenas de milhares de patentes e definiu 40 princípios inventivos que foram denominados de TRIZ (teoria da resolução inventiva de problema), uma espécie de mapeamento das diversas formas de criar inovações na combinação de elementos (objetos, sistemas e suas partes).

Na mesma linha de pensamento, a técnica SCAMPER, desenvolvida por Bob Eberle, a partir de questões elaboradas por Alex Osborn, apresenta algumas possibilidades de desenvolvimento de soluções.

Unindo as duas técnicas, resumi as alternativas nos seguintes grupos para utilização no item analisado ou em partes dele:

- Combinar/juntar, separar/segmentar, modificar/substituir, extrair/eliminar, adaptar, qualificar, adicionar funcionalidades (canivete suíço) e/ou aninhar (boneca russa);
- Mudar formatos, padrões estéticos e cores. Experimentar curvaturas, movimentos e possibilidades dinâmicas/funcionais. Visualizar novas dimensões e otimização de espaços (entorno);
- Explorar possibilidades mecânicas, físicas e químicas;
- Propor novas formas de uso;
- Antecipar ações preliminares, compensações necessárias e soluções alternativas para possíveis problemas;
- Rearranjar, modificar sequências e/ou alterar posições, reverter/inverter a ordem;
- Maximizar, minimizar, utilizar um pouco menos ou um pouco mais de uma ação, ou de uma parte;

- Explorar periodicidades, continuidades, aceleração e pulos;
- Converter efeitos colaterais negativos em algo positivo, reciclar, recuperar e reutilizar, aproveitar resíduos e/ou realizar descarte otimizado (dissolução, evaporação, etc.);
- Introduzir e/ou otimizar *feedbacks*/retroalimentações para realização de melhorias; e
- Criar/utilizar objetos de apoio, intermediários, temporários e descartáveis.

Pela variedade de opções acima, verifica-se a importância de se ter um Comitê multidisciplinar porque, por exemplo, dificilmente um designer vai conseguir visualizar uma ação química como possibilidade para a solução de um problema.

TRIZ e SCAMPER apresentam sugestões de alternativas para tentar resolver o problema, mas como tudo o que envolve inovação, essa relação não pretende ser exaustiva e fica a critério de qualquer pessoa sugerir mais alguma opção.

Além disso, existem outras técnicas para o desenvolvimento de ideias. Se o CEI possui algum conhecimento do seu funcionamento e acha que elas são relevantes, pode utilizar. O importante é que as alternativas devem ser lançadas para os membros do Comitê e verificar se, de alguma forma, são viáveis, geram *insights* ou possibilitam desdobramentos que levem ao objetivo desejado: a solução do problema.

FINAL DA PRÁTICA 7

Diferentemente das práticas anteriores, para a resolução desse tipo de problema, todo o trabalho será coletivo. Não haverá necessidade de preenchimento de quadros individualmente pelos membros do Comitê.

Primeiramente deverá ser entregue a cada membro do Comitê um dossiê com as informações sobre o problema, pesquisas prévias, dados técnicos, etc. A partir daí, as perguntas instigantes, os *insights* relevantes, as alternativas de combinações possíveis e as sugestões apresentadas deverão ser expostas em grandes quadros (ou folhas de papel A4) para que todos possam ver, aumentando a possibilidade de conexões em busca da solução desejada.

Caso a sessão seja encerrada sem que se tenha chegado a uma solução definitiva, as informações acima devem ser registradas e complementar o dossiê inicial para uso em outras reuniões com o mesmo grupo ou com pessoas diferentes.

Entretanto, se a reunião atingir o objetivo, tendo sido alcançada a resolução do problema ou definida uma possível solução para o mesmo, deve-se definir o gestor para o produto (bem ou serviço definido) e este deverá realizar as provas, verificar a questão da proteção (se for o caso) e passar a informar ao CEO e à alta diretoria o andamento da implantação da solução. Se necessário, deve antes fazer um levantamento de pagamento (investimento) e de pessoas (colaboradores) para a concretização da sugestão idealizada, bem como verificar se há necessidade de realizar alguma parceria.

Se após as provas (testes/validações), a sugestão aprovada não se mostrar satisfatória, o gestor deve comunicar o fato ao CEO e à alta diretoria da empresa, devendo estes chamar o Coordenador de Estudos de Inovações para convocar o Comitê para uma nova sessão em busca de ideias para a solução do problema específico.

(IN)CONCLUSÃO

Este livro está chegando ao fim. Mas isso é só o começo, porque inovar não é uma tarefa que se realiza e pode se dar como concluída. O ato de buscar inovações não acaba nunca porque a necessidade de inovar nunca tem fim. Nenhuma empresa vai se perpetuar às custas de uma única inovação de sucesso. O mercado não para. A concorrência não dorme. As pessoas não estarão eternamente satisfeitas com o que lhes apraz hoje. E o tempo de contentamento é decrescente. A única forma de se manter ativo e atrativo para as pessoas é através da realização de inovações. Entretanto, em meio a esse cenário turbulento e desafiador, há duas boas notícias:

1. Tudo o que atualmente já existe pode ser sempre melhorado e diferenciado; e

2. Cada inovação criada gera a possibilidade e, muitas vezes, a necessidade de novas inovações.

Para exemplificar isso, imagine que, após a criação das impressoras 3D, foi necessária a venda de matéria-prima, assistência técnica especializada, *sites* com modelos de produtos imprimíveis, versões alternativas e outras inovações que só foram possíveis após a criação destes equipamentos. Esse fenômeno pode ser denominado de ciclo virtuoso da inovação.

O CICLO VIRTUOSO DA INOVAÇÃO

Percebamos o seguinte: quando há uma necessidade, buscamos verificar no conhecimento que possuímos (e aqui incluo a possibilidade de um grupo de pessoas) se já existe alguma solução. Caso exista, consideramos atendida a nossa necessidade. Se desconhecermos algo que a atende plena e satisfatoriamente, o próximo passo é pesquisar, buscar em outras fontes a resposta necessária, fazer uma prospecção. O resultado positivo da pesquisa automaticamente já alimenta o nosso conhecimento. E, caso constatemos que a solução não existe ou que ainda deixa algo a desejar, devemos acionar a nossa criatividade para idealizar a solução necessária. A criatividade vai buscar no nosso conhecimento os elementos para realizar as conexões em busca da solução inovadora mais adequada. Alan Lafley afirmou que "grandes inventores têm um processo, um processo individual, que geralmente envolve conectar coisas que a maioria de nós não vê conexões. Eles abordam isso de maneiras diferentes, mas tendem a ser naturalmente mais curiosos. Eles tendem a ver mais coisas como possivelmente relacionadas ou conectadas, e sua mente está trabalhando em um processo criativo que lhes permite ter mais ideias". Portanto, quanto mais "coisas" conhecermos, maior a quantidade de matéria-prima para a geração de conexões que solucionem a necessidade.

Desenvolvida, selecionada e executada a ideia, temos então a inovação concretizada. Esta, por sua vez, passa a fazer parte do nosso conhecimento (e de todos que tiverem acesso a ela) alimentando o "banco" de possibilidades de conexões.

Muitas vezes ocorre de a própria inovação gerar novas necessidades, ou seja, novas oportunidades de inovação. Por exemplo: quando os *smartphones* foram criados, surgiram necessidades como aplicativos, proteção do equipamento, bateria extra, *design* adaptado para os diversos dispositivos, etc. Focando nesta última necessidade, inicialmente as empresas começaram a solicitar aos desenvolvedores e *UX designers* que produzissem uma nova versão de seus *websites* tornando-os mais adequados para serem acessados através destes aparelhos. Deste modo, esta inovação passou a fazer parte também do acervo de possibilidades. Ao perceber que novos modelos e plataformas iriam necessitar de outros *designs* específicos dos *websites*, criou-se o *layout* responsivo que se adapta automaticamente a cada dispositivo. Do mesmo modo, o problema criado pelo fim da carga de bateria durante o uso gerou inovações como carregador externo sem necessidade de troca de bateria, carregador externo sem necessidade de troca de bateria, carregador veicular, carregador portátil e outras soluções. Para a proteção do equipamento, foram desenvolvidas capas, películas plásticas, películas de vidro, etc.

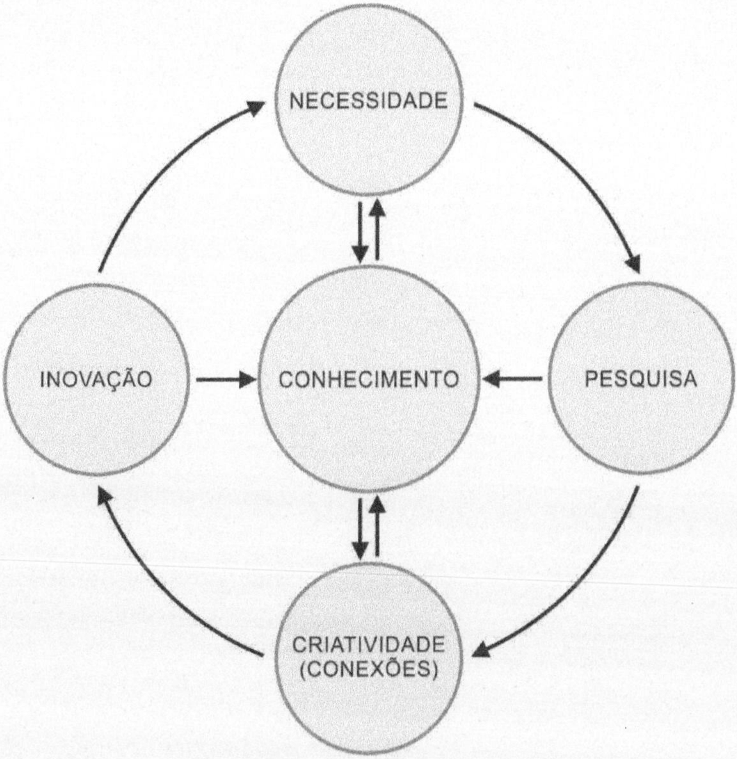

Figura 44: Ciclo virtuoso da inovação

Além, claro, de demonstrar que novas inovações geram novas necessidades de inovações, o ciclo virtuoso também comprova que a base de todo o processo é o conhecimento. Sem ele, cada passo em busca da solução de uma necessidade é mais demorado e passível de insucesso. Deste modo, trabalhar com uma equipe multidisciplinar, aliada a técnicas eficientes de geração de ideias e o compartilhamento das informações, é de fundamental importância. Pois a somatória dos conhecimentos de cada membro sobre diversos assuntos, bem como suas experiências pessoais, aumentará exponencialmente a possibilidade de desenvolvimento de inovações. Essa é a base da metodologia 15 PINs.

TENTATIVA E ACERTOS

Implantar a cultura de inovação é algo complexo, que vai além da geração de ideias, pois inclui a consciência da diferença entre as operações dos seus produtos atuais (consolidados, praticamente sem risco e executados quase que automaticamente pelas pessoas há muito tempo) e as inovações que, por sua vez, envolvem necessidade de reflexão, uso da criatividade, análises, validações, uma série de tentativas e erros. Exatamente por isso, é necessário o apoio de todos para a realização desta iniciativa de grande risco, bem como a compreensão quanto à grande possibilidade de nada dar certo. O CEO e a alta diretoria devem encarar de maneira positiva e normal as ações que darão errado, elogiando a equipe mesmo nestes momentos e estimulando-as a buscar uma nova ideia ou outra inovação.

Certa vez li uma entrevista com um empreendedor que estava sendo questionado sobre como sua empresa fazia para ter tantos produtos de sucesso. Ele respondeu que é porque desenvolvia muito mais inovações que fracassavam. Essa é a regra do jogo. Empresas gigantescas, apesar de toda a sua estrutura e expertise, lançam muitos bens e serviços que não têm a esperada aceitação do público. Por mais conhecimentos que tenham e por mais pesquisas que façam, isso pode acontecer. E acontece muito. Investir em inovação é como uma roleta-russa inversa, em que um tiro certo pode ajudar a manter a empresa viva. O perigo maior é não arriscar, não lançar nada e perder tempo fazendo estudos e mais estudos na vã esperança de dar apenas "tiros certos". Isso não existe. Somente lançando-se a inovação, preferencialmente em uma versão enxuta, é que se terá uma ideia real de sua aceitação. Não deu certo? Ok! *Fail fast* é uma das principais regras do mercado. Obviamente, a meta é lançar produtos de sucesso e este livro foi feito para ajudar as empresas neste desafio.

Se achar que algo pode ser ajustado ou modificado em função das características da sua equipe e do seu setor de atuação, fique à vontade para mudar. Não será exigida uma certificação de cumprimento inflexível da metodologia dos 15 Ps da inovação. O importante é ter em mente que você precisa conhecer sua empresa e o seu mercado. Saber do que as pessoas precisam e imaginar o que elas vão precisar. Parafraseando uma expressão típica do mundo jurídico, *dormientibus non succurrit jus* (que se traduz como "o direito não socorre aos que dormem"), podemos afirmar, sem dúvida, que em relação às inovações, o mercado não perdoa aos que dormem. A dinâmica do mundo corporativo não permite mais a perda de tempo. Cada minuto que passa sem que a sua empresa se atualize ou se desenvolva, é um minuto a menos para lutar pela sobrevivência dela no futuro. Ainda assim, não há garantias. A única certeza é de que, sem fazer nada, nada de bom irá acontecer. Se você não definir a rota que sua empresa irá tomar, o caminho dela será definido pelos ventos do mercado. E um naufrágio só não acontecerá se seus concorrentes não forem competentes o suficiente. Sinceramente, não aposte nisto. Grandes empresas ruíram. Pequenas empresas que se tornaram grandes também ruíram. São fenômenos que estão acontecendo o tempo todo. A única forma de tentar evitar virar mais um número nestas estatísticas é estar com um olho no presente e outro no futuro. Seguir tendências não é suficiente, é preciso estar na sua onda ou, se possível, criar a onda, determinar as tendências. Isso só é possível com inovações. E inovações não caem do céu, elas são o resultado de muito esforço e perseverança.

Por fim, a mensagem que deixo ao finalizar este livro é: dê continuidade às ações. Grande parte das empresas peca ao iniciar a implantação de mudanças e, pouco tempo depois, consumida pelas operações do dia a dia, esquece o que começou a fazer. Toda mudança não acontece do dia para a noite. Principalmente a mudança de cultura, como a que envolve o desenvolvimento de inovações. Não se pode abrir mão das reuniões, no mínimo semanais, para acompanhamento das ideias selecionadas para desenvolvimento e de, periodicamente, retomar a metodologia 15 PINs para analisar seu posicionamento no mercado e buscar a criação de novas ideias. As pessoas resistem às mudanças, mas a empresa tem que insistir porque, em um mundo tão competitivo e dinâmico como o que vivemos, quem não inovar e acompanhar as mudanças ficará para trás. O destino de sua empresa está em suas mãos.

REFERÊNCIAS E REVERÊNCIAS

ALTSHULLER, Genrich. 40 Principles Extended Edition: TRIZ Keys to Technical Innovation. Worcester: Technical Innovation Center, 2005.

BES, Fernando Trías de.; KOTLER, Philip. A Bíblia da Inovação. São Paulo: Leyas, 2011.

BESSANT, John; TIDD, Joe. Inovação e Empreendedorismo. Porto Alegre: Bookman, 2009.

BLANK, Steve; DORF, Bob. Startup: Manual do Empreendedor. O Guia Passo a Passo para Construir uma Grande Companhia. Rio de Janeiro: Alta Books, 2014.

BROWN, Tim. Desing Thinking: Uma Metodologia Poderosa para Decretar o Fim das Velhas Ideias. Rio de Janeiro: Alta Books, 2020.

CHRISTENSEN, Clayton M.. O Dilema da Inovação: Quando as Novas Tecnologias Levam Empresas ao Fracasso. São Paulo: M. Books do Brasil, 2012.

DEMING, William Edwards. The PDSA Cycle. Disponível em: https://deming.org/explore/pdsa/

EC et al. System of National Accounts 2008. Nova York: United Nations, 2008. Disponível em: https://unstats.un.org/unsd/nationalaccount/docs/sna2008.pdf

GOVINDARAJAN, Vijay; TRIMBLE, Chris. O Outro Lado da Inovação: a Execução como Fator Crítico de Sucesso. Rio de Janeiro: Elsevier, 2010.

JOBS, Steve. The Next Insanely Great Thing. Wired, 1996. Disponível em: https://www.wired.com/1996/02/jobs-2/.

KIM, W. Chan; MAUBORGNE, Renee. A Estratégia do Oceano Azul: Como Criar Novos Mercados e Tornar a Concorrência Irrelevante – São Paulo: Sextante, 2018.

KOTLER, Philip. Marketing para o Século XXI: como Criar, Conquistar e Dominar Mercados. 14. ed. São Paulo: Futura, 1999.

LAFLEY, A.G.; CHARAM, Ram. O Jogo da Liderança: Metas e Estratégias de Inovação para o Sucesso de sua Empresa. Rio de Janeiro: Elsevier, 2008.

LEVITT, Theodore. Marketing Myopia. Boston: Harvard Business School Publishing Corporation, 2008.

LINKNER, Josh. Criativo e Produtivo: os 5 Passos da Inovação Empresarial que Geram Resultados Imediatos. Ribeirão Preto: Novo Conceito Editora, 2014.

LONGO, Walter. Marketing e Comunicação na Era Pós-digital: as Regras Mudaram. São Paulo: HSM do Brasil, 2014.

McCARTHY, Jerome. Marketing Básico: uma Visão Gerencial. Rio de Janeiro: Zahar, 1976.

OECD/Eurostat. Oslo Manual 2018: Guidelines for Collecting, Reporting and Using Data on Innovation. 4th Edition. Paris/Eurostat, Luxembourg: The Measurement of Scientific, Technological and Innovation Activities, OECD Publishing, 2018. https://doi.org/10.1787/9789264304604-en

OSBORN, Alexander. O Poder Criador da Mente: Princípios e Processos do Pensamento Criador e do "Brainstorming". São Paulo: Ibrasa, 1981.

OSTERWALDER, Alexander; PIGNEUR, Yves. Business Model Generation: Inovação em Modelos de Negócios. Rio de Janeiro: Alta Books, 2011.

PETERS, Tom. O Círculo da Inovação: Você Não Deve Evitar o Caminho para o seu Sucesso. São Paulo: Editora Harbra, 1998.

PORTER, Michael. Estratégia Competitiva: Técnicas para Análise de Indústrias e da Concorrência. Rio de Janeiro: Campus, 1986.

PORTER, Michael. Vantagem Competitiva: Criando e Sustentando um Desempenho Superior. Rio de Janeiro: Elsevier, 1989.

RIES, Al; TROUT, Jack. As 22 Leis Imutáveis do Marketing. Santos: H1 Editora, 2023.

RIES, Eric. A Startup Enxuta: Como Usar a Inovação Contínua para Criar Negócios Radicalmente Bem-Sucedidos. Rio de Janeiro: Sextante, 2019.

SCHUMPETER, Joseph. A Teoria do Desenvolvimento Econômico. 3ª ed. São Paulo: Editora Nova Cultural, 1988.

TIDD, Joe; BESSANT, John; PAVITT, Keith. Gestão da Inovação. Porto Alegre: Bookman, 2008.